学科全息育人丛书

丛书主编 朱福荣 饶 英

小学道德与法治
学科全息育人

本册主编 刘 莉 周惊宇

西南大学出版社
SWUP 国家一级出版社 全国百佳图书出版单位

图书在版编目(CIP)数据

小学道德与法治学科全息育人 / 刘莉, 周惊宇主编
. -- 重庆 : 西南大学出版社, 2023.1(2024.8 重印)
("学科全息育人"丛书)
ISBN 978-7-5697-1498-2

Ⅰ. ①小… Ⅱ. ①刘… ②周… Ⅲ. ①政治课—教学研究—小学 Ⅳ. ①G623.102

中国版本图书馆 CIP 数据核字(2022)第 191113 号

小学道德与法治学科全息育人

XIAOXUE DAODE YU FAZHI XUEKE QUANXI YUREN

丛书主编 朱福荣 饶 英
本册主编 刘 莉 周惊宇

策　　划:王 宁 时曼卿 周万华
责任编辑:曹园妹
责任校对:张 琳
装帧设计:殳十堂_未氓
排　　版:李 燕
出版发行:西南大学出版社(原西南师范大学出版社)
　　地址:重庆市北碚区天生路 2 号
　　邮编:400715
　　市场营销部电话:023-68868624
印　　刷:重庆新生代彩印技术有限公司
幅面尺寸:185 mm×260 mm
印　　张:17
字　　数:408 千字
版　　次:2023 年 1 月 第 1 版
印　　次:2024 年 8 月 第 2 次印刷
书　　号:ISBN 978-7-5697-1498-2
定　　价:51.00 元

编委会

总序

新中国成立以来，我国的教育方针历经多次演进，但强调学生德、智、体等方面全面发展是一以贯之的基本原则和思想。1957年，我国的教育方针是"使受教育者在德育、智育、体育几方面都得到发展，成为有社会主义觉悟的有文化的劳动者"。至1995年，教育方针表述为"教育必须为社会主义现代化建设服务，必须与生产劳动相结合，培养德、智、体等方面全面发展的社会主义事业的建设者和接班人"。2015年，教育方针表述为"教育必须为社会主义现代化建设服务、为人民服务，必须与生产劳动和社会实践相结合，培养德、智、体、美等方面全面发展的社会主义建设者和接班人"。2021年，教育方针表述为"教育必须为社会主义现代化建设服务、为人民服务，必须与生产劳动和社会实践相结合，培养德智体美劳全面发展的社会主义建设者和接班人"。教育方针的演进充分体现了不同时期国家对人的发展的总体方向和要求，但随着时代的发展会增加和融入新的元素和内容。总体而言，对人的身心等方面全面发展的要求始终是我国教育方针的大方向，这也体现了马克思主义关于人的全面发展学说的本质规定性。

党的十九大报告指出，"优先发展教育事业。建设教育强国是中华民族伟大复兴的基础工程，必须把教育事业放在优先位置，深化教育改革加快教育现代化，办好人民满意的教育。要全面贯彻党的教育方针，落实立德树人根本任务，发展素质教育，推进教育公平，培养德智体美全面发展的社会主义建设者和接班人"。2019年，中共中央、国务院在《关于深化教育教学改革全面提高义务教育质量的意见》中进一步提出，"坚持以习近平新时代中国特色社会主义思想为指导，全面贯彻党的教育方针，落实立德树人根本任务""培养德智体美劳全面发展的社会主义建设者和接班人"。要"坚持五育并举，全面发展素质教育"，要突出德育实效，提升智育水平，强化体育锻炼，增强美育熏陶，加强劳动教育。我国义务教育和普通高中课程方案中都明确提出，课程要"全面贯彻党的教育方针，落实立德树人根本任务""培养德智体美劳全面发展的社会主义建设者和接班人"。可以说，立德树人作为我国教育的根本任务，围绕人的全面发展而提出的"五育并举"，以及由此而引发的学校全面、全程、全员育人机制的转变，是新时代教育发展的关键。

“全息”一词原意指一种可以全面、多角度地再现物体的原貌，反映物体所承载的各种信息和状态的光学成像技术。引用其部分含义，教育领域的全息育人指的是学生成长过程中所涉及时空的全部信息都是育人的信息源，发挥这些信息源的共同与合力作用来有效促进学生的各方面发展。作为一种育人理念，其主张调动和运用各种可以利用的因素，全方位、全过程地促进学生各个方面的共同发展。具体到学科领域，在新时期探索“五育”共同发展的过程中，学科教学中“五育融合”的观念应运而生，并开展了诸多有益的实践探索。

我国当前中小学的教学组织形式仍然是班级授课制为主，教学工作仍然是学校的中心工作，学科课程仍然是学校课程的主体，课堂仍然是育人的主阵地。因此，在遵循现行中小学教学形式的前提下，课堂教学还是落实立德树人根本任务、促进学生德智体美劳全面发展的最直接途径。今天，在学科教学中，“育什么人”“为谁育人”已经非常明晰，“怎样育人”以及如何提升“育人质量”，成为学校教学亟须回答的重大问题。通往学科“育人质量”提升的路径多种多样，全国教育理论研究者和中小学教师都进行了卓有成效的探索，其中“五育融合”是最值得关注的发展方向和路径之一。重庆市北碚区教师进修学院与西南大学教育学部和教育部西南基础教育课程研究中心共同开展的“学科全息育人”研究，就比较好地回答了在学科教学中如何实现“五育融合”“怎样育人”的重大问题。他们采取的主要策略是以学科的教科书作为引领载体，以“五育融合”为视角和眼光，以单元教学为单位，按照德智体美劳从学科到单元或主题建立学科育人框架，全面挖掘单元教学内容中的“认知育人点”“德性育人点”“审美育人点”“健康育人点”和“劳动育人点”等，实行基于“五育融合”的整体教材解读和教学设计，进而将德智体美劳等育人要素有机融合，利用课堂主阵地开展学科育人，实现学科教学向学科育人的转变。

重庆市北碚区中小学校实施的学科全息育人，坚持以马克思的“人的全面发展”学说和赫尔巴特的“教育性教学”原则为理论基础，高扬“立德树人”的大旗，以社会主义核心价值观为统领，将“德智体美劳”育人要素融入中小学各学段、各学科，使所有学科都从学科性质、地位、任务出发，既体现学科特质，又彰显育人的特殊功能，指向德智体美劳，实现由“学科教学”到“学科育人”的转变，学生通过学科学习，实现“成人”与“成才”的双统一、双发展。在育人理念层面，以学科育人的“全息性”，解决学科价值与育人价值分离或单项推进的问题；在课堂实践层面，以学科育人的全面性，解决学科育人随意化、碎片化或无视化问题；在区域推进层面，通过“全要素落实、全学段推进、全学科联动”，有效破解了学校、学段、学科等育人壁垒问题。

学科全息育人需要育人理念的重构。学科课程是学校落实立德树人根本任务的基本载体，每个学科都要围绕“有理想、有本领、有担当”这三个维度培养未来担当民族复兴大任的时代新人，这是对学科课程和教学的基本要求。所有学科都从学科性质、地位、任务出发，把人的发展作为学科教学的旨归，使学科价值与育人价值融合共生，既体现学科特质，又与其他学科协同为学生的成长起作用，彰显育人的特殊功能，把学科价值作为育人价值实现的条件，把育人价值作为学科价值实现的目的。这样就能把“有理想、有本领、有担当”落实到每个学科的综合素养培养中，落实到每节课、每所学校的育人目标中，学生德智体美劳全面发展的总目标就不会落空。无论是学科教学设计还是课堂教学，教学思维的起点就是将这堂课要达成的教学目标，逆向分解成每一个时段的子目标，同时，在教学中又从一堂课的时间轴进行正向思考，依据逆向设计的子目标开展多样化的学习活动。在此基础上，教师还要立体思考，将除本学科认知目标以外的其他育人目标放在何处，以怎样的方式达成，确保每个学科、每节课都将育人贯穿始终。

学科全息育人需要育人课程的设计。课堂教学既是学校教育的主阵地，也是学校教育体系的核心要素，一旦离开学校教育体系，课堂教学很难真正实现学科全息育人。实现学科课堂教学的全息育人，关键就是要找出能包含教学内容的全部信息，或能进行全息育人教学内容的整体信息，我们称之为“关键信息”（关键知识、关键方法、关键思维等）。贯穿于教学活动中的“五育”是具有“五育间性”的，也就是每“一育”既关涉其他“四育”，又在教学过程中保持和谐。教学中通过“五育间性”建立基于教育学立场、育完整人的教学生态体系，实现由“渗透”到“互联”至“互育”达“合育”的逻辑演绎。重庆市北碚区的做法是，每个学科以现行国家教科书为蓝本，以“单元”为单位挖掘五育“育人点”和“融合点”。这个“单元”既可以是教科书上所列的单元，又可以是按照综合学习或跨学科学习的主题、专题设置单元，既考虑了各学科独有的“模式语言”特征，做到学科“双基”扎实“有本领”，又关注到融合育人的“五育间性”，做到铸魂立德“有理想、有担当”，同时，避免“穿靴戴帽”式、“空洞说教”式的“五育融合”、学科全息育人。

学科全息育人催生育人方式的转型。育人方式就是要回答“新时代教育三问”的“怎样培养人”，对于课堂教学的主体而言，“怎样培养人”一定是贯穿于学科教学始终的，学科全息育人引领下的教学催生育人方式的转型。一是要对“学科全息育人”理念有非常透彻的理解，把育人方式本身作为育人的重要资源；二是要把党和国家的课程方案、课程标准的要求与课堂教学及其评价关联，将“五育”要求与课程核心素养关联，并恰当融入课堂教学活动之中；三是要在课堂教学、作业布置与批改、学生学习指导、考试评价等育人环节以是否有利于学生综合素养、“五育”全面发展来衡量，将那些不经意的细节都看成会给学生带来终身影响的重要环节。特别是在智能化时代，育人方式更要从“重教书”向“重育人”转变，从固定学习到泛在学习，从储备学习到即时学习，从寻找答案的学习到寻找问题的学习，从接受性学习到批判性学习，从独自性学习到合作性学习，从烧脑学习到具身学习，从线下学习到融合学习，切实破解“见分数不见素养”“见学科不见学生”的教育难题。

学科全息育人需要育人师资的再造。学科全息育人的成与败都在教师。什么样的教师能够实施学科全息育人？具有“全息”的视野、思维与能力的教师。首先，教师要有“全息”视野，也就是能从“培养完整的人”角度看待“五育”的整体性、统一性，理解德育、智育、体育、美育和劳动教育有机融合对促进学生全面发展的意义，追求“五育”相互融合、有机统一的整体融通式育人观。正如苏霍姆林斯基所言，“没有单独的智育，也没有单独的德育，也没有单独的劳动教育”，这样才能将“全息育人”理念作为学科教学的起点和归属。其次，教师要有“全息”思维，关注育人过程的关联性和整体性，培养教师用关联式、融通式思维设计与实施“全息育人”。教师要摒弃用割裂式思维看待“五育”，简单地将单科对应“单育”，认为学科课程对应智育，体育课程对应体育，音乐、美术课程对应美育。用关联式思维引导教师看到所教学科有“五育”渗透的可能性和必要性，突破“分科单育”的狭隘认知，在落实学科核心目标的同时兼顾渗透并关联其他“四育”，实现学科内的“五育融合”。用融通式思维观念引导教师打破学科逻辑和领域界限，设计跨学科、多学科的综合性主题，看到各学科交叉点与整合点之间的“相融”关系，实现学科间的“五育融合”。

重庆市北碚区中小学学科全息育人研究，切中了近年基础教育时弊，符合教育教学规律以及核心素养教育改革发展方向，以教科书为载体的“五育融合”研究范式切实有效，可借鉴、可推广，其主体研究成果《全息育人教学论》具有学术性和创新性，系列成果各学科全息育人研究对学科开展“五育融合”“全息育人”具有较强的指导性和实践性。当然，该项研究主要是在2022年版的义务教育课程方案和课程标准发布之前进行的，可能还与学科课程标准提倡的学科核心素养要求有一定差距，在小学至高中学段也还有个别学科的研究成果没有出来，但是，这些不会影响该项研究及其成果的总结与推广，也希望他们能够继续深入研究，取得更有价值的研究成果。

2022年10月

（朱德全，西南大学教育学部部长，教育学博士、二级教授、博士生导师）

前言

党的十八大提出要"把立德树人作为教育的根本任务,培养德智体美全面发展的社会主义建设者和接班人"。为更好地落实党的教育方针,促进学生全面发展、健康成长,重庆市北碚区全面推进教育教学改革,以学科全息育人研究为载体,对育人课程建设作出有益探索。

习近平总书记在全国思想政治理论课教师座谈会上指出,思想政治理论课是落实立德树人根本任务的关键课程。因此,现行小学《道德与法治》教材中编排了丰富的生活化、活动化素材,通过话题、故事、活动、链接等形式连通课堂内外,是培养学生品德、审美、劳动、健康等方面素养的优质课程资源。小学道德与法治学科全息育人研究,以"五育融合""全息育人"为实施策略,较好地落实了党的教育方针,以及《国家中长期教育改革和发展规划纲要(2010—2020年)》、教育部《关于全面深化课程改革落实立德树人根本任务的意见》等相关政策要求,紧密地同生产劳动和社会实践相结合,在对学生进行德行引导的同时,实现"培养德智体美劳全面发展的社会主义建设者和接班人"的育人目标。

《小学道德与法治学科全息育人》是重庆市北碚区在推进新课程改革进程中,小学道德与法治学科实施"五育融合""全息育人"的探索成果。全书有理论方面的剖析,有实践经验的总结,还有实施案例的呈现,较好地解决了教师在新课程改革背景下"教什么"和"怎样教"的关键问题,让教育真正回归本源,在科学、和谐的氛围中,培养学生的核心素养,促进学生人格健全和全面发展。

该书共有六个章节,包括"全息育人概述""全息育人点导引""全息育人教学设计""全息育人教学实施""全息育人教学评价""全息育人研修"。在全面浸润社会主义核心价值观的基础上,关注人的全面发展,坚持"德育为先、能力为重、全面发展"的育人理念,从"认知育人、德性育人、审美育人、健康育人、劳动育人"五个方面进行整体考量和融合探究,搭建了"小学道德与法治学科全息育人框架"。本框架的13个一级指标和33个二级指标,紧扣《中国学生发展核心素养》的内涵,引导学生了解社会生活,全面养成学生良好的道德习惯和法治精神,以及社会责任担当,形成自主生活的能力,为成为新时代的合格公民奠定坚实的基础。

该书着力指导小学道德与法治学科全息育人教学实施。在学科全息育人框架的引领下，从促进学生全面发展的角度，围绕1—6年级各单元全息育人点，结合教材内容，从备、教、学、评、研几方面，对小学道德与法治学科怎样钻研教材、设计学案、实施教学、落实五育等作了全面的探索。通过对教材的灵活运用，在教学过程中，强调学生的兴趣引领、实践参与、生活探究和行为引导，避免死气沉沉、单调乏味的传统说教，让学生的德行养成基于自主驱动和情感生成，促进学生知、情、意、行的发展，实现“一育带多育”的功能。希冀该书的全息育人操作策略与方法路径能为小学道德与法治学科教师实施“学科育人”提供借鉴，更好地落实育人目标，促进学生全面健康成长。

目录

第四章　小学道德与法治学科全息育人教学实施

第五章　小学道德与法治学科全息育人教学评价

第六章　小学道德与法治学科全息育人研修

第一章

小学道德与法治学科全息育人概述

习近平总书记在十九大报告中指出:"经过长期努力,中国特色社会主义进入了新时代,这是我国发展新的历史方位。"道德与法治学科也将顺应新时代发展要求,肩负起培养学生良好品德与行为习惯,发展学生主动适应社会、积极参与社会活动的能力的重任。这就要求本学科不但要有坚持以育德为主的学科功能,还要有兼顾培养学生适应社会生活的锻炼意识、劳动观念、审美情操等功能,这也是促进学生德智体美劳全面发展的素质教育的内涵要求。

北碚区道德与法治学科全息育人全面贯彻落实素质教育思想,积极探索在道德与法治学科教学中,整体实施德智体美劳"五育融合"教育,促进学生全面发展。本章将从小学道德与法治学科全息育人背景、全息育人的内涵与特征、全息育人的价值三个方面阐述小学道德与法治学科全息育人的概况,力求在全息育人理念下,以社会主义核心价值体系教育为主线,以提升义务教育阶段学生道德素养和法治意识为目标,以学生适应社会发展和生活需要的关键品格和关键能力为着眼点,全面培养具有良好道德素养和符合新时代发展要求的小公民。

第一节 小学道德与法治学科全息育人背景

小学道德与法治学科是遵循人的全面发展规律和学科最新发展成果产生的综合性学科,从宏观的时代背景、中观的理论背景、微观的学科背景来看,道德与法治学科肩负着全息育人的使命和任务。

一、时代背景

小学道德与法治学科全息育人的实践与目前的政策要求、教育现状和未来需求密切相关,它具有鲜明的时代气息和特征。

（一）政策要求：立德树人根本任务的核心要求是德智体美劳全面发展

2012年，党的十八大报告对教育方针的内容进行了丰富和发展，首次提出“把立德树人作为教育的根本任务”。2017年10月，党的十九大指出我国进入了“新时代”，对教育提出新定位，进一步明确地提出了“培养德智体美全面发展的社会主义建设者和接班人”是我国教育事业培养人才的标准。2018年9月10日，习近平总书记在全国教育大会上首次把劳动教育纳入全面培养体系。2019年3月18日，习近平总书记在主持召开学校思想政治理论课教师座谈会上强调，新时代贯彻党的教育方针，要坚持马克思主义指导地位，贯彻新时代中国特色社会主义思想，坚持社会主义办学方向，落实立德树人的根本任务，坚持教育为人民服务、为中国共产党治国理政服务、为巩固和发展中国特色社会主义制度服务、为改革开放和社会主义现代化建设服务，扎根中国大地办教育，同生产劳动和社会实践相结合，加快推进教育现代化、建设教育强国、办好人民满意的教育，努力培养担当民族复兴大任的时代新人，培养德智体美劳全面发展的社会主义建设者和接班人。总书记的重要讲话明确提出了新时代我国社会主义教育事业的总方向和根本方针，为办好新时代中国特色社会主义教育指明了方向、提供了根本遵循。[①]明确提出了“努力培养担当民族复兴大任的时代新人，培养德智体美劳全面发展的社会主义建设者和接班人”是立德树人的根本目标，“思政课是落实立德树人根本任务的关键课程”。作为思政课主干课程的小学道德与法治学科更应该全面贯彻党的教育方针，扎实落实立德树人根本任务，充分挖掘学科资源，促进学生德智体美劳全面发展。

（二）教育现状：素质教育改革发展的内容实质是国民素质的综合发展

近些年，我国教育事业蓬勃发展，教育制度、体制、方式等多方面不断与时俱进，素质教育逐渐深入人心。但是，“填鸭式”的传统教学模式也还存在，单纯片面的道德说教使我们的教育少了活力和动力，这成为道德与法治学科教学发展道路上的一个绊脚石。

教育是有目的地培养社会人的活动。在经济改革的大背景下，教育改革开始关注个人的自身价值以及全面发展的问题。为此，《国家中长期教育改革和发展规划纲要（2010—2020年）》提出了“坚持德育为先、坚持能力为重、坚持全面发展”的素质教育改革发展的战略主题。立德树人，把社会主义核心价值体系融入国民教育全过程。重视安全教育、生命教育、国防教育、可持续发展教育。促进德育、智育、体育、美育有机融

① 翟博.新时代教育工作的根本方针.中国教育报[N].2019-9-16(1).

合，提高学生综合素质，使学生成为德智体美全面发展的社会主义建设者和接班人。

2014年3月30日，教育部颁布了《教育部关于全面深化课程改革 落实立德树人根本任务的意见》，该文件准确地把握了十八大和十八届三中全会关于立德树人的时代要求，强调："全面深化课程改革，整体构建符合教育规律、体现时代特征、具有中国特色的人才培养体系，建立健全综合协调、充满活力的育人体制机制，落实立德树人根本任务……对于全面提高育人水平，让每个学生都能成为有用之才具有重要意义。"

2016年9月13日，《中国学生发展核心素养》正式发布，明确地提出了中国学生发展核心素养以培养"全面发展的人"为核心，由此培养和发展中小学生的核心素养，将成为我国今后较长时期内教育改革和课程改革的方向，为培养全面发展的中国公民奠定坚实的基础。

道德与法治学科同样肩负着落实素质教育，提升国民综合素质的任务，其学科核心素养为：政治素养、道德修养、法治观念、健全人格、责任意识。因此，无论是进行道德教育还是法治教育，其重点都应当落在道德品质之上，应当让学生明大德、守公德、遵法纪、严私德，树立积极正确的思想观念，正确行使法律权利，践行法律义务；养成健康的生活习惯，热爱生活，关心国家和社会，能够正确地认知自我、规划自我，把他们培养成为合格的社会主义建设者和接班人。[①]

（三）未来需求：中华民族伟大复兴的努力方向是民族素养的整体提升

习近平同志在十九大报告中指出，实现中华民族伟大复兴是近代以来中华民族最伟大的梦想。这为我国教育事业发展指明了方向。

新世纪初，知识经济已见端倪，世界范围内的科技竞争、经济竞争，尤其是人才的竞争日趋激烈，国力的强弱越来越取决于劳动者素质的高低，取决于各类人才的质量和数量，教育在综合国力形成中处于基础地位，承担着培养高素质人才的重任。创新型人才的培养是前所未有的时代需求，也必将推进中华民族综合素养的整体提升，在激烈的国际竞争中占据主动，实现中华民族伟大复兴的历史使命。2019年2月，中共中央、国务院印发《中国教育现代化2035》，为培养创新型人才提出了八大基本理念：更加注重以德为先，更加注重全面发展，更加注重面向人人，更加注重终身学习，更加注重因材施教，更加注重知行合一，更加注重融合发展，更加注重共建共享。

目前的《义务教育品德与生活课程标准（2011版）》（以下简称《品生课标》）和《义务教育品德与社会课程标准（2011版）》（以下简称《品社课标》）都要求培养学生乐于探究的好习惯，在关注学生德智体美劳全面发展的同时，注重学生在学习中发现问题、分析

① 张延夏．初中道德与法治学科核心素养的构成、内涵及注意之点［J］．考试周刊，2018（08）：144.

问题和解决问题等创新创造能力的培养，进一步明确了学科育人方向。

（四）学科发展：小学道德与法治学科的发展诉求是有效实施全息育人

1.小学道德与法治学科教学中存在的问题

一是重知识、轻活动。现实教学中，小学阶段的道德与法治学科多为语文或其他学科教师兼任，他们对道德与法治学科缺乏了解，以学科知识体系建构为主要目标的思维还没有改变。学生所学的知识不能联系实际，知识仅仅就是知识。

二是重教材、轻拓展。由于大部分教师是兼职，他们普遍认为道德与法治课就是将教材上的内容呈现给学生，课堂活动独立化、碎片化，学生形成了怎样的道德认知很难判断，更别说道德品质的养成。

三是重形式、轻体验。上课前，教师没有对学生的真实需求进行分析，活动设计不符合学生实际；课堂上，教师照本宣科，学生活动缺乏深度和强度；体验活动前没有活动规则要求；活动后，没有总结、思考、分享。这种重形式、轻体验的活动并不能直接转化为学生的道德意识和行为，跟说教没有多少区别，效果自然欠佳。

2.小学道德与法治学科全息育人发展思考

小学道德与法治学科全息育人，其目的就是促成学生的全面发展。

一是全息育人重思想：树立以德育人的教育理念。教师在落实道德与法治学科育人目标中本身要树立以德育人的先进理念，遵循教学和学生成长的规律，从培养学生德智体美劳综合素养出发，创新学生乐于接受的教法学法，成为学生亲密的学习伙伴、教学的引导者、学习的陪伴者。

二是全息育人定目标：确定课堂教学的核心目标。小学道德与法治学科课堂应将全息育人的培养目标落实其中，在内容的选择、目标的设立上应从道德与法治的特定内容出发，明确每项内容安排、每项活动设计的意图与指向，寻找到学科教学与全息育人的联结点、触发点和落实点。

三是全息育人活课堂：明确合作体验式教学方式。全息育人下的道德与法治课堂是“活”的。“活”在课堂的合作交流中，“活”在课堂的体验探究中。在活动中“学”，在“学”中“悟”，激发学生有更加深刻的思维交流与智慧碰撞，有更加精彩的感悟传达与体验分享，才能成就更有效的课堂。

四是全息育人抓整合：小学道德与法治课堂不局限学科，不拘泥教材，我们的课程应整合学生身边的教育资源，课内外结合、各学科协同才能彰显出课程的育人价值。

二、理论背景

通过小学道德与法治学科上述时代背景可以看出，无论是政策要求、教育现状，还是未来需求；无论是人的全面发展思想、“五育融合”理念，还是全息育人探索：无一不是为了更好地实施素质教育。

(一)全面发展思想是素质教育实施的理论支撑

人的全面发展要求人在德智体美劳方面都要得到相应的发展，才是社会所需要的“人”，才是助推时代发展的“人”。同时，素质教育也强调全面发展，因此，人的全面发展和素质教育要求二者之间是相辅相成的。

1.马克思关于人的全面发展思想

众所周知，马克思关于人的全面发展思想的本质含义，主要包括：人的能力的全面发展、人的需要的全面发展、人的社会关系的全面发展、人的自由个性的全面发展等。

新中国成立，我国结合实际情况对马克思主义关于人的全面发展理论进行了丰富和发展，提出了德智体美劳多方面入手，亦工亦农，文武双全的全面发展措施。改革开放使我国的生产力得到了极大的解放，国家非常注重教育的作用，提出了“四有”新人的目标。20世纪90年代，更加注重协调各方面的关系，把人的全面发展作为有中国特色社会主义建设的重要目标，同经济发展并提，同社会进步相互促进，看作是发展先进文化的文明指针。21世纪初，胡锦涛同志提出了科学发展观，更加科学地促进人的全面发展。进入新时代以来，习近平对教育等领域提出了新要求，坚持“以人民为中心”，不断探索社会建设的新方式，为中国人民谋幸福，为中华民族谋复兴，积极探索培育社会主义接班人的方式，促进人的德智体美劳全面发展。①

2.人的全面发展思想与素质教育内在统一

一是素质教育的本质是人的全面发展。人的全面发展就是促进人素质的全面提高。因此，素质教育与人的全面发展理论在本质上都是相同的，都是我国教育方针落实的重要表现。素质教育的教育宗旨与促进人的全面发展的教育目的并不相互排挤，二者最终共同指向独立完整人的内在品质的发展和完善。②

二是实现人的全面发展需要素质教育。全面发展是人类长期以来的执着追求，人们对人的全面发展的理解也日益加深。有学者提出，要祛除教育的功利化，使教育回归本性且遵循教育规律，必须用“以人为本”的素质教育替代“制器”式的“以物为本”的

---

① 朱丽娜.人的全面发展理论对思想政治教育教学方式创新探究[J].法制博览，2020(19)：214-217+221.

② 毛红芳.从素质教育到核心素养：全面发展教育的中国实践与理论发展[J].国家教育行政学院学报，2018(03)：44-49.

功利教育,实现马克思主义所倡导的“现实人”语境下的“自由全面发展”[①]。素质教育、创新教育与创业教育的有效结合有助于促进人的全面发展,三者的结合是实现人的体力与智力多方面发展的重要保证,是实现人的体力与智力充分发展的推动力量,是实现人的体力与智力自由发展的重要方式,是实现人的全面发展的新途径。[②]

三是素质教育体现了人的全面发展和个性化的统一。有学者提出,不同目标层级定位和不同表述方式的理念是教育目的的时代意蕴和行动演绎,素质教育是教育宗旨的中国式表达,“三维目标”和“核心素养”则是对全面发展教育和素质教育在不同层级目标体系的深化、继承、演绎和超越。[③]素质教育是继承、发展中国教育传统和马克思主义关于人的全面发展的学说,集中我国广大教育工作者智慧的理论创新。其以人为本,不仅关注人的全面发展,且在此基础上力求针对受教育者的个性特征展开教育,尊重学生的人格尊严和个性,培养全体学生成为素质全面、人格健康的合格公民。[④]

(二)“五育融合”理念是全面发展思想的具体实践

“五育融合”即德智体美劳教育渗透到素质教育的各个方面、各个方位、各个过程中,尤其对教学道德与法治学科这种综合性强的学科,更具有现实的指导意义。

1.新中国“五育”理念的提出

1957年,毛泽东明确指出使受教育者在德育、智育、体育几方面都得到发展。1999年,在全国第三次教育工作会议上,江泽民提出要造就德智体美等全面发展的社会主义事业建设者和接班人,“美育”正式被纳入全面发展教育的组成部分中。2018年9月10日,习近平在全国教育大会上指出要培养德智体美劳全面发展的社会主义建设者和接班人,进一步将劳动教育纳入了全面发展教育的素质规格的范畴。自此,我国对全面发展的相关研究的具体表述也变成了“德智体美劳”。[⑤]

2.“五育融合”理念的提出

2019年,中共中央、国务院出台了《关于深化教育教学改革　全面提高义务教育质量的意见》,提出了“坚持五育并举”,强调“突出德育实效”“提升智育水平”“强化体育锻炼”“增强美育熏陶”“加强劳动教育”,以此“全面发展素质教育”;国务院办公厅则发

① 姜敏.大学教育去功利化路径研究:“以人为本”全面发展素质教育[J].北京社会科学,2014(01):33-39.

② 谢小萌,孙伟.试论实现人的全面发展的新途径——素质教育、创新教育与创业教育的结合[J].现代教育科学,2009(01):95-97.

③ 毛红芳.从素质教育到核心素养:全面发展教育的中国实践与理论发展[J].国家教育行政学院学报,2018(03):44-49.

④ 汤子烁,卢德生.人的全面发展理论的70年探索与素质教育[J].阿坝师范学院学报,2020(02):122-128.

⑤ 汤子烁,卢德生.人的全面发展理论的70年探索与素质教育[J].阿坝师范学院学报,2020(02):122-128.

布了《关于新时代推进普通高中育人方式改革的指导意见》，通过“突出德育时代性、强化综合素质培养、拓宽综合实践渠道、完善综合素质评价”等，来“构建全面培养体系”。与此相应，中央全面深化改革委员会第十一次会议，审议通过了《关于全面加强新时代大中小学劳动教育的意见》，强调把劳动教育纳入人才培养全过程，贯通大中小学各学段，贯穿家庭、学校、社会各方面，与德育、智育、体育、美育相融合。在提升育人质量的探索中，“五育融合”逐步成为当前及未来基础教育改革最重要的发展方向和路径之一。华东师范大学基础教育改革与发展研究所所长、教育部长江学者特聘教授李政涛在《“五育融合”，提升育人质量》一文中对“五育融合”作了精辟的论述，指出五育不仅是全面发展，相比“五育并举”更是融会贯通的一种策略，整体实施的一种实践，有机关联的一种思维，生、师、校整体转变的一种挑战。[①]

3.“五育融合”与全面发展融会贯通

一是从内容上看，“五育融合”是全面发展教育的组成部分。培养全面发展的社会主义建设者和接班人是我国教育方针的要求，是通过完成德育、智育、体育、美育、劳动教育（简称“五育”）这五个教育任务实现的，既包含了社会发展对个体身心发展的要求的基本方面，也反映了个体在社会中生存、发展所必备的基本素质。“五育”有各自特定的内容和各自独立的任务，其内涵在人的发展和素质培养中所起的作用不同，不能互相代替。但是，它们又是一个既有区别又有联系的整体，任何一育的割裂和缺位都远离了全面发展。

二是从实践上看，“五育融合”是全面发展教育的实施路径。前面已经说了，“五育融合”与“五育并举”不同，它不仅仅是育人的内容，还是一种“育人思维”和“育人实践”，人的全面和谐发展必须通过“五育”的实施才能实现。任何一种教育教学活动都在不同程度、不同范围地实现“五育”的任务和作用，对参与者的身心都产生一定的影响，只是在某一种活动中，有些处于显性状态，有些处于隐性渗透状态。“五育”的和谐融合发展致力于改变重智轻德，片面追求升学率，单一追求智育的现状，是实现以人为本的全面发展思想的具体实践。

三是从成效上看，“五育融合”是全面发展教育的目标追求。“五育”的和谐发展并不只意味着学生各方面的均衡发展，还应在学生身上体现出教育的整体效应。在增长科学文化素质的同时，思想道德素质、劳技素质、心理素质、身体素质等方面都得到全面、充分、和谐的发展，这是培养社会主义合格建设者和可靠接班人的目标追求。

① 李政涛.“五育融合”，提升育人质量[N]. 中国教师报，2020-01-01(003).

(三)全息育人探索是“五育融合”理论的细化操作

1. 全息育人的北碚探索

生活中的全息是指反映物体在空间存在时,整个情况的全部信息。如:全息摄像。这里借用“全息”来反映学科在育人这个空间里应该发挥的全部作用。“全息”作名词,就是全部信息,学科的、课程的、一堂课的全部信息。作动词,是由部分信息折射出全部信息。即:关键点对全部信息的整体性延伸、系统性把控、全面性呈现、完整性育人。

从2018年起,北碚区将全息理念引入教育教学实施,主要从两方面加以研究:一是由学科教学转向学科育人,即关注通过学科学习知识到通过学科培养学生全面发展;二是重视全员、全课程、全方位立体式的育人。“全息教学”,就是基于教学信息的多层次的关联性,在信息传递过程中,各种信息载体(如语言、文字、图像、实物等)所传递出的有限信息经过处理可以获得最大限度的信息量。在教学过程中,通过改进各种信息载体的组合及正确处理由此传递的信息,可以使学生最大限度地获得正确的价值观、必备的品格和关键的知识与能力,从而全面发展。“全息育人”就是“基于教育性教学,实施完整性育人”的“五育融合,全面育人、育全面人”教学理念。学科全息育人,从理论上讲,学科的任何一个关键信息(关键知识、关键方法、关键思维等),都可能包含学科的全部信息,以关键信息去全息整体信息,实现育人目标;从操作上看,每个学科依托国家教材(或课程),按照德智体美劳从学科到单元或主题建立学科育人框架,挖掘育人点,设计学科教学,利用课堂主阵地开展学科育人,实现学科教学向学科育人的转变。

2. 小学道德与法治学科全息育人的教学实施

一是搭建育人框架,体现五育要求。根据《品生课标》《品社课标》要求,结合教材等教学资源,在生活化的教育资源中,充分挖掘小学道德与法治学科中的认知育人、德性育人、审美育人、健康育人、劳动育人的全息育人点,并搭建五个方面,共13个一级指标、33个二级指标的道德与法治学科全息育人框架,有效地贯彻落实国家对道德与法治学科的教育目的和要求。

二是梳理育人导引点,助力五育融合。以单元整体构建为出发点,将道德与法治学科各单元便于实施德智体美劳的资源进行明确,形成本学科五育导引点的关键信息,为教师合理组织道德与法治学科德智体美劳教育提供系统性的支持,助力教师五育整体设计,融合实施,避免五育的缺漏与割裂,从而实现道德与法治学科的全息育人。

三是落实育人过程,凸显全息特点。在明确道德与法治学科全息育人框架和单元导引点的基础上，通过北碚区特有的全息育人教案设计模板进行教学设计，并在具有生活性、活动性、开放性等特点的组织教学中，逐一落实全息育人点，有效地促进小学生德智体美劳全面发展。

3.全息育人与“五育融合”的关系

一是全息育人有全面的五育保障举措。道德与法治学科育人框架是按照认知育人、德性育人、审美育人、健康育人、劳动育人五个方面进行构建的，各单元导引点也是按照这五个方面进行挖掘，确保了德智体美劳五育教育全方位、全过程开展。育人框架搭建与育人导引点的挖掘，并在整个学段、整个单元中整体构建，让全息育人形成了实在、细致的操作体系；不要求在每一课或每一课时中求全、求满，而是根据教学内容的特点适合各育的情况进行安排，以体现“五育融合”的整体性和交融性。

二是全息育人有明确的五育着力点。道德与法治学科育人导引点的设计，既是教师教学的支架，也是“五育融合”实施的着力点。各单元导引点的提出，“五育融合”实施着力点清晰明确，确保了五育不遗漏、不割裂，自然融合实施。

三是全息育人有具体的“五育融合”举措。第一，全息教学设计确保了“五育融合”实施。北碚区特有的全息教学设计表格是在传统表格式教案基础上创新设计出来的，不但有完整的传统教学设计结构，还创造性地增加学生学习活动、五育导引点明示等，五育的实施自然“生长”在传统教学过程中。第二，全息育人教学评价确保“五育融合”落实。在课堂教学评价方法中，课堂观察量表中着重观察老师行为、学生行为、育人融合点、育人策略的落实到位情况，较好地保障了全息育人框架、导引点的落实到位，实现了“五育融合”的高效实施。

三、学科背景

围绕学校道德与法治教育如何进行的问题，世界上许多国家都经历过直接法与间接法之争。直接法强调学校道德教育应该单独设立课程来进行，以体现这一教育所要求的系统性和循序渐进性；间接法则主张道德教育通过其他各门学科的有机渗透来自然进行，不应把它简单地列为一门独立的课程。道德与法治是一门综合性的社会学科，其发展过程也历经了社会学科课程设置的分分合合。

（一）道德与法治源于社会教育

1897年，洋务派官僚中的大工商业资本家盛宣怀创办南洋公学师范院，秋季设外院（后改为南洋公学附属小学）。该校设有国文、算术、英文、舆地、史学和体操六门课程。这是我国近代学校开设史、地学科之始。1899年，陆基创办崇辨蒙学于苏州，分甲乙两班。设国文、算学、历史、地理学科。开始出现历史、地理的名称。

中华民国建立后，初小(小学)先后设置有修身、本国历史、地理等社会学科，袁世凯复辟帝制等掀起复古思潮，增设读经科目；五四运动后，1922年全国教育联合会决定改革学制。新学制系“六三三”制，即“壬戌学制”。新学制课程标准纲要在初级小学阶段合并卫生、公民、历史和地理为社会科。我国小学社会学科以此为开端。20世纪20至40年代，综合型社会学科的出现，让社会品德教育具有了现代课程设置的雏形，重视社会学科对自然常识、健康知识、社会公德等知识的综合性摄入，注重中小学生综合性道德涵养。

(二)道德与法治全息社会学科

新中国成立初期，中国学习苏联，中小学社会知识教育普遍开设分科型历史、地理课，不设综合型社会课，直至20世纪80年代。1981年颁发的《全日制五年制小学教育计划(修订草案)》，规定小学阶段开设思想品德课，1981年3月9日又出台了《关于小学开设思想品德课的通知》，对思想品德课的性质、意义、教学内容和要求以及教学方式方法等作了全面的规定。由此，开始了思想品德课程的开设。

这一时期，我国教育管理高度集中，全国所有中小学都执行由中央主管部门制定、颁发的统一教学计划。当时确立并实施分科设课的课程体系，社会学科有关课程开设的主要是政治、思想品德、历史和地理课。主要特点是思想品德和历史、地理不同课程并列兼顾。分科设课的课程体系，显然受到当时苏联的影响。

1982年，教育部在组织各方专家广泛讨论与征求意见的基础上，正式颁发了第一个小学《思想品德课教学大纲》，即《全日制五年制小学思想品德课教学大纲(试行草案)》。可以说由此开始了一个“从无到有”的阶段。1986年4月23日，国家教委正式颁布了《全日制小学思想品德课教学大纲》。依据大纲编写了分别适合城市、农村、内地和沿海等不同地区使用的教材。实践证明，1986年的教学大纲，指导思想明确，观点鲜明，结构基本合理，层次比较清楚。与1982年教学大纲相比，新大纲更加突出了时代精神，更加符合小学生的情况和接受能力。1992年国家教委正式颁发《九年义务教育全日制小学思想品德课教学大纲(试用)》，依据的是1988年7月国家教委颁发的《小学德育纲要》。指导思想是：小学思想品德课的教学要更加适应社会主义现代化建设对各级各类人才和各行各业劳动者素质的要求，适应改革开放以来面临的新情况、新问题，适应小学生心理发展的基本规律。从此，中小学德育走上了依纲育人、依纲管理、依纲考评的科学化、规范化道路。1997年4月，国家教委颁布了《九年义务教育小学思想品德课和初中思想政治课课程标准(试行)》。这是新中国成立后第一次将九年义务教育作为一个有机的系统进行整体的综合设计,用“课程标准”取代了原有“教学大纲”的提法。具体地说,1997年课程标准与原来的教学大纲相比,在“关于学科的性质、地位和作用的表述”“关于教学内容和基本要求”方面有所改进。

20世纪80年代以来,世界课程改革的一个重要趋势是课程的综合化。1999年6月,《中共中央国务院关于深化教育改革全面推进素质教育的决定》提出,要“调整和改革课程体系、结构、内容,建立新的基础教育课程体系”。2000年6月教育部制定了《基础教育课程改革纲要(试行)》,明确提出小学应以综合课程为主,并研究制订各门课程的课程标准或指导纲要。2001年6月,《国务院关于基础教育改革与发展的决定》进一步明确了“加快构建符合素质教育要求的基础教育课程体系”的任务。为此,国家课程改革方案正式将综合实践活动确定为基础教育阶段的一门新课程。其中1—2年级为“综合实践活动·生活”,3—6年级为“综合实践活动·社会”。2001年国家课程改革方案分别将上述学科名改为“品德与生活”及“品德与社会”,品德类和社会类课程走向大综合。2001年10月,教育部颁布了《九年义务教育小学思想品德课和初中思想政治课程标准(修订)》,2002年教育部正式颁布了供小学使用的《全日制义务教育品德与生活课程标准(实验稿)》和《全日制义务教育品德与社会课程标准(实验稿)》,新课标的出台,“标志着我国德育课程建设在专业化方向上实现了重大突破”。

按照新中国的首个课程标准,全国开始了第三轮“思想品德”课教材的编写,这个时期,各版教材都形成了自己的一些特色。“思想品德”逐步增强了现代教育意识,内容和教学模式从强调灌输、说理走向学生的主体参与和感悟。在课程目标上,意在全面实施素质教育,促进学生身心的全面发展。在课程内容上,力图通过内容的科学选择、编排,利于学生素质的全面发展。在课程实践上,广大任课教师努力在自己的课堂教学中阐释课程编订者的理念,创立了多种突破“课堂中心”“教材中心”和“教师中心”的教学方法。

(三)道德与法治同步社会发展

2012年,在《品生课标》《品社课标》颁布后,正式启动了新教材的编写工作。这次编写工作与前面“一纲多本”政策下“民间出品+官方审核”的方式相比出现了一个变化,对德育、语文、历史三门课程,教育部启用了委托编写的方式。同年11月,党的十八大报告首次以“三个倡导”的方式提出了社会主义核心价值观,这可以看作中国新时代文化与道德建设的序幕。2013年11月,十八届三中全会通过《中共中央关于全面深化改革若干重大问题的决定》,提出了完善中华优秀传统文化教育的精神。同年12月,中共中央办公厅发布了《关于培育和践行社会主义核心价值观的意见》。在中央的文化建设思路的指导下，教育部于2014年3月发布了《完善中华优秀传统文化教育指导纲要》，4月发布了《教育部关于培育和践行社会主义核心价值观　进一步加强中小学德育工作的意见》，在教育中落实中央的文化建设部署。2014年10月，党的十八届四中全会通过《中共中央关于全面推进依法治国若干重大问题的决定》，提出了在中小学设立法治知识课程的要求。2016年1月，教育部印发《依法治教实施纲要（2016—2020年）》，6月，教育部、司法部、全国普法办联合印发《青少年法治教育大纲》。编写的新教材则全面贯彻落实了上述中共中央和教育部的要求，《青少年法治教育大纲》成为教材编写的纲领性文件之一。2016年秋，教材在通过多次审查后，更名为《道德与法治》，并进入起始年级的课堂，教材在体现社会主义核心价值观，传承中华传统文化，引导学生从小树立学法、遵法、守法、用法的意识等方面有了明显的加强。2017年秋，全国统一采用部编德育教材，结束了“一纲多本”的德育教材使用局面。在2017年10月第十九次全国代表大会上习总书记宣布中国特色社会主义进入新时代之前，文化与道德建设领域在经过上述一系列的酝酿、准备与铺垫，道德与法治课也由此进入中国德育的历史舞台，成为新时代文化与道德建设任务的重要落实环节。[①]

第二节　小学道德与法治学科全息育人的内涵与特征

小学道德与法治学科全息育人在宏观上要充分开发与利用本学科课程及课堂的所有信息，从实施上加强对学生学科核心素养的培养，通过对学科核心素养的培养，促进学生在复杂的、不确定的生活情境中，能够综合运用所学的学科知识、思维模式和探究技能，分析情境、提出问题、解决问题、交流结果，并形成正确的世界观、人生观和价值观，从而最大限度地实现整体性、系统性、完整性育人，实现全面发展。

一、小学道德与法治学科全息育人的内涵

小学道德与法治课程旨在培养学生良好品德和行为习惯，提升学生适应生活和社会的能力。其学科全息育人着眼于核心素养培养与全面发展，内涵包含表层、中间层、

① 孙彩平.上好小学道德与法治课的三个前提性问题[J].中国德育，2020(10):48-56.

内核三个层次，表层主要以“认知”为核心，即基础知识，处于最基础的层次；中间层以“问题解决”为核心，也就是在解决问题过程中所获得的基本方法和能力；核心层以“学科思维”为核心，这一层次需要经过系统的有进阶的学习，通过对素养中基础知识建构过程的活动体验、认识、内化，逐步形成相对稳定的思考问题、解决问题的思维方法和价值观念。

（一）表层：基础知识是全面发展的立基土壤

表层包括日常生活中的道德行为规范和文明礼仪知识，未成年人的基本权利和义务，以及规则、法律对保障每个人的权利和维护社会公共生活具有的重要意义。初步了解生产、消费活动与人们生活的关系，知道科学技术对生产与发展的重要影响。知道一些基本的地理常识，初步理解人与自然、环境的相互依存关系，了解人类共同面临的人口、资源和环境等问题。了解家乡的发展变化，了解一些我国的历史常识，知道在历史发展过程中形成的中华民族优秀文化和革命传统，了解影响我国发展的重大历史事件和社会主义建设的伟大成就。初步了解影响世界历史发展的一些重要事件，知道不同环境下人们有不同的生活方式和风俗习惯，懂得不同民族、国家和地区之间相互尊重、和睦相处的重要意义。

（二）中间层：方法与能力是全面发展的实现桥梁

方法与能力如同“桥梁”，既能够沟通知识能力和情感态度价值观，又能够促进学生将知识转化为素养。在帮助学生掌握知识与发展智力的同时，也有利于促进学生非智力因素的发展。在《品社课标》中，能力要求主要有养成安全、健康、环保的良好生活和行为习惯；初步认识自我，掌握一些调整自己情绪和行为的方法；学会清楚地表达自己的感受和见解，倾听他人的意见，体会他人的心情和需要，与他人平等地交流与合作，积极参与集体生活；学习从不同的角度观察社会事物和现象，对生活中遇到的道德问题作出正确的判断，尝试合理地、有创意地探究和解决生活中的问题，力所能及地参与社会公益活动；初步掌握搜集、整理和运用信息的能力，能够选用恰当的工具和方法分析、说明问题。方法与能力要求是从品德与生活到品德与社会课程螺旋上升的。能力目标的贯彻落实应遵循循序渐进的原则，教师应掌握不同年段方法与能力目标达成的基本要求。同样一种能力，在不同年段具有不同的要求。

（三）内核：情感、态度、价值观是全面发展的灵魂支撑

在《品社课标》中，情感、态度、价值观的要求有：珍爱生命，热爱生活，养成自尊自

律、乐观向上、勤劳朴素的态度；爱亲敬长，养成文明礼貌、诚实守信、友爱宽容、热爱集体、团结合作、有责任心的品质；初步形成规则意识和民主、法制观念，崇尚公平与公正；热爱家乡，珍视祖国的历史与文化，具有中华民族的归属感和自豪感，尊重不同国家和民族的文化差异，初步具有开放的国际视野；具有关爱自然的情感，逐步形成保护生态环境的意识。这些素养是在学生通过一定的方法的掌握与能力形成的基础上，对基础知识的充分感知和认识升华内化形成的，这需要学生积极参与到社会、国家、国际等大量与学生息息相关的生活情境中，去感知、去感悟。通过具体可感的生动课程形态，养成自尊自信、乐观向上、意志坚强的人生态度，培养学生初步的民族自豪感和政治认同感，形成爱劳动、爱科学、勤实践、敢竞争、善合作、勇创新的品质，养成孝敬父母、尊重他人、遵纪守法、诚实守信、乐于助人、有责任心和正义感的好公民。①能够进一步明确自己的社会责任、国家认同和国际理解。

二、小学道德与法治学科全息育人的特征

小学道德与法治学科全息育人最鲜明的特征就是具有全息性，同时传承学科本身的生活性、活动性和开放性。

（一）全息性

1.三维目标的整体性

从《品生课标》《品社课标》来看，均提出了整体性的道德与法治学科三维目标：

在情感、态度、价值观方面，整体培养学生与家国、集体，与自然环境，对待自己方面的积极观念。道德与法治课程把知识、技能、过程、方法以及教学艺术的美进行转化，变为现实的情感、态度、价值观的渗透，让学生感受到快乐、爱、审美情趣等心理体会。将学生的实际生活情境有机地融入课堂教学过程中，创设有效的生活化情境，安排相关的活动，打造可以激发学生对政治学习兴趣的良好氛围，充分满足学生内在求知的需求，进而使学生充分体会学习的乐趣。坚持学生主体地位和人本思想展开教学活动，创造透视和探讨问题的机会，激发学生积极主动思维，锻炼学生查找信息、整理信息、解决问题的能力，构建民主、和谐、探究以及合作的教学氛围。唤起学生"爱亲敬长，爱集体、爱家乡、爱祖国""挚爱生命，热爱自然""自信向上，诚实勇敢，有责任心"等方面的积极体验。

在能力与行为习惯方面，儿童良好的生活习惯的培养涉及方方面面。一是培养学

① 郭然.核心素养视角下《道德与法治》活动型学科课程的实施建议[J].思想政治课研究，2019(01)：145-148.

生对生活观察的习惯。道德与法治课教学是以学生的生活经验为基础的，调动学生已有的生活经验，扩大学生的生活体验。让学生学会从多角度观察生活、全面的观察、带着思考的观察是形成良好的观察生活习惯的重要方面。二是培养学生与他人合作的习惯。道德与法治课是为了促进学生的社会性发展，这种发展必须在与他人的交往中得以实现，需要学生养成与他人合作的良好的学习习惯，避免以自我为中心的情况。三是培养学生积极参与的习惯。在参与课堂教学活动的过程中，更多的要体现在思维的参与上，关注学生良好的参与习惯是否得以养成。引导学生多问、多想、多感受，让学生在活动中不断地质疑与反思，体验与感悟，进而获得真实的感受。尊重学生的主体性，提高学生参与的程度。四是培养学生分析解决问题的能力。要让学生经历活动体验、思维锻炼、明理养德的完整过程，真正涵养良好的道德品质，强调学生参与生活、创造生活的过程，能够将生活中遇到的问题，运用所学的知识和技能进行分析解决，体验提出问题、探究或解决生活中的问题的过程。

在知识与技能方面，从编写的思路来看，道德与法治教材囊括儿童生活的方方面面。品德与生活课程以儿童的生活为基础，以三条主线和四个方面构成课程的基本框架。三条主线分别是："儿童与自我""儿童与社会""儿童与自然"。四个方面分别是："健康、安全地生活""愉快、积极地生活""负责任、有爱心地生活""动手动脑、有创意地生活"。三条主线和四个方面交织构成儿童生活的基本层面，涵盖了法治、人文、安全、健康、卫生、环境、劳动等诸多学科知识，对促进儿童了解社会、认识社会，积极参与社会和涵养良好的道德品质有重要作用。在遵循生活认知的前提下，切实关注学生的人文主体精神，促进学生对生活、对社会的认知，提升学生自主生活和参与社会的能力："掌握自身生活必需的基本知识和基本技能""具有与同伴友好交往、合作的基本方法和技能""具有初步的探究能力""初步了解生活中的自然、社会常识""初步了解有关祖国的知识"。

2.实施过程的融合性

一是多学科的协作融合。道德与法治教材本身就渗透了语文、数学、历史、地理、音乐等多个学科的知识，有助于学生深化对生活情境的理解与认识。可以同语文学科相关内容进行融合，如教学部编版教材五年级下册第三单元第9课《中国有了共产党》，其中话题三《红军不怕远征难》时，我们可以融合语文认识中的《飞夺泸定桥》《七律长征》《金色的鱼钩》等课文，有效地增强学生对长征的理解。同信息技术的融合方面，我们可以利用互联网拓展道德与法治学科教学资源，生动直观地展示教学内容。音乐学科在道德与法治课堂教学中，可在激发学生学习兴趣、渲染情境氛围、升华学生情感方面起到有效作用。如：在总结《中华民族一家亲》一课时，适时唱一首《爱我中华》，铿锵有力、嘹亮雄壮的歌声可以有效地升华学生的多民族国家意识和民族团结互助精神。

二是家校社的整体联动。第一，家庭、社区是不可或缺的道德与法治课程资源。家庭是孩子的成长之源，由于血缘关系，家长容易以积极的情绪感染孩子，家庭生活中有许多活生生的德育素材，有助于学生良好道德品质的发展。社区中的法治教育基地，生活中鲜活的劳动模范、道德标兵、英雄人物等等，都是道德与法治学科可开发、可利用、可引入的课程资源。第二，家庭、社区对学生良好道德的形成负有应尽的义务。中共中央、国务院《关于加强和改进新形势下高校思想政治工作的意见》提出"全员育人、全程育人、全方位育人"的"三全"育人格局。作为影响学生道德形成重要环境的社区、家庭，在学生养成良好道德品质与正确的法治观念的过程中，要主动配合道德与法治教学的需求，承担起教育引领孩子健康成长的责任。第三，家庭、社区是学生道德与法治实践的真实环境。道德与法治学科课程的目的，就是要培养学生具备能够适应终身发展和社会发展需要的必备品格和关键能力。学生是否具备这些品格和能力，需要在家庭、社区的实际生活环境中去检验。通过家校合作可以在德育过程中形成合力，学校可在德育方法上引导家长，加强家长的德育意识，家长可以及时向学校反馈学生的在家表现，双方相互支持，更有利于学生成长。

三是成长期的全程助力。第一，道德与法治学科对青少年时期学生道德的形成进行了整体设计，紧扣学生的生活和学生的年龄特点，对学生成长过程中面临的社会认识肤浅、道德观念模糊、规则意识不强等问题进行引导和规范，培养学生适应生活、适应社会的关键品格和关键能力，课程从低段到高段进行了整体的设计。第二，道德与法治学科关注学生成长的方方面面。从道德与法治学科教材内容的选择上看，吸纳了关于学生成长的健康、安全、环保、法治等多方面的知识，要求培养学生良好的道德观念、道德情感、道德行为和道德习惯，涵养举止优雅、仪表端庄、语言得体的审美情操，养成善于反思、勇于批判、乐于创造等学习品质，具备调控情绪、适应环境、乐观向上等良好心理品质，培养坚持锻炼、劳动方法、劳动技能的基础能力。第三，道德与法治学科促进学生螺旋上升式成长。从道德与法治学科的育人目的、教材内容的选择上来看，道德与法治学科始终关注学生的健康成长。但是，该学科在育人任务上有着明显的学段阶段性，各学段的相同内容要求层次不同，明显地体现出了螺旋上升育人的特点。

3.评价内容的全面性

小学道德与法治学科全息育人，在每一节课堂教学中不是几个学科知识点的简单叠加，而是在服务学生学科素养的培养基础上，促进学生德智体美劳全面发展。道德与法治学科全息育人一改传统的教学评价方式，采取更加注重学生学习过程的形成性评价，同时结合质性和量性评价、综合性评价和发展性评价，使得评价的内容更趋综合，评价的形式更趋多样，评价的主体更趋多元，从而更便于教师了解和研究学生，给予学生全面客观的评定和反馈。主要有以下几方面：

一是基于社会生活的思想道德修养。道德与法治课程的主要教学目标之一就是要培养学生的思想道德修养，让学生树立正确的观念，尊老爱幼，尊重师长，孝敬父母，懂得感恩，学会正确地看待周边的人与事，学会礼貌用语。通过这些看似简单的教育，可以培养学生的综合素养，成为一个可以从容自如地应对日常社会生活的学生。二是内化于行，自觉践行的法治观念。法治观念是近年提出的对学生的新要求。近年，校园霸凌事件频繁出现，人们开始重视对青少年的法治教育，让学生在小小年纪就清楚地知道什么是可以做的，什么是不可以触碰的法律底线，从而净化校园风气，在校园里形成积极向上的正确的价值观。这种法治观念的植入对学生的影响是巨大的，影响着学生的一生。三是深植于内心深处的家国情怀。学生从小就应该树立正确的世界观和价值观，防止在纷繁复杂的社会生活以及良莠不齐的信息中，影响学生人生的选择和价值观的形成。从小让学生树立坚定的爱国主义情怀，培养学生对祖国的热爱，通过这种根植于心的爱国情怀，培养学生对日常生活的热爱，面对分裂祖国，影响人民感情的恶性言论可以做到有自己的评判标准。[①]

(二)生活性

1.本学科课程内容充分彰显生活气息

品德来源于社会生活，是“学会生活”“学会做人”的教育。我国伟大的教育家——陶行知，在经过多年的教育实践后，提出了“生活即教育”“社会即学校”“教学做合一”的三大生活教育理论原则。1922年陶行知在《时事新报》副刊《学灯》上发表《生活教育》一文，用英文表述了“生活教育”的观念和思想：Education of life，Education by life，Education for life，即生活教育，用生活来教育，为生活而教育。[②]

教学内容越贴近学生的实际生活，道德观念越易被学生认同、接受。在教育内容的选择上，要真正做到不脱离课标，不拘泥教材，让德育走进社会生活，让社会生活走进课堂。课程标准在教学建议中提出了“丰富学生的生活经验”“充实教学内容”和“拓展教学空间”的要求，也就是在教学过程中要克服脱离学生生活实际、说教式的教育方式。在品德教学中，尽力做到教学内容与学生多彩的现实生活联系起来。教材不是教

① 任慧慧.小学道德与法治教学中培养学生核心素养的途径探析[J].才智，2020(18):214.

② 郭元祥，胡修银.论教育的生活意义和生活教育意义[J].西北师大学报(社会科学版)，2000(06):24.

学的唯一资源，学生的生活世界、直接经验、感知体验是课堂教学的重要资源。[①]

道德与法治课程内容也是源于生活，必须拓宽到生活和社会中去，鲜活的生活案例中有丰富的认知育人、德性育人、审美育人、健康育人、劳动育人关键点。要“在生活中找教育”，让学生去接触社会，学生才会有更深刻的理解和感受，才能全息折射出生活知识、社会规则和道德要求等。在教学内容的选择和资源的开发方面，应从学生好奇好动的年龄特点出发，发挥其主动性、积极性，让学生走进身边的生活。到家庭中、社会上、学校里，去调查身边的人和事，广泛地查阅资料，搜集与课文内容密切相关的图片、实物等来充实教科书的内容。如教学部编版四年级下册第10课《我们当地的风俗》一课，课前让学生去调查家乡有哪些风俗，通过查资料、走访等形式深入了解家乡风俗的来历、传说，学生不仅增长了见识，还能在充分体验现实生活，并以真实丰富的情感体验中获得自我教育。家乡的风俗这一内容具有较强的生活气息，有效地全息了地理、历史等知识，同时也包含了热爱家乡、尊重劳动人民的德性育人点，培养学生调查分析、动手动脑的劳动育人点。

2.本学科课堂教学紧密联系生活实际

王隆平在《课堂教学的重构：走向生活化》中指出，学生不是空着头走进教室，所以教学应根据学生的知识和经验，去面对社会和生活。涂金云在《走进生活，唤醒学生主体意识》中，提倡以生活为导向的教学模式，指出在课堂教学中德育的“生活（导入）—教学（分析）—社会（回归）”的循环过程。肖川老师认为：“道德教育必须关注学生的生活世界”“教育要关注学生的生活世界并切入学生的经验系统；在教育内容和方法上是基于学生智慧发展水平的；教育要着眼于学生成长的内在动机的唤醒，从而使学习活动是自觉自愿的；教育要将学生带入精神充实、富于理智挑战的境界。”孙迎光老师认为：“德育改革必须由占有化德育向生活化德育转变。”

部编教材的内容极其丰富，教科书多以图画、真实的照片的形式展示儿童生活，贴近儿童生活，富有情趣地引导儿童健康安全地生活、愉快积极地生活、负责任有爱心地生活、动手动脑有创意地生活。如果教师只是简单地讲一讲，学生的认识会比较肤浅，我们要在课堂教学中，根据学生学习的规律，从学生已有的生活经验出发，联系生活实际，创设生活化的教学情境，从而促使学生将课堂学习的间接经验与现实生活的直接经验有机结合起来，把教学从课堂生活拓展到学生的学校、家庭和社会生活，最大限度地、全方位地整合各种教育资源。让学生积极地参与社会实践，体验社会生活，不断丰富和发展自己的生活经验。这样不仅能提高学生的学习兴趣，增强教学的实效，也会

① 李华.把握学科特点 提高《品德与社会》的教学实效[J].课程教育研究，2014(33)：101-102.

使课堂出现生机和活力。如:在教学四年级下册第4课《买东西的学问》时,让学生比较现实中几家超市同一产品的优惠力度。通过教师引导,把课堂内的知识联系到课堂外的生活,将课堂学习与生活实践有效统一起来,使感性知识最终上升为理性知识——我们要学会正确购物、聪明购物。教育“回归生活”,吸引了学生,激发了学生学习的热情,体现了生活的教育价值。

3.本学科培养目标全面提升生活能力

现代“德育生活化”概念提出不放弃原有的道德教育,但要转变观念,在原有的基础上增加“生活”的内容,让学生走出封闭的校园,徜徉在生命的海洋,在具体的生活体验过程中,通过道德实践,提升道德意识,最终内化为自己的美德,让受教者最终能学以致用,而非停留在认知层面。

小学道德与法治课的生活转向,教学生过好生活就是教学的目标。引导孩子理解生活、过更好的生活本身就是德育的目的,知识与技能的学习是服务于更好的生活的。那么如何帮助学生实现对生活、人生、社会的深度理解呢?这要通过一个双重意义化的过程,即生活的观念性升华与观念的生活性充实。所谓生活的观念性升华,就是通过教学,引导学生实现对生活中具体事件、活动、言语的德育观念化。如:一年级下册第10课《家人的爱》一课,活动一“家人的爱藏在哪里”,通过课堂上的教学活动,引导学生在寻找的过程中发现,家人的爱藏在“我”的名字里、妈妈做的饭里、姑姑给“我”扎的辫子里……这些生活的点滴都藏着家人对“我”的爱,让学生发现原来家人的爱时时包围着“我”,自己生活在家人的爱中。这就是通过教学实现学生对生活的德育意义的领会,将生活细节升华为“(亲人的)爱”这样一种道德观念。同时,“爱”这一道德观念,在学生心里,就不再空洞、抽象,不只是挂在嘴上的一个词,还可以与亲人的劳作、行动联系起来,有了生活中的内涵,这就是德育课程要带给学生的意义。在这样的课堂中,学生往往会有“原来如此”的恍然大悟,对一些抽象的道德观念与法律规定有了带着生活细节和温度的理解。

(三)活动性

1.本学科教材资源以活动为主要呈现形式

杜威的“实用主义”教育理论其核心就是“从做中学”,并认为传统书本教材的统治地位应转移到活动中来。在这里,活动是作为一种学习方法而存在的,是一种强调经验和思维探究的方法。部编版《道德与法治》教材最大的亮点之一,就是教材围绕活动设计编排内容,是打造道德与法治学科活动型学科课程的重要资源。教材在编排设计教学活动时,始终以学生的真实生活为参照,以学生的长远发展为宗旨,使学生在生活经验的积累中自然而然地巩固和强化理论观点。在活动中思考，接受活动的洗礼，在思维碰撞产生的火花当中细细品味和咀嚼知识的乐趣，在活动实践中检验知识、践行正确的价值观，从而内化为心中的道德取向和信仰。

教育部高中思想政治课程标准修订组组长朱明光指出，活动型学科课程实则是一种学科内容的活动化，即以认识活动和社会实践活动相结合的序列化的活动设计。活动设计"序列化"是活动型学科课程与一般课堂教学活动的重要区别所在。[①]作为活动型学科课程主要资源的部编版《道德与法治》教材图文并茂，探究活动丰富多彩，源于生活，归于生活，学生可学、可做、可悟，适应了在课程教学中培育学生核心素养的要求。相比之前的《品德与生活》《品德与社会》教材更符合儿童认知发展的规律，在原来注重知识框架的基础上，倾向于儿童能力与情感、态度、价值观的培养与发展，注重学生综合能力和全面发展，更加利于全息育人的实施和落地。

如一年级上册第4课《上学路上》，这一课内容就极具生活化特点，并且符合学生的年龄特点和实际情况。一年级学生刚升入小学，心中有"过红绿灯，走人行道"的理论概念，但对如何走这一行动还有所欠缺。教师可以利用多媒体设备和道具等设计丰富的活动，创设真实的上学路上情境，让学生在课堂上通过活动亲身检验，并以"红灯停、绿灯行、黄灯亮了等一等"为口号，对学生进行行为训练。这就是教师根据生活化教学内容的需要营造教学情境，积极主动引导学生在这个情境中设身处地思考、体验、感悟。活动中，发挥多媒体技术具有生动性和直观性的优势将学生带入生活中的真实场景，能够营造出身临其境的教学环境，从而加深学生的学习体验和活动体验。同时，学生也在活动中了解和加深对交通信号的印象，并在真实生活中自觉遵守交通秩序。

这样的编排体现出学生对经验的唤醒、运用、整理、交流、提升，体现对知识与技能的自主探索过程，以活动来吸引学生参与到学习过程中，以活动来创设积极的学习氛围，以活动来引导学生积累经验、丰富认知、锤炼技能、提升素养，实现全息育人的目的。

2.本学科课堂教学以活动为基本组织方式

学生良好的思想道德素质并不是与生俱来的，而是通过后天点滴的体会、感悟、积累、培养形成的，通过亲身实践获得的知识比起课堂上教师讲授的知识来说印象更为深刻。

第一，提升课堂教学效率。在当前的道德与法治教学过程中，"满堂灌"的教学方式仍然存在。这极易使学生偏重于书本知识的学习而忽视自身良好道德素质的养成。如今，教师在课堂教学过程中采用活动教学法，依据学生的实际生活、兴趣爱好、需要、

① 朱明光.关于活动型思想政治课程的思考[J].思想政治课教学，2016(04):4-7.

动机以及直接经验等来设计教学内容，很容易吸引学生的注意力，激发学生自主学习和探究问题的意识。将自主探究、独立思考同合作学习有机融入活动化教学中，将不同的学习方式统一起来，可以调动学生学习的积极性和主动性。活动化教学立足于学生的兴趣和发展需要，尊重学生已有的知识经验和个别差异，以其灵活、新颖和多维的组织形式、教学方法以及评价机制，强调对学生兴趣和潜能的挖掘，对学生能力和意志力的培养锻炼，以及对学生自信心和积极主动性的激发。这样既实现了课堂教学形式的转变，同时也将理论教学的方式转变为生活实践的方式，通过教学活动和教学方式的转变，将道德与法治课堂变得更加生动，实现了学生学习兴趣的提升，从而使学生在"活动"平台中全面而又充满个性地发展。

第二，体现学生的主体性。新课改要求教师必须转变传统的"一言堂"的角色，要尊重学生学习的主人翁地位，做他们学习路上的促进者和引导者。学生道德认知、道德情感、道德意志、道德行为的产生离不开学生在道德与法治活动化教学中的道德实践和道德体验，离不开学生基于原有的生活经验和阅历所独立自主进行的新知识的意义建构，离不开学生主观能动性的发挥。道德与法治课堂教学的过程中采用活动化教学法，在课堂教学的过程中设计各种各样的活动，比如：调查活动、游戏活动、任务活动、实践活动、操作活动等等，让学生站在教学的正中央，立足于学生的生活与经验，着眼于学生的成长与发展，用儿童的眼光认识世界，用儿童的行为开展教学，形成生活内容和教学相统一的逻辑，体现了情感体验与人文关怀的和谐统一，努力引导学生树立多元、开放、平等、包容的价值观，实现身心的全面健康成长。[①]这将有效地促进课堂教学主体对象的转变，把以教师为主体的课堂转变为以学生为主体的课堂，响应了新课改的要求，同时也提升了课堂教学效果和教学质量。

第三，提升学生的实践能力。道德与法治课活动教学重视学生的实践，以学生不断扩展的生活实际作为活动化教学的出发点和落脚点，不仅强调学生的亲身经历，还注重选取贴近学生生活、贴近社会的素材，有利于促进学生积极参与到各项活动中，为学生提供自主参与、自我教育、自由发展的平台，并在此过程中推动学生的道德认知内化为他们的道德情感、意志和信仰，外化成他们的道德行为和实践。学生在综合性、实践性、操作性、开放性、生成性、层次性的主体活动之中，积极参与、独立思考、合作探索，充分展示了学生的实践能力和创新精神。此外，针对道德与法治知识的学习，更多的是应用在实际生活中提升学生的法律意识与道德意识，通过合作探究，师生、生生之间良性互动和交流，在启发学生思维的同时，又能培养学生的人际交往、团结互助的能

① 郑凤仪．部编版小学《道德与法治》教材的结构特色探究［J］．江苏教育研究，2018(17)：25-27.

力，为学生的社会化创造条件，提升学生的实践应用能力，进而从真正意义上做到学有所用。同时也提升学生的自我保护能力。

3.本学科能力培养以活动为主要实施途径

个体的活动是个体发展的决定性因素，没有个体的活动，就谈不上任何发展。要让学生主动融入活动，在活动中找到感悟点，以提升道德情感能力和道德行动能力，在真实活动体验中达成知、情、意、行的统一，实现生命的真成长。

一是实践体验，在“应用”中生发情感。应用涉及使用程序去完成练习或解决问题。它旨在帮助学生真切地体验道德和法治知识的力量，生发情感认同，将知识和行为联结起来。如：教学二年级上册第12课《我们小点儿声》时，老师可以设计一个互动体验游戏，让学生体会别人在公共场所大声喧闹带给自己的苦恼，从而感同身受地去换位思考自己在公共场所应该怎么做。然后老师还要引导学生认识哪些是公共场所，让学生的规矩有地可用。通过游戏活动，学生将学到的道德知识外化为道德行为。

二是对话生活，在“分析”中实现迁移。浅层对话的问题，警示师生对话应该走向深层，而深度对话的路径就是儿童的生活。教师应引导学生在与生活对话的过程中分析问题，帮助学生认清问题的本质，把握教材逻辑和生活逻辑的联系，实现从“书本道理”向“生活哲理”的跨越。如：教学二年级下册第12课《我的环保小搭档》，教师可以将学校和生活中出现的环保和不环保的现象拍下来，让学生辨别、分析、归纳环保问题产生的原因，在真实存在的生活环境中扎实培养学生的环保意识，也为环保知识在生活中能得以运用做好准备。

三是情境辩论，在“评价”中锤炼思维。评价是基于准则和标准作出判断。道德与法治的学习活动多指向道德问题的价值判断。越是模糊的问题，越能引发学生利用批判性思维展开深度思考，激发情感共鸣，树立正确的价值观。如，在教学二年级上册第11课《大家排好队》时，教师可以通过读绘本故事《排好队，一个接一个》来导入，让学生懂得“有序排队很重要”，可是你排队上厕所的时候，来了一个更急着上厕所的同学，如果他想插队，你会怎么做？学生又在这样具体的情境中对问题展开不同角度的评价、辩论，可以帮助学生厘清道德与规则之间的互补、融合关系，领悟“懂得礼让更文明”的道理。

四是项目学习，在“创造”中提升素养。项目学习，是一种在真实情境中解决复杂问题并创造成果的学习方式，是典型的深度学习。如：在教学二年级上册第6课《班级生活有规则》时，教师根据教材第24至25页的“把‘约定’做成文明棋”板块，设计了一个“制作文明棋”的项目学习活动，结合本班的实际情况研究制订各项条款，通过合作，将“班级公约”转化为“文明棋”，依次完成制订规则、设计棋谱、绘图等具体任务。最后，学生要通过下“文明棋”、交换“文明棋”等形式完善、汇报成果，并接受集体评价。由此，学生的道德、艺术素养，以及沟通能力、应用信息技术能力、学习能力等才能在创造的过程中得到深层、有效的培育。总之，在教育现代化的时代背景下，道德与法治教师不能仅仅满足于浅层教学，满足于设计简单传授道德和法律知识，忽视儿童认知规律和情感需要的活动，还要善于运用实践体验、对话生活、情境辩论、项目学习等多种策略，设计基于深度学习的道德与法治活动，为学生的全面发展和终身发展奠基。①

（四）开放性

1.道德与法治教学资源的开放

道德与法治课堂应是一个生动的道德实践课堂，作为教师除了利用好课本上的文本，更要重视利用课外的自然资源和社会资源，因地制宜地发掘各种有形、无形、有教育价值的课程资源，引导学生走出课本，以促进学生道德的养成。教师在教学过程中更应注重教学内容的开放性。②

2.道德与法治学习时空的开放

传统教学大多在课堂上完成，而道德与法治课生活化教学要求打破传统教学场地的限制，学生不仅在课堂上学习，还需花费课余时间提前做好准备工作。如：进行必要的资料搜集整理，带领学生走出课堂，去农村、工厂，走进更为广阔的社会，去观察，去实践，使学生学习与现实生活、社会生活相联系，学到书本上没有的知识，体验全新的感受，让学生学会在生活中学习，学习时空由课堂延伸至课外、校外，甚至由现在延伸至过去和未来。

比如：一年级下册第二单元“我和大自然”，就是要让学生充分感受大自然的美丽，美丽的大自然不是孩子们坐在教室里或待在家中就能感受到的。老师可以组织学生走出课堂，把观察活动的场地扩展到教室之外，让他们在校园里、公园中奔跑，和落叶聊天，在田野、草地中观察大自然……只有这样与大自然亲密接触，孩子们对大自然的热爱才会不断地积累、延伸。

3.道德与法治学习方式的开放

实施开放式教学，就是要突破传统的教学观念，打破课程局限，放手让学生参与实践，使教学活动与自然、生活、社会进行信息交换，使学生真正成为课堂的主人，从而提高课堂教学的针对性和实效性。学生道德品质的生成过程也是一个开放的过程，是一个动态创生的过程，除了道德教育目标是明确预设之外，学生参与道德活动的体验、感

① 鲁剑锋.基于深度学习的道德与法治活动设计[J].教学月刊小学版（综合），2019(06)：18-20.

② 俞琳.提升小学道德与法治课堂教学有效性的策略[J].中国教师，2019(03)：100-101.

悟和价值观念的形成等具体过程是无法提前预测的。因此,针对学习展开过程中的学生学习状态,教师应基于教学目标作及时机智的调整,以开放的氛围为前提,以开放的课堂为核心,以开放的实践为基本渠道,以提高思品教学实效为根本,在学生开放生成的道德品质学习过程中,养成良好的道德行为习惯。

第三节　小学道德与法治学科全息育人的价值

清楚了道德与法治学科发展史,道德与法治学科全息育人概念及其特点后,我们还必须清楚开展道德与法治学科全息育人到底有什么好处和价值。

一、实现课程融合育人

道德与法治学科全息育人中“全息”的理念内涵和鲜明的学科特点,以及北碚区特有的道德与法治学科全息育人教学设计、教学组织及教学评价较好地确保了本学科五育的融合实施。

(一)先进的教育理念引领“五育融合”

一是克服了传统教学的缺点。道德与法治学科全息育人点的体系化建设,较好地克服了传统道德与法治学科片面追求道德说教和知识灌输,偏重于形式和表面的学业成果的情况;强化了审美、健康和劳动教育,更加有利于培养学生的创新创造与实践能力,帮助学生获得更加真实的生活体验与养成良好的行为习惯,促进学生深层的制度、观念、思维方式、情绪情感发展和精神成长,实现学生德智体美劳全面发展。

二是完善了“五育融合”的拼图。道德与法治学科全息育人鲜明地从素质教育需求出发,始终把培养良好品德、乐于探究、热爱生活的儿童作为教育教学的出发点和归宿,提出整体实施认知育人、德性育人、审美育人、健康育人和劳动育人的系统化、整体化建设,在传承学科原有认知育人和德性育人特点外,第一次系统地、高调地重视审美、健康和劳动教育,较好地完善了德智体美劳“五育融合”的素质教育拼图。

(二)丰富的课程资源支持"五育融合"

一是课程资源涵盖丰富的五育内容。道德与法治学科有全息性、生活性、综合性、开放性的特征,其课程本身就是丰富的德智体美劳教育资源。除大量的自然、社会、健康知识,以及大量的育德内容外,还安排了整理内务、志愿活动、实践体验等丰富的劳动、体育教育资源,家乡美、祖国山河美的审美教育资源,五育资源极为丰富。所有的教育活动对人产生的育人成效,很难截然分离为这是德育,那是智育、体育,或者美育仅在这里体现,劳育只在那里浮现……实际上,每一种教育教学行为,都可能对孩子的生命成长产生综合影响,产生综合效应,各育的成长效应往往是相互贯穿、相互渗透和相互滋养的。[①]当然,我们不必强求每一课,或是每课时都实现完整的"五育"内容,那样太机械死板。具体侧重几育,要据实而定,契合自然,融合无痕。道德与法治学科的主要功能还是德育,每课时不可能展现五育,但一定有德育。

二是课程资源助力学生的五育发展。世界上最简单、最低效的教学行为就是讲授。兴趣是最好的老师,小学生还处在好奇、好玩、好动的阶段,通常对新奇事物有着浓厚的兴趣,教师合理利用兴趣,能够帮助学生提高学习效果。根据学习金字塔获得的启示,学生在参与阅读、视听、演示、交流、动手等活动时,学习效率更高。如:让学生在生活中发现存在的问题,同时将道德教育的规则和生活中的问题联系起来,自己积极地尝试着解决它,从而提高学生的道德认识和道德判断。[②]同时,道德与法治课程突出的参与性、实践性和团队性,可以避免说教的环境,避免激化教育者与被教育者之间的矛盾,让学生在团队活动中进行自我观点的反思和更正,有利于形成正确的认知。[③]除学科认知和德性育人外,科学合理地开发审美育人、健康育人、劳动育人因素,引导学生深度参与观察、调查、讨论、参观、访问、制作、种植、饲养、交流等多种学习活动,能够给学生知识、德育、美育、健康和劳动等学习体验,提升学生学习兴趣,以提高学习的主动性,实现道德与法治学科一育带多育的目的。

(三)规范的教学实施落实"五育融合"

北碚区道德与法治学科全息育人在学科育人点框架、单元育人点导引的挖掘、梳理和构建,以及对全息育人教案、教学组织、教学评价等方面,均做了有益的探索,对学科全息育人的实施具有指导性、可操作性,这有效地保证了全息育人教学的有效落实。

---

① 李政涛."五育融合",提升育人质量[N].中国教师报,2020-01-01(003).

② 王玖枝.发挥德育教师主体性实施生活化德育[J].内蒙古师范大学学报(教育科学版),2005(11):62-63+69.

③ 郭然.核心素养视角下《道德与法治》活动型学科课程的实施建议[J].思想政治课研究,2019(01):145-148.

第一，规范要求是助力。本学科为了全面贯彻落实全息育人教学，以学科课程标准为纲领，以道德与法治学科教材为本源，根据学生身心发展的阶段性特点，组织学科核心小组专门开发小学道德与法治学科全息育人点框架，小学各册、各单元的育人点导引，供道德与法治学科教师教学备课参考。设计专门的教学设计格式，落实全息育人备课要求，注重认知育人、德性育人、审美育人、健康育人、劳动育人点的全盘考虑。

第二，评价探索是保障。教学评价方面，小学道德与法治学科全息育人，在充分继承传统课堂评价方法的基础上，进一步注重课堂五育的融合实施和五育育人点的落实成效。尤其是在课堂反思环节，要求教师对照学科育人点、单元育人点导引及课堂育人点的落实情况进行回顾和评价。在学生的发展性评价中，也要全面观察学生五育道德品质的养成情况。

第三，学科研修是提升。在小学道德与法治学科全息育人研修方面，除注重传统研修外，着力加强学科全息育人点的改进和完善，全息育人教学法的有效组织和实施，全息育人课堂教学评价方法和标准等内容的深入研究。力争在学科全息育人方面有更成熟、更规范的操作。

二、促进课堂有效转型

道德与法治学科全息育人显著的特点就是全息性，这是坚决落实立德树人根本任务，深化素质教育的有效路径，更加符合现代教育规律。

（一）促进以课堂教学为中心向能力培养为中心转变

道德与法治教师必须关注课堂改革新元素，育人目标设计要体现核心素养，培养学生的素质能力。道德与法治课的理论知识具有很强的抽象性和逻辑性，教师在教学中要运用“五育融合”整体化培养策略，帮助学生将碎片化的知识连点成线、连线成面、连面成体，以避免知识的片面性和各育的孤立化，这样才可以做到将知识转化为核心素养。教师需要着力突破以知识为主的传统课堂教学，做到把学科核心素养细化分解为具体的、容易操作的教学目标，即学科全息育人导引点，把知识性内容及五育育人点通过合适的教学方法来进行展示，以丰富课堂教学内容。学生通过多种多样的教学活动深刻理解知识内容，形成正确的情感、态度和价值观，提高思想道德与行为素养。

(二)促进以教师主导为中心向学生主体为中心转变

要实现以核心素养教育模式取代知识传授体系,不仅要修正教学内容,还要变革学习方式和教学模式。传统的课堂教学模式以教师讲授为主,教师是主体,学生是听众,其缺点是学生被动参与,课堂积极性不高。这种以教师讲授为中心的教学模式不利于激发学生的兴趣和启发学生的思维,容易导致“填鸭式”教学。教学活动的中心不是“教”,而是“学”。教师要转变现有的教学观念,明确学习的主体是学生,要善于激发学生的学习干劲,调动积极性,以充分发挥教师的主导作用,同时启发学生积极思考,以准确把握教材内容,从而有利于培养学生的思维能力与探索问题的兴趣。在这一过程中,教师虽然仍以谈话和讲授为主,但是增加了学生的课堂活动。教师的作用由讲清教材转变为引导学生自己弄懂教材,并在关键的地方启发学生思考,帮助其领悟。柯尔柏格认为,“道德推理不能被直接教会”,因为“新的道德思维方式是从儿童内部发展出来的,而不能从外部强加给儿童。虽然我们想训练、教育孩子,但实际上进行教育的却是孩子本身。即使是多么有名的训导主任,也没有人能够为孩子而食,为孩子而散步,为孩子而去记忆。实际上教育并非在教师之中,而教育的王国在儿童之中”。事实上道德生活的起点并不是零,儿童从一开始就是道德生活的主体。一直以自己的方式生活于道德之中,理解、掌握、运用着道德规范。

(三)促进以封闭课堂为中心向开放课程为中心转变

道德与法治课教学是开放的,应该做到面向社会,联通生活实践,实行开放式教学。通过“引进来”——结合课堂教学内容,做到因材施教,适时引进能反映当今时代积极上进、充满正能量的社会生活内容,引进一些新名词和术语以及新的科研成果等,使道德与法治课更有时代感和鲜活度,使道德与法治课教学更接地气、更有说服力。通过“走出去”——教学活动要注重培养学生的社会实践意识,引导学生积极主动参与学习活动,在学习、体验与践行中使自身的思想观念和道德品质得以形成和发展。通常把能够学到知识的地方叫作课堂,所以传道授业解惑的教书育人之地是校园课堂,即学校小课堂,而能够锻炼人的品行,并使人得到磨炼的则是社会生活,所以叫作社会生活大课堂。社会生活大课堂是每个人的必经阶段,也是将人从学校的“温室花棚”里拉出来促进其成长的地方。在社会大课堂中,可以学到为人处世与善恶成败,可以经历挫折与品味成功,可以学到很多学校课堂中不曾学到的知识。学习不仅局限于课堂与学校,生活中经历的点点滴滴都可以是学习,但这需要我们始终持有自觉和主动的态度。教师在课堂教学中应该做到从学生的实际情况出发,关注学生的发展,可以将学生现有的生活经验和感兴趣的生活话题以及社会时政热点问题设计成问题的形式，启发学生思考与探究。这样，课堂教学才能真正获得学生的关注与积极参与。另外，教师在创设生活情境时要多推敲课堂设问，力求做到多角度、分层次，以兼顾不同水平学生的发展。

三、引领教师全面育人

全息育人理论的提出，给我们全体教师开展教育教学工作提供了理论指导和方法引领，对教师更好地落实素质教育，培养学生核心素养有着重要的作用。

（一）丰富教师全息育人理念

1.生本理念

以生为本，是新课程改革以来提出的新教学理念。在小学道德与法治的教学中，教师要充分尊重学生的主体地位，让课堂充满学生的智慧，使学生成为自由思考、独立生活的人，就要在课堂上创设情境，引导学生成为思考的主体；联系生活，指导学生获得生活的经验；展开讨论，促进学生交流个性的思想；互动评价，帮助学生养成优秀的品质，培养学生的自主意识，使其能够在学习中成为主人，而不是一个依从者。[①]也就是说，落实道德与法治学科全息育人，首先就要尊重学生是一个独立、个性、完整的人，促进学生的全面发展，要有全面发展的育人思想。

2.生活理念

应当引导儿童在体验自身生活和参与社会生活的过程中，学会热爱生活、创造生活；在服务自我、他人和集体的行动中，学会关心、学习做人；在与自然以及周围环境的互动中，主动探究，发展创新意识和实践能力。儿童的知识是通过其在生活中的直接体验、思考、积累而逐步建构起来的；儿童的发展是其怀着对生活的热爱，通过参与丰富多彩的生活实践，与外部环境积极互动而逐步实现的。课程必须植根于儿童的生活才会对儿童有意义，教学必须与儿童的生活世界相联系才能真正促进儿童的成长。我们道德与法治学科全息育人必须深刻联系学生的生活，要有组织生活化五育素材、实施生活化五育教育、培养生活化五育能力的专业素养，做具有生活教育理念的教师。

3.生存理念

道德与法治学科存在的目的在于培养具有良好品德、适应社会生存的人，必须重视学生五育的协调发展和综合素质的培养。在学生素质以及法治教育的教学中实现

① 刘健.践行生本理念，构建魅力道德与法治课堂[J].内蒙古教育，2020(12):32-33.

对学生的培育不仅要从“素养”的角度确定和把握教学目标，还要结合“素养”的要求细化“目标”，兼顾五育具体要求，凸显素养教育，注重“在自主发展”方面的综合表现，注重“文化基础”方面形成的基础能力与价值取向以及所形成的价值标准、思维方式和行为方式。注重“社会参与”方面所形成的情感态度、价值取向以及相关实践能力，创新意识和行为表现。[①]全面培养学生认识自我，调节和充实自我；认识自然，改造和运用自然；认识社会，适应和贡献社会的综合素质人才。

（二）提出教师全息育人任务

1.高度重视品德修养

道德与法治学科全息育人主要是在以育德为主的基础上融合实施五育，促进学生全面发展和综合素质的提升。通过参与、体验、实践，让学生了解生活、法治和人文方面的知识；提升个人品德修养，有正确的公民意识、家国情怀；养成健康的个性审美情趣和社会美德观念；引导学生掌握正确的锻炼及情绪调控方法，促进学生身心健康；树立正确的劳动观念，养成积极参与劳动的习惯。在整体关注学生德智体美劳发展的基础上，尤其培养学生明大德、守公德、严私德。

2.着力养成良好习惯

以学生熟悉的生活着手规范学生行为，培养学生的良好行为习惯。小学道德与法治的课堂教学密切联系学生生活情况，积极开展符合学生身心健康发展的教学活动，将生活情境融入道德与法治课堂教学，让学生在生活情境中反复感知生活规则，约束及规范学生的行为标准。通过多种途径树立榜样的力量，培养学生的良好行为习惯。推送一些关于道德品质、良好行为习惯等方面的文章或小故事，引导学生学习及了解更多关于良好行为习惯的养成技巧，帮助学生养成良好的行为习惯。

3.积极培养探究精神

挖掘社会生活中的典型事例，为培养学生思维提供素材。挖掘一些典型的贴近学生生活的素材，使学生的思维受到“碰撞”，在对与错、好与坏、美与丑、真与假的判断中学会思考，学会判断，从而培养学生的思维，增长才干。合理设计问题，为培养学生的思维提供抓手。学源于思，思起于疑，思维总是从问题开始的，又是在问题解决中得到培养。紧扣教材内容和学生思维水平的状况进行问题设计，使其更有针对性、层次性和开放性，激发学生探究的欲望，能够较大程度地促进学生的思维品质不断向纵深方向发展。授之以渔，为发展学生思维提供套路。遵循道德与法治学科的规律和学生的

① 胡全.核心素养理念下小学道德与法治情境教学探索[C].广东教育学会教育现代化专业委员会.2020年教育教学与研究论坛论文汇编.广东教育学会教育现代化专业委员会：广东晨越教育发展有限公司，2020：87–90.

思维特点，引导学生按“部”就班地进行问题思考，经常引导学生辨析“有什么发现”“有什么问题”“我们应该怎么做”等套路性问题，帮助学生学会思考，学会分析，养成良好的学科思维习惯，进而培养自身的思维品质。

4.不断提升解疑能力

创设问题情境，有效激发学生的问题意识。在具体的问题情境中，有效调动学生的思考动机，激发学生的求知欲和探究欲，引导学生带着疑问进入到具体问题情境中，进行问题的分析和解决，为学生发展创造性思维提供广阔空间，也使学生能够具备基本的问题意识。创设体验情境，增强学生具体问题具体理解和分析的意识与能力。还原教材中的真实情境，引导学生在亲身体验之中初步感受情感，有效促进对知识和问题的理解，进一步领会知识与问题所蕴含的意义，最终有效深化情感体验，能让学生在体悟之中增强对具体问题的理解。创设生活情境，提高学生的问题解决能力。知识来源于生活，最终也将服务于生活，教师要将一些与课程紧密相关的社会生活实际、社会热点问题等生活元素融入教学过程中，并引导学生从生活实例、生活问题等多方面进行分析理解，在具体生活情境之中解决生活问题，实现对知识的灵活运用，提高问题解决能力。

(三)指明教师全息育人方向

1.转变教育理念

转变传统教育理念，侧重教育教学过程的整体性，五育实施的整体性、系统性，在教学过程中启发学生心智，让他们自觉地将素质能力的形成与学习过程融为一体，实现个人知识体系、价值取向、思维方式、素质能力的共同提升，德智体美劳全面发展。

2.改进教育教学方式

摒弃传统的简单说教方式，重视问题情境的创设。根据教学和学生的实际进行情境创设，使学生在情境中有所领悟，有所收获。重视学科资源的整合。我们必须整合各类资源，打造综合性课程，以多学科知识、原理和方法为支撑，结合学科背景培养学生核心素养。重视社会生活的体验。知和行是有机整体，我们不仅要积极引导学生融入课堂教学，还要倡导他们走出课堂积极参与社会实践体验。如此，既能培养学生的参与意识、公民意识和社会责任感，还能强化学生的认同感和价值取向，激发他们对生活的热爱。

3.注重学生创新思维、批判意识的培养

创新思维和批判意识，是核心素养的培育目标。所以教师在培养学生知识能力的同时，还应注重培养学生创新思维、信息甄别处理能力和解决问题的能力，这样才能实现学生核心素养的提升。

4.积极探索完善核心培养评价机制

目前,核心素养的提出,为道德与法治学科教学改革提供了重要参考。怎样在学科教学中落实核心素养的培养,怎样评价核心素养培养成效,都值得教师们探索和研究。教师可以从学生解决生活中道德问题的层面来考虑,通过让学生解决既定的问题,来观察学生分析、思考、解决问题的行为过程。并对学生的核心素养进行全方位的评价,不能只看结果不顾过程。①

四、提升学生综合素养

无论哪一种教育理论,最终的目的就是促进人的发展,帮助人获得在社会和生活中生存的基本能力。道德与法治学科全息育人全面指向我国的素质教育、时刻关联学生核心素养的培养,从"认知、德性、审美、健康、劳动"等方面全面提升学生综合素养。

(一)深化学生学科认知

小学道德与法治课对学生而言,到底意味着什么?很多小学生、家长,甚至包括一些教师对此问题的认识都还停留在单一的道德教育层面。传统教学模式下,小学道德与法治课程教学的内容要求学生进行反复记忆、背诵,这种学习方法显然会浪费大量时间,不利于学习效率的提高。学生在死记硬背的过程中难以把握教学重点,他们对所学知识的理解程度也难以得到提升,并且就像"猴子掰苞谷"一样学了就忘,这更会让学生对该门学科产生厌恶的情绪。小学道德与法治学科全息育人结合道德与法治学科特点,让学生在活动中体验,在生活中感悟,在操作中实践,寓教于乐,使课堂充满了生动性和趣味性,大大提高了学生对道德与法治学科的兴趣,同时,将学生的主体作用充分发挥了出来,基于理论与实践的有机结合,帮助学生发掘现实中的素材,从而对所学知识有所体会,进而掌握正确的学习方法。众所周知,学生的情感态度并非一成不变,我们应该秉持积极的态度,给予学生正确引导,如此才能够促使他们树立正确的价值观,为其实现全面发展目标奠定扎实的基础。

(二)提升学生德性素养

古人云:修身、齐家、治国,而后平天下。"修身"是指努力提高自己的品德修养,修身守德乃治本之策。道德教育对个人发展的意义非常重要。人最后的老师不是别人,

① 曹继红.浅谈《道德与法治》学科学生核心素养的培养[A].2019年"基于核心素养的课堂教学改革研讨会",2019:526.

而是自己。人这一生最重要的事情就是学会自育,德存于自心。俗话说得好:在素养德性上走人生才是真正的智者。小学道德与法治课程教学是帮助学生塑造人格,养成良好行为习惯的重要途径,小学道德与法治课程的全息育人观在教学中的应用,可以更好地帮助学生获取丰富的情感体验,是促使学生健康成长的关键。在教学活动中为学生提供多种学习素材,使学生能够通过场景将学习与自身相联系,建立自主学习意识。有目的的教学情境的建设,使学生对社会发展、学校学习、家庭成长有一定了解,促使学生参与公共活动,建立公共意识,进而对自身的思想进行道德品质内化。

(三)陶冶学生审美情操

高尔基说:"美学是未来的伦理学。"也有人说:道德与法治教育只有上升到审美层次,才能实现真正的"人的教育"。小学道德与法治学科全息育人观认为,道德与法治课程就是要运用审美化教学,通过内在的审美文化、审美精神等,实现"提升学生""解放学生"的双重目标,从而陶冶学生的审美情操。审美化道德与法治教学,就是要用诗化、乐化的方式,即运用美的语言熏染学生,运用美的意象激发学生情感,运用美的活动引导学生发展,最终促进学生道德与法治素养的发展。在美的语言、意象和活动中,师生、生生彼此敞开自我,进行平等、自由的对话,由此让师生生命进入澄明的存在之境。道德与法治学科全息育人陶冶学生审美情操,这是一项高难度、综合性、艺术性的教学。教学中,教师要用道德与法治教学的形式美去呼唤、达成学生道德与法治的认识美、行为美。作为教师,我们要引导学生触摸、感悟、体验道德与法治的深刻意蕴,引导学生的道德与法治认知建构,发掘学生道德与法治学习潜质,点化、润泽学生的道德与法治精神,实现道德与法治的教学理想。

(四)促进学生身心健康

道德与法治教学对小学生的健康成长具有极其重要的意义,是根据学生的身心发展特点编排的,充分顺应了学生成长需求,能够促进学生身心更加健全的发展。教师要非常熟悉学生的生理、心理特点,能恰当地把握学生的身心健康状况,对学生生理、心理变化进行及时的了解,以便促进师生的互动和交流,为学生在道德与法治课上营造出平等和民主的学习氛围,从而全面了解学生身心健康状况。教师要对学生的身心教育加以研究,以教材为主要依据,重视对学生价值观的引导。比如:在道德与法治课上,教师要学生对生活常规进行学习,将守秩序和讲礼貌的思想传递给学生;引导学生建立健康、积极的人际关系,以保证学生在日常生活中与其他人和谐相处;借助活动让学生对校园生活的乐趣有更加深刻的体验;鼓励学生积极参加集体活动,鼓励学生积极开展各类学习活动，提升道德与法治课的实效性，从而促进学生的身心健康。小学生本身的心智不够成熟，正处于人云亦云，“沙地萝卜，一带就跑”的年龄段，三观并未真正形成，自控能力以及自主性还在不断形成的过程中。在道德与法治课上，教师要给学生营造轻松的学习氛围，设计丰富多样的活动式、体验式等教学手段，要让学生更好地融入学习中并实现其自身思想品质的成长，以多形式教学手段促进学生身心健康。

（五）培养学生劳动品质

1.教育儿童树立正确的劳动价值观

在道德与法治课程中，劳动教育不仅要进行基本的方法、技能的传授，更重要的在于劳动情感的体验和激发，劳动习惯的养成与固化，劳动价值的探讨与认同。而当前社会，很大一部分孩子过着“衣来伸手，饭来张口”的小皇帝、小公主般的生活。部分学生受到社会和家庭影响，存在着轻视劳动，特别是轻视体力劳动的思想。要改变这种现状，教师就要走进学生内心，引导学生树立“劳动光荣”的价值观，让学生发现生活中处处有劳动；充分发挥情感因素的积极作用，让学生经过系统的感悟和体验，感受到劳动最光荣。

2.引领儿童学习基本的劳动技能

部编版小学《道德与法治》教材引领教学从认知学习转向对生活的自主构建，引导学生在多种可能的生活中选择“好”的生活——一种有价值、有意义的生活，并通过这样的生活对自己进行教育。帮助学生培养“劳动意识”，重要途径之一就是创设各种体验活动。基于新时代背景和教育变革的新生态，教材通过一些生活情境回顾、劳动达人竞技、创新劳动游戏等体验主体亲身经历的活动，实现劳动教育自身的使命选择和课程价值的重构。基于体验活动的“劳动意识”教学，不但强调学生对劳动知识的掌握，而且强调学生的劳动情感体验，从而帮助学生掌握劳动技能，体会劳动之乐。

3.帮助儿童养成良好的劳动习惯

有学者认为，德之根在心，人之本在劳，两者结合起来，就是立德树人的根本。可见，劳动教育对立德树人工作的重要性。众所周知，知是行之始，行是知之成。劳动过程就是知行合一的过程，劳动本身就是最重要的学习方式之一。习总书记明确指出：“要重视实践育人，坚持教育同生产劳动和社会实践相结合，广泛开展各类社会实践，让学生在亲身参与中认识国情，了解社会，受教育，长才干，不断拓展学生社会实践的平台和路径。”“任何人对社会的真正贡献是劳动。”俄国教育家乌申斯基说过：“教育不但应当培养学生对劳动的尊敬和热爱，它还必须培养学生劳动的习惯。”一个习惯的养成需要坚持不懈的毅力，好习惯的养成可以让学生终身受益。道德与法治课程在课堂教学之后，重视指导学生进行丰富多彩的课外劳动实践，培养学生的劳动能力，引导学生端正生活态度，养成健康的生活方式，从而获得积极健康、向上向善、有尊严、有质量的生活。道德与法治课程学习从课内延伸到课外，不仅关注学生在课堂上的劳动表现，更把关注点指向学生的日常生活。

第二章

小学道德与法治学科全息育人点导引

长期以来，中小学教育中存在“五育”实施不平衡，重智育，轻德育、体育、美育和劳动教育的倾向，影响了学生的可持续发展。在全国教育大会上，习近平总书记强调要培养德智体美劳全面发展的社会主义建设者和接班人，努力构建德智体美劳全面培养的教育体系，这是对教育本质属性的回归。坚持“五育”并举，构建德智体美劳全面培养的教育体系，是培养全面发展的人的重要保障。本章节从“小学道德与法治学科全息育人框架构建、小学道德与法治学科全息育人整体框架、小学道德与法治学科单元全息育人点导引”三个方面阐述小学道德与法治学科全息育人点导引，希望能为小学道德与法治学科全息育人的发展提供一定的建议，力求在全息育人理念下，凸显发展学生学科核心素养的目标，达成学科育人目的，全面培养具有良好道德素养和符合新时代发展要求的小公民。

第一节 小学道德与法治学科全息育人框架构建

学校教育如何有效落实德智体美劳全面培养体系，仍然是一个难题。“培养德智体美劳全面发展的社会主义建设者和接班人”，是新时期党对人才培养总体规格的要求，回答了“培养什么人”的首要问题。要凸显发展学生学科核心素养的目标，达成学科育人目的，就要构建学科（小学道德与法治）育人指向的教学结构体系（即小学道德与法治学科全息育人框架），将五育指向认知育人（智育）、德性育人（德育）、审美育人（美育）、健康育人（体育）、劳动育人（劳育）五个方面。[①]

① 雷丽珍.中小学德智体美劳全面培养体系的实现路径[J].人民教育，2020(Z1):43-45.

一、框架构建目的

（一）充实教学设计的五育内涵

教学设计是课堂教学的依据，在目标预设和达成方面，要关注“五育融合”。基于小学道德与法治学科全息育人点框架，研读教材，将知识目标变为素养目标，梳理并发掘道德与法治教材中的全息育人点，结合学生实际，确定恰当的育人点，让教育内容更充实。育人点包括认知育人、德性育人、审美育人、健康育人、劳动育人。对于如何选取合适的素材，关注学生的全面发展，每一节课，教师都要想一想，这节课有没有育人价值？有哪些育人价值？要从以前单一的知识育人转变到全息育人。

（二）落实教学实施的“五育融合”

通过什么样的教学活动来落实“五育融合”？通过探索全息育人点与教材有机融合的教学途径或方法，优化课堂结构，提高教学实效，让课堂成为“适宜每位学生、聚焦核心素养、盘活改革因子、优化学习时空”的全息育人特色课堂。根据教材内容，进行单元整体构建，使教学的各个方面有机整合，让学生的学习更具系统性、整体性。教学实施方式应多样，通过不同形式教学活动的开展，更好地挖掘学生内在的潜能，提高学生学习积极性，促进学生良好道德品质形成与发展，达到预定的育人目标。

（三）完善教学评价的多维实施

评价的根本目的在于积极促进学生发展，全面了解和掌握学生的道德和社会认知、判断、行为，以及发现和解决问题等方面的能力，以帮助教师改进教学，提高教学的实效性，保证课程目标的实现。在评价方式与方法方面，采用多主体、开放性的评价，强调在评价过程中的参与互动、自评与他评相结合。评价的主体，不仅有教师和学生，还可以有家长和社会力量的参与。综合各方面的意见，才能对学生作出较全面的、准确的评价。借助全息育人点框架，帮助教师根据评价反馈的情况，及时调整教学实施，对学生进行多元、开放的评价，促进学生全面、健康发展，保证全息育人目标的实现。

（四）促进学生五育的全面发展

构建育人框架，以促进学生五育的全面发展。依据育人框架，学科教师更能用革新的教学理念、全面的教学目标与内容去指导学生更全面地发展自身，通过更全面地服务于教学实践，让学生在活动中体验，在生活中感悟，在操作中实践，从而提高学科育人和道德与法治学科的融合度，全面提高学生的“五育”素质，促进学生道德与法治素养的发展，促进学生身心健康，引导学生全面、全域、全程地学习与发展，让每一节课成为撬动学生学科整体素养和学生生命发展的全息载体。

（五）助推教师素质的综合提升

教育部《关于实施卓越教师培养计划的意见》提出，“未来小学卓越教师培养”将“重点探索小学全科教师培养模式，培养一批热爱小学教育事业、知识广博、能力全面，能够胜任小学多学科教育教学需要的卓越小学教师”[①]。培养全科教师并不追求“语数外通吃，音体美全扛”这样简单的学科叠加，而是重在学科的融合与贯通。一名合格的小学道德与法治教师，在教学实践中更要以“全息育人”的理念开展课程教学实践活动，以学生的生活经验为教学的起点，借助全息育人点框架，充分挖掘教材中渗透的全息育人点，根据教学内容设计有效教学活动，巧妙渗透认知育人、德性育人、审美育人、健康育人和劳动育人，建构更高品质的教学内容。这样才能全方位地提高教学水平，从而助推教师素质综合提升。

二、框架构建特点

小学道德与法治学科全息育人以培养“全面发展的人”为核心，针对中国学生提出了三方面的发展要求——文化基础、自主发展和社会参与，其综合表现为人文底蕴、科学精神、学会学习、健康生活、责任担当、实践创新等六大素养。这意味着作为学生，不仅要有扎实的文化基础，还要具备自主发展和社会参与的素养。全息育人从认知育人、德性育人、审美育人、健康育人和劳动育人这五方面，培养德智体美劳全面发展的社会新人。全息育人的真正落实，必将通过真正的课堂来实施。一线教师急需解决理论和认识上的困惑，方法和经验的不足等问题，而全息育人框架构建形成了以下特点：以课标的引领为纲、以教材的内容为本和以育人点的提炼为主。

（一）以课标的引领为纲

《品生课标》与《品社课标》是对道德与法治学科总的要求，是纲领性指导文件，是国家教育部根据我国某一时期的国情和社会发展的需要而提出的学科需要达到的最终教学目标。我们的教学都必须依据课程标准的要求，看相应的知识点应掌握到什么

---

① 雍晓燕．“一育”见“五育”“五育”合“一育”——对话四川师范大学博士生导师吴定初教授[J]．四川教育，2020(Z1)：11-13.

程度，而不是靠教师自己的想象随意发挥，随心所欲地拔高或降低教学目的。我们在梳理全息育人点的时候，先要认真学习，研读课标，体会课标精神。我们学习对应内容时，就应根据课标的要求和教材的安排，恰当地把这一目的分解到与之有关的每一个单元、每一节课中。围绕课标展开论述，围绕课标引证案例，围绕课标提炼观点，围绕课标梳理育人点，就可使本框架的构建以课标的引领为纲领，透出严谨的逻辑力量。

(二)以教材的内容为本

教材是依据大纲要求编写的，教材的内容结合了学生认知规律的特点，由浅入深，循序渐进。在教学目的的确定上，以教材为主指的是：其一，以教材的顺序为主；其二，以教材的内容为主。教科书是教和学的主要依据，也是主要的教学手段，[①]更是我们梳理全息育人框架的主要依据。教师在教学中为实现教学目的，深入钻研教材，就能使我们的教学方法脉络清晰，从而便于学生的学习，便于初步构建道德与法治学科的框架。

根据教材设置确定探究主题，进行探究活动设计。道德与法治课的部编版教材相较于以往，更加开放、灵活，注重从学生生活经验出发，培养学生发现问题、分析问题、解决问题的能力以及合作意识、创新精神等多方面素养。具体来看，教材设置是按照创设情境、经验引入—直面矛盾和困惑—进行道德判断和价值选择—体验道德成长—相关行为和行为能力及方法的指导这一逻辑思路来进行的，每一课内容的展开都包含着一条引领生活经验的线索。因此教师在处理教材内容进行教学设计时，应注重通过师生经验、生生经验的冲突、碰撞、共识等促进学生个体经验的调整、扩展，最后合理利用“拓展空间”模块，将教学延伸到更广阔的生活领域。

(三)以育人点的提炼为主

框架的构建，汇聚了各个学校参与全息育人的“大量的成功实践”的案例和经验，根据教材和学情梳理了符合各个时期学情的育人点。以课标精神为纲，梳理教材的课本知识，形成体系，建立知识框架的结构图，给教师留下一个完整的印象。育人点的价值在于，一方面可以更加深刻地诠释课标，一方面也可以更加具体地指导教学实践。老师们读来，犹如在和教学同伴共同研读教材，明确了在教学时，应该落实的育人点，可仿可学，有操作性。

---

① 彭波.浅谈“教学目的”的确定[J].中学物理教学参考，1999(03):6-7.

三、框架构建方法

“全息育人”是以学科为育人载体,关注五育,一育带多育,重视抓关键知识点、关键问题、关键环节、关键方法,由学科教学转向学科育人,通过道德与法治学科知识学习到通过学科培养学生全面发展,进行全过程、全方位立体式的育人。结合教材各单元、各课挖掘五育与之契合、关联之处,形成了小学道德与法治学科全息育人点整体框架,包括了五个维度和三级指标。五个维度,是为凸显发展学生学科核心素养的目标,达成学科育人目的,在“情感与态度、行为与习惯、知识与技能、过程与方法”四大目标基础上进行了重整提炼,将“五育”指向为认知育人、德性育人、审美育人、健康育人、劳动育人五个维度。三级指标,是在五个维度下,进行细化,梳理出一级指标、二级指标和三级指标,为广大教师的教学提供启示和教学参考。在小学道德与法治框架构建初期,我们运用了以下构建方法。

(一)年段梳理法

研读梳理部编版小学《道德与法治》教材,要有分类的思维方式与操作手法。可从全套教材的认知、德性、审美、健康、劳动五个方面进行分析与整合,从而比较宏观地了解构成这套教材的基本内容,做到胸有一盘棋,瞻前顾后,左右勾连。我们采用年段梳理法,其方法是:以小学阶段的低、中、高段为单位,每个学段的自然年级为一个年段单元梳理育人点,每个年段又按上下学期依分类细排梳理育人点。道德与法治五方面内容(认知、德性、审美、健康、劳动)与小学生逐步扩展的生活相交织,共同形成每一个内容要点,均以高度凝练、严谨规范、意蕴丰富、指向明晰的学科语言加以表述。年段梳理法具有很强的可操作性,也便于一线教师教学时参考。

(二)五育归类法

“五育融合”是一种育人实践。“五育融合”是在“五育并举”的前提下提出的。“五育并举”强调德智体美劳缺一不可,是对教育的整体性或完整性的倡导,“五育融合”则着重于实践方式或落实方式,致力于在贯通融合中实现“五育并举”。“五育融合”是一种“育人挑战”。对学生而言,这种挑战意味着今后的学习,不仅是线上线下混合式学习、人机交互式学习,也是“五育融合式”学习,形成基于融合、为了融合和在融合之中的学习兴趣、意识、方法、能力与习惯。对教师来说,这种挑战带来的是新要求:要有“五育融合”的教学新基本功，既要善于在自己的学科领域充分发挥每一堂课、每一个教育活动的“五育效应”[①]，也要善于融合利用各育的育人资源，实现基于融合、为了融合和在融合之中的新型教学方式。在构建框架的初期，我们采取了五育归类法，即在梳理每册每单元的育人点的时候，我们从“认知育人、德性育人、审美育人、健康育人、劳动育人”这五个育人点，进行归类梳理。这样的梳理，让老师们一眼就能看到该堂课能教给孩子哪些育人点，简单明了，能更好地完成教学目标。

（三）探究育人法

探究式育人已有上百年历史，自20世纪初开始对探究式育人进行研究以来，不同学者对探究式育人有不同的界定，存在较大争议。[②]美国《国家科学教育标准》指出“科学探究指的是科学家们用以研究自然界并基于此种研究获得的证据提出各种解释的多种不同途径。科学探究也指的是学生们用以获取知识、领悟科学的思想观念、领悟科学家们研究自然界所用的方法而进行的各种活动”。也就是使学生通过类似科学探究的学习方式获得知识技能，强调从个体感受的角度来进行理解。探究学习是指学生在教师的指导下，为获得科学素养以类似科学探究的方式所开展的学习活动。探究式育人是一种行之有效的育人方式，是培养学生良好学习品质、落实学科核心素养要求，完成五育根本任务的有效途径。我们要积极引导学生适应探究式学习，指导学生进行探究学习的技巧方法，教师之间也要经常开展学术探讨、教育行动研究，不断改进，发展教师专业素养，提高自身业务水平，适应新课改、新教材、新形式。新教材中很多内容模块的设置都需要学生通过讨论探究才能完成，教材中每一课都有“探究与分享”模块需要学生进行探究学习。而且，道德与法治学科的核心素养即政治认同、科学精神、法治意识、公共参与的培养，只靠教师的讲授是远远不够的，从道德与法治学科来贯彻学科育人也不能只在理论阶段徘徊，只有通过学生的亲身体验、真正参与才能取得成效，而探究育人法很好地将理论与实践教育相结合，并且能高度激发小学生的好奇心和学习兴趣。

（四）全息育人法

新课程标准更加关注学生学习的过程和方法，尤其是伴随这一过程而产生的积极情感体验和正确的价值观。现在教师在使用新课程标准的过程中，主要是如何利用各

① 李政涛.趋势研判·专家观点[N].中国教师报，2020-01-01(3).

② 夏慧琼.育人价值理念下的小学数学探究式教学[C].教育理论研究(第四辑)：重庆市鼎耘文化传播有限公司，2018:5-8.

门学科所特有的优势促进每一个学生的健康发展。《品生课标》与《品社课标》完全改换了这种方式，采用以内容标准和活动建议的形式来构架，这样，就给教学实施者发挥主动性和创造性以更大的空间。"国际21世纪教育委员会"的雅克·德洛尔说过："未来的文盲不再是不识字的人，而是没有学会学习的人。"所以全息育人对道德与法治课最大的要求就是强调要充分发挥学生的主体性，改变以往的填鸭式的教学，现在老师只是这节课的"导演"，学生才是"主角"。全息育人课堂的效益指向是多元的，是一个完美的课堂、一种完美的教学。

深入分析学情。由于时代的变迁、社会的发展，当前的学生有着和过去的学生完全不同的特点，教师必须抛开以往的经验，以全新的眼光来认识、了解当前的学生。在确定探究主题之前，教师可以通过问卷调查、个别谈话、集体谈话、趣味游戏等方法了解学生的知识水平、能力水平等。不同班级有不同特点，不同学生也有不同特点，但是特性之中有共性。教师既要把握学生集体的共性，又要注意学生个体的特性，进行集体教育的同时因材施教，使得探究主题贴近学生实际。确定探究主题时，首先要明确探究的目标。探究目标是探究主题的集中体现。①

教学实践告诉我们，以学生为主体，促进学生五育全面发展，是新课标下道德与法治课教学的基本出发点，是进行素质教育，提高教学质量的必要条件。课堂教学发挥学生的主体性，是教学改革的必然趋势。只有充分调动"教"与"学"两方面的积极性，并着力构建学生的主体地位，才能真正把课堂还给学生，使学生成为学习的主人。

小学道德与法治学科框架梳理中还有许多别的方法，但是我们认为抓住了学科育人这个基础，狠抓这四个方法就是抓住了最重要的部分，就使我们的学科育人教育脉络清晰，便于教师的教学，便于教师初步构建小学道德与法治教学的框架。

四、框架构建过程

全国教育大会上，党的教育方针为广大教育工作者作出全方位的部署：要把立德树人融入教育各环节、各领域，贯穿教学体系，贯穿教师培训、教研指导等全过程，努力构建德智体美劳全面培养的教育体系。由此，引发了教育人的新一轮思考——如何解决原来"五育"分离、重知识教学轻学科育人的问题，让教育教学真正回归"育人"本质。

就小学道德与法治而言，把育人路径对准学科课程，让这门学科既体现学科特质，又彰显育人的特殊功能，指向德智体美劳，学生的全面发展才不会落空。具体而言，就

① 刘益娟．加强道德与法治课堂，落实发展学生核心素养培养[C]．教育理论研究（第四辑），重庆市鼎耘文化传播有限公司，2018：322-324.

是充分挖掘这门课程的育人要素，搭建全息育人框架，引导学生全面、全域、全程地学习；教师要萃取育人内容，改革育人方式。

（一）学习文件明方向

小学道德与法治学科全息育人框架的构建，首先是政策推动、顶层设计的产物。2019年，中共中央、国务院出台了《关于深化教育教学改革　全面提高义务教育质量的意见》，提出了“坚持五育并举”，强调“突出德育实效”“提升智育水平”“强化体育锻炼”“增强美育熏陶”“加强劳动教育”，以此“全面发展素质教育”；国务院办公厅则发布了《关于新时代推进普通高中育人方式改革的指导意见》，通过“突出德育时代性、强化综合素质培养、拓宽综合实践渠道、完善综合素质评价”等，来“构建全面培养体系”与此相应，中央全面深化改革委员会第十一次会议，审议通过了《关于全面加强新时代大中小学劳动教育的意见》，强调把劳动教育纳入人才培养全过程、贯通大中小学各学段，贯穿家庭、学校、社会各方面，与德育、智育、体育、美育相融合。党的十八大“立德树人”根本任务的提出，也标志着党和国家正式确立了德育在德智体美劳五育中的优先地位，德育是教育的基础和根本。《2020年中国教育绿皮书》中将素质教育归纳为：面向全体学生，促进学生全面发展，重视学生创新精神与实践能力，发展学生的主动精神，注重学生个体发展，着眼于学生终身可持续发展。基于这样的时代背景下，更加明确了小学道德与法治学科全息育人框架构建的方向。

（二）研读课标找依据

课程标准是课程设计、教材编写以及课程实施和评价的基本依据，全息育人框架的构建离不开对课程本质的把握，这是保证教学效果最基本、最重要的条件。《品生课标》与《品社课标》始终将“尊重儿童，发展儿童”作为核心价值，包含了课程性质、基本理念、课程设计思路、课程目标、课程内容体系和实施建议等内容，这些是实施小学德育课程的基本依据。教师应全面把握课程标准所提出的目标要求，在构建育人框架中进行提炼与转化，确保其落到实处。在“课程目标”部分，总目标之下还列了“情感、态度、价值观”“能力”和“知识”三个方面的分目标。但实际上这三个方面是一个有机结合的统一体，儿童在生活实践中，对某一事物产生的兴趣、关注多了，就获得了有关这一事物的一些知识和能力。所以，这三个方面是相互作用、共同提高，作为一个整体影响着个体发展的。不能单纯地进行知识教学，也不能脱离知识教学和能力培养，抽象地进行情感、态度、价值观教育。目标的综合性也表现在课程内容部分。“内容标准”的每一条，几乎都包含了课程分目标的三个方面。“内容标准”实际上就是课程目标的具体化和内容化。课程内容的综合性还表现为，本课程将多方面的教育内容有机地融合在一起，它包含了品德、行为规范和法治教育；爱国主义、集体主义和社会主义教育；国情、历史和文化教育；地理和环境教育等（见前言）。“内容标准”的每一条都很难说它纯粹属于某一学科，因为，它不是按照学科体系的知识点呈现的，它要尽可能地体现出知识学习、情感态度培养和行为能力养成融为一体的课程理念。

2016年颁布的《青少年法治教育大纲》是我们部编版教材法治教育内容编写的依据。《青少年法治教育大纲》提出了法治教育的总体目标和内容，针对义务教育、高中教育、高等教育提出了各阶段的目标。其中义务教育阶段还针对小学低段和高段分别提出了明确的要求。它从法治教育的角度与课程标准相互融合与关联，共同统领道德与法治课程教学，为小学道德与法治学科全息育人框架设计提供依据、指明方向。《青少年法治教育大纲》规定了义务教育阶段法治教育的目标：“在小学阶段，着重普及宪法常识，养成守法意识和行为习惯，让学生感知生活中的法、身边的法，培育学生的国家观念、规则意识、诚信观念和遵纪守法的行为习惯。”

这些都是国家长期的、宏观的育人要求，具有丰富而深刻的价值内涵，是小学道德与法治课程的宗旨和价值导向，是教学目标最基本的价值元。只有对其进行深入解读，深刻理解其中的价值内涵，才能在构建小学道德与法治学科全息育人框架时，紧扣其中的相关要求，找准契合点，把握好方向。①

（三）分析教材定内容

怎样才能准确地挖掘小学道德与法治课程育人点？关键在于教师要具有整体性和系统性思维，以“教材”作为引领载体，以“五育融合”为视角和眼光，以“全套教材—整册教材—单元教材—单课教材”的思路，从“通读各册教材，了解逻辑性”“熟悉本册教材，注重承接性”“立足本单元教材，关注关联性”三个层次展开研读，完整领会教材体系，让教材在我们心目中建立一个立体式的内容框架，准确把握教材内容和目标。

《道德与法治》教材遵循教育规律和儿童认知发展规律，基于“我的健康成长”“我的家庭生活”“我们的学校生活”“我们的社区与公共生活”“我们的国家生活”“我们共同的世界”六大生活领域，遵循综合交叉、螺旋上升的特点，整体规划了整个小学阶段的道德学习与法治教育内容。通读全套教材，有助于我们掌握教材的内容体系和结构脉络，正确理解和把握各册教材的主题和内容，我们也就能关注到不同年级相同主题

① 张育花．小学道德与法治课教学目标设计的三大要领[J]．中国德育，2020(12)：44-50.

的目标指向与达成程度是不一样的，相似的课文在不同年段的目标梯度和定位上也是不一样的，从而把握好目标的深浅度。

通览小学《道德与法治》各年级教材的教学单元主题分布情况，我们会发现，同一个主题在不同年级会重复出现，但是侧重点不一样。比如“爱学校”这个主题，全套教材共有8个单元对学生进行爱学校的教育。低年级侧重的是引导学生适应学校生活，初步建立对班级的责任感和义务感；中年级侧重的是引导学生从物与人的角度增强对学校和老师的热爱；高年级则是从民主和平等的角度进行引导。

（四）挖掘五育搭框架

道德与法治课堂要有效育人，就应挖掘教材内容中的五育育人点，找准每课育人点。以“单元教学”为载体，对教材进行宏观和微观的分析把握后，将单元中的内容进行具体的分类研究，明确每单元所学的基本知识和育人点，保证五育在整个单元中能够有效体现。再结合对道德与法治课程育人的宏观理解，将教材中蕴含的认知、育德、育美、健康、劳动教育等方面的内容进行整合梳理，确定每课的育人点，理清育人思路，搭建育人框架，提炼出以“认知育人、德性育人、审美育人、健康育人、劳动育人”的核心要素。经过多次修改，将这些育人要素进行逐层分解，构建了五个维度的小学道德与法治学科全息育人的框架，即认知育人、德性育人、审美育人、健康育人、劳动育人。“认知育人”意味着教会学生了解生活中的自然、社会常识，祖国的知识，掌握自身生活必需的基本知识和基本技能，与同伴友好交往、合作的基本方法，具有初步的探究能力；“德性育人”指在道德与法治教育中的德育教育，帮助学生对课程内容保持浓厚兴趣的同时，也促使他们在学习过程中对事物发展的规律有所认识，并运用所学知识解决实际问题，从中可以从多方面获取到良好的情感体验，将课本上的内容内化为自己的行为准则，从而提高学生自己的道德意识和道德行为；“审美育人”运用审美化教学，通过内在的审美文化、审美精神等，实现“提升学生”“解放学生”的双重目标，从而陶冶学生的审美情操；“健康育人”帮助学生确立积极进取的人生态度，塑造健全的人格，从而健康快乐生活；“劳动育人”教育学生树立正确的劳动价值观，学习基本的劳动技能，养成良好的劳动习惯。在这五个维度下，又进行细化，梳理出一级指标、二级指标和三级指标。这个框架为我们开展全息育人研究指明了方向。

（五）研讨课例证合理

道德与法治课程的育人点以课堂教学案例为载体，通过抓教学目标，夯实教学过程，落实学生的发展，浅谈如何在课堂上建立双主共学师生关系，提高小学道德与法治课堂教学的有效性，推进小学道德与法治课程全息育人课堂建设。以课例为重要研究手段，通过现场课堂、视频课堂实践、分析、研究，检验论证道德与法治课堂全息育人点。

全息育人的课程理念是北碚区新课程理念的基本理念之一。强调教学与课程的整合，突出教学改革对课程建设的能动作用，教学过程不再是教师忠实地执行教案的过程，而是课程内容的生成与提升，是师生交往、持续发展的过程。在整个过程中，教师必须尊重学生的人格，充分发挥学生的主体性，促进学生的全面发展，构建充满生命力的课堂教学运行体系。课堂教学应被看作师生人生中一段重要的人生经历，教育应回归生活世界，回归儿童的生活。通过多次的课例研讨，目标达成较好，很好地践行了我们道德与法治学科的全息育人的目标。

第二节　小学道德与法治学科全息育人整体框架

以学生为主体，促进学生五育全面发展，是新课标下道德与法治课教学的基本出发点，是进行素质教育，提高教学质量的必要条件。就小学道德与法治课程而言，把育人路径对准学科课程，让这门学科既体现学科特质，又彰显育人的特殊功能，指向德智体美劳，学生的全面发展才不会落空，充分挖掘这门课程的育人要素，搭建全息育人整体框架，将教材中蕴含的认知、育德、育美、健康、劳动教育等方面的内容进行整合梳理，提炼出以“认知育人、德性育人、审美育人、健康育人、劳动育人”核心要素 。

一、小学道德与法治学科全息育人点框架呈现

表2-2-1　小学道德与法治学科全息育人点框架呈现

维度	一级指标	二级指标	三级指标
认知育人	学科知识	生活常识	掌握日常生活的健康知识、安全知识和环保知识
		法治知识	了解法律法规、未成年人的基本权利和义务的相关知识
		人文知识	了解中外历史，尊重不同民族、国家和地区之间的风俗
	认知方法	体验明理	学会在活动中体验，生活中感悟，在感悟中明理
		知行合一	促进学生将知识转化为素养，规范自己的言行
	认知能力	自主发展	引导学生在活动中认识自我，发展身心

续表

维度	一级指标	二级指标	三级指标
		参与社会	掌握自我调控、社会交往的技能，学会学习生活
德性育人	个人修养	个人品德	诚实守信、懂得感恩、珍爱生命、珍惜时间、尊重他人
		行为习惯	养成安全、健康、文明的良好的行为习惯
	社会公德	公民意识	具有参与意识、责任意识、环保意识、法治意识
		公民能力	自觉遵守社会公共秩序和各项法律法规及规章制度
	国家意识	民族认同	对国家、民族和文化的认同和归属感
		爱国情怀	爱国主义情怀，有国家主人翁责任感、自豪感
审美育人	个性尚美	举止文明	形成良好的文明行为和习惯
		心灵美好	形成爱集体、爱家乡、爱祖国、诚实勇敢、有责任心等美好品质
		语言得体	会使用礼貌用语，遵守公共场所的用语要求
	成长求美	善于反思	学习反思，发现自我优缺点
		勇于批判	敢于质疑，有敢于挑战和反驳的勇气和能力
		乐于创造	乐于大胆创新，体验创造的乐趣
	社会传美	尊崇自然	喜欢亲近自然，共建良好生活环境
		和谐人际	学习人际交往的方法，营造和谐的人际关系
		传承美德	传承孝亲敬长、团结友爱等中华传统美德
健康育人	健康身体	讲究卫生	养成讲究卫生的好习惯
		生活规律	具有良好生活、学习作息
		坚持锻炼	积极参加体育锻炼，养成坚持锻炼的习惯
	健康心理	调控情绪	学习调控情绪的小妙招，做情绪的主人
		适应环境	学习调整自己、适应环境，努力达到理想目标
		乐观向上	养成乐观向上的生活态度，健康生活
劳动育人	劳动观念	热爱劳动	热爱劳动，养成良好的劳动习惯
		尊重劳动	尊重不同行业的劳动者
		珍惜成果	珍惜自己和他人的劳动成果
	劳动实践	劳动方法	学习正确的劳动方法，用科学的方法创造价值
		劳动技能	积极参与劳动，增强劳动技能，提高劳动效率

二、小学道德与法治学科育人点指标框架说明

北碚区小学道德与法治学科全息育人指标体系从“认知育人、德性育人、审美育人、健康育人、劳动育人”五个维度建构,表述如下。

(一)认知育人

认知育人即对本学科的基本认识和能力发展,依据学科核心素养和课程标准,认知育人主要是对知识、方法和能力等的总体认知情况。

1.学科知识

指人们在日常生活中总结出来的科学知识,涵盖生活常识、法治知识、人文知识等各方面。引导学生掌握日常生活的健康知识、安全常识、环保知识;了解法律法规、未成年人的基本权利和义务;了解中外历史,尊重不同民族、国家和地区之间的风俗;懂得不同民族、国家和地区之间相互尊重、和睦相处的重要意义。

(1)生活常识:是指人们在日常生活中总结出来的科学知识,涵盖健康知识、安全知识、环保知识等各方面。引导学生掌握日常生活的健康知识,了解生活中的自然、社会、安全常识,了解环境知识,知道科技发展的利与弊。

(2)法治知识:是指治理国家的法律知识,包括了权利义务和法律法规。它是培养和帮助学生了解自己(未成年人)的基本权利和义务,知道自己的权利有哪些,义务有哪些,如何维权,帮助学习厘清权利与义务的关系,逐步形成维护个人合法权益和履行社会义务、担负社会责任的意识,积累公民自觉性,学习各种社会生活规则,了解与生活密切相关的法律知识。

(3)人文知识:是人类关于人文领域(主要是精神生活领域)的基本知识,包括了中外历史、生存环境、民族和谐等方面的内容。

2.认知方法

道德与法治在基于学生生活体验的基础上,强调了学生参与生活、创造生活的过程。让学生在活动中体验,在生活中感悟,在感悟中明白道理,促进学生将知识转化成素养,规范自己的言行,从而做到知行合一。

(1)体验明理:体验是增强小学道德与法治教育实践性的重要途径和方法,只有让小学生亲身参与和直接体验,才能在自主学习过程中积累经验、发展能力。

(2)知行合一:引导学生在生活中学以致用,学以导行。从实际生活中捕捉有意义的内容,为学生的品德形成奠定基础。利用校外资源,发展学生的社会实践能力,引导学生实践,在生活实践中自觉用好品德,提升品德。

3.认知能力

挖掘社会生活中典型事件和贴近学生生活的素材,引导学生在活动中认识自我,发展身心,掌握自我调控、社会交往的技能,形成正确的价值观,健康学习和生活。

(1)自主发展:自主发展能力是一种综合性的行为能力,包括知、情、意、行等方面,学会初步认识自我,掌握一些调整自己情绪和行为的方法,提高自我发展能力,让人实现自我超越,自我实现,活出自己。

(2)参与社会:学习从不同的角度观察社会事物和现象,对生活中遇到的道德问题作出正确的判断,尝试合理地、有创意地探究和解决生活中的问题,力所能及地参与社会公益活动。

(二)德性育人

德性育人指有目的、有计划、有系统地对受教育者施加思想、政治和道德等方面的影响,并通过受教育者积极的认识、体验与践行,以使其形成一定社会与阶级所需要的品德的教育活动,即教育者有目的地培养受教育者品德的活动。包括个人修养、社会公德、国家意识。

1.个人修养

指个人认识、情感、意志、信念、言行和习惯的修炼和涵养。一个人只有通过自觉地遵循社会道德体系的要求,更好地履行个人的社会义务,并不断地提升个人的人生境界,才能修养成良好的内在素质,即所谓个人修养高尚。做到诚实守信、懂得感恩、珍爱生命、珍惜时间、尊重他人,养成安全、健康、文明的良好的行为习惯。

(1)个人品德:具有稳定性倾向的个人的道德意识和行为,能做到诚实守信、懂得感恩、珍爱生命、珍惜时间、尊重他人。

(2)行为习惯:是行为和习惯的总称,自动化的行为方式是在一定时间内逐渐养成的,知道哪些是对的,哪些是错的,选择正确的行为方式,作为自己行为的准则。小学道德与法治学科,就是要求学生养成安全、健康、文明的良好的行为习惯。

2.社会公德

指人们在社会交往和公共生活中应该遵守的行为准则,是维护社会成员之间最基本的社会关系秩序、保证社会和谐稳定的最起码的道德要求。具有责任意识、环保意识、法治意识,自觉遵守社会公共秩序和各项规章制度。小学道德与法治学科全息育人的社会公德包括公民意识、公民能力。

(1)公民意识:是公民个人对自己在国家中地位的自我认识,能切身参与体会自己的权利和义务,自觉维护公共利益,依据明确的规则来协调各种相冲突的意志和行为。

(2)公民能力:公民自觉遵守社会公共秩序和各项法律法规及规章制度的能力。

3.国家意识

指学生对国家、民族和文化的认同,尊重文化的多样性,珍爱国家文化遗产,热爱祖国和中国共产党,有作为国家主人翁的责任感、自豪感和归属感。

(1)民族认同:民族认同是同一民族的人感觉到大家是属于一个共同体的自己人的一种意识,是个体对自己所属群体的归属感,包括民族自我认同、民族归属感和民族文化实践等。

(2)爱国情怀:爱国情怀体现了人们对自己祖国的深厚感情,反映了个人与祖国的依存关系,是人们对自己祖国的归属感、尊严感与荣誉感的统一,是调节个人与祖国之间关系的道德要求、政治原则和法律法规,也是民族精神的核心。

(三)审美育人

培养学生的审美能力是育人工作中的重要内容,崇尚美是每一位公民应该具备的道德品质。道德与法治学科需要引导学生树立正确的审美观,对自己、他人、社会等要有正确的审美标准。做有个性的自己,感受成长的美;融入社会,感受并构建和谐人际之美。因此,需要正确把握学科、教材所蕴含的审美育人点。

1.个性尚美

本课程以培养学生个体优良的道德品质为主要目标,发展主体意识,形成开朗、乐观、进取的个性品质,激发个性化的创意与表现,善于发现美、创造美,成为个性鲜明、不失自我、有高尚情操的人。

(1)举止文明:梳理出学生在本课程里需要掌握的文明行为、良好习惯,达成行为美的目标。

(2)心灵美好:梳理出关于道德品质、健康心理的训练点,促使学生爱亲敬长,爱集体、爱家乡、爱祖国、自信向上、诚实勇敢、有责任心等美好品质。

(3)语言得体:梳理出社会生活中体现语言之美的训练点,促进学生语言发展,感受有礼貌、有智慧、得体的语言表达所产生的语言之美。

2.成长求美

全面关注儿童丰富多彩的生活体验,在不断的自我认知、调整中感受成长的美好。关注成长过程中的每一个阶段,形成道德情感、道德认知,提高道德判断和行为选择能力,体现自我成长的变化之美。

(1)善于反思:梳理出学生成长中常常出现的共性、个性的问题,引导学生善于与同伴交流、分享、反思探究的过程和成果,在反思中感受自我发现之美。

(2)勇于批判:敢于质疑,对事情保持独立的见解,有敢于挑战和反驳的勇气和能力。

(3)乐于创造:乐于动手、动脑,创造美好的生活,借助和利用身边的有利条件丰富和美化生活。

3.社会传美

社会的和谐之美需要每一个公民共同构建。在社会主义核心价值观的引领下,体验社会生活的美好,感受自然、人文的美,促进学生社会性发展。实现帮助学生学会做人、参与社会,满足其社会化需求。

(1)尊重自然:亲近自然,喜欢在大自然中活动,感受自然之美,共建良好的生活环境。

(2)和谐人际:梳理出学生人际交往中需要具备的能力和品质,营造和谐的人际关系,为成为社会的一员打下基础。

(3)传承美德:梳理出学生传承孝亲敬长、团结友爱等中华传统美德的方式方法。

(四)健康育人

小学道德与法治教学要帮助学生确立积极进取的人生态度,塑造健全的人格,从而健康快乐生活。道德与法治学科健康育人包括健康身体和健康心理两个方面。

1.健康身体

教材中健康身体的知识点主要集中于让学生在保证身体各个功能正常的基础上,能自己的事情自己做,生活能够自理;通过学习,智力水平有所发展;在学习、活动中行为举止正常健康。教师应利用相关知识引导学生树立健康身体的意识。

(1)讲究卫生:讲究个人卫生是重要的社会责任。讲究卫生通常体现为勤剪指甲、勤洗澡、勤换衣、早晚刷牙,注意保持正确的站立、行走、坐的姿势,养成良好的卫生习惯并持之以恒。

(2)生活规律:生活要有规律是人体保健的基本要求,安排好自己的起居饮食、学习生活,合理地过好每天,充实且有意义。

(3)坚持锻炼:在决定运动前,给自己设立一个可实现的目标;选择适合自己的项目;把自己的心态调整好。不管在整个运动过程中是否有收获,都应该坚持运动。

2.健康心理

心理健康是学生积极进取的认识态度、人格健全的重要体现,其主要表征为能够自我调控情绪,情绪稳定;面对新环境,能够尽快地适应;直面压力,拥有积极向上的价值观。

(1)调控情绪:情绪宣泄要合理,可以通过注意转移、理智控制和合理宣泄等方法,调控自己的情绪。调控好情绪,才能感受生活中的快乐。

(2)适应环境:无论环境好坏,一定要有积极的心态,利用环境,改变自己能改变的,接受自己不能改变的。通过环境历练自己,不断提升自己的价值,最终能够达到适应环境,使人生幸福快乐,成就最好的自己。

(3)乐观向上:乐观向上突出表现为自信乐观、耐受挫折、精神愉快、积极向上,对事物的发展充满信心。不管是学习上,还是生活中,面对挫折时,保持乐观向上的心态是成功的重要因素。

(五)劳动育人

积极探索建立劳动教育体系,突出劳动教育从小抓起,劳动教育进课程和劳动教育实践育人。课程作为实施劳动教育的重要载体,在课堂中加强劳动教育,让学生在社会生活中参与劳动实践。为学生创造丰富的校内、校外劳动实践机会,引导学生树立劳动观念、掌握劳动技能。

1.劳动观念

知道劳动是人类的本质活动,物质生活靠劳动创造。劳动是光荣的,劳动是伟大的。中华民族是勤于劳动、善于创造的民族。正是因为劳动创造,我们拥有了历史的辉煌;也正是因为劳动创造,我们拥有了今天的成就。

(1)热爱劳动:培养学生热爱劳动的情感,愿意并积极参加劳动,养成良好的劳动习惯。

(2)尊重劳动:梳理教材中关于劳动的内容,引导学生了解并尊重不同行业的劳动者。无论从事哪个行业,只要通过劳动能创造价值,劳动都是光荣的。

(3)珍惜成果:感受劳动给人们生活带来的便利,珍惜自己和他人的劳动成果。

2.劳动实践

劳动是财富的源泉,也是幸福的源泉。我们倡导劳动,我们积极劳动。但劳动还讲究科学性,正确的劳动方法、科学的劳动技能能提高劳动效率。

(1)劳动方法:劳动是讲究方法的,引导学生学会正确的方法、科学的方法,才能让他们更好地利用劳动创造价值。

(2)劳动技能:梳理教材中关于劳动技术、劳动能力的知识点,让学生在劳动实践中不断总结经验、技术,增强劳动能力,有效提高劳动的效率,在有限的劳动时间中创造更多的劳动价值。

第三节　小学道德与法治学科单元全息育人点导引

一、单元育人点概述

在全息育人框架的统领下，根据各年段各册教材内容，以单元和课为单位，围绕一级目标的五个方面，找出教材与之契合、关联或对应之处，挖掘全息育人点，形成操作指南。这个育人点导引表，旨在给授课教师以引导和提示，提醒教师在传授知识的同时，还应该根据教材内容，注重对学生的认知、德性、审美、健康、劳动方面进行教育，促进学生的全面发展。全息育人导引表最后一栏“育人点建议”，主要是为教师提供一些资源信息、活动设计建议等，希望能起到抛砖引玉的作用，帮助教师设计自己的精彩课堂。

当然，我们不必强求每节道德与法治课堂都实现完整的“五育融合”，那样太机械死板。每节课融合几育，要据实而定，契合自然，融合无痕。单元育人点导引只是给广大教师提供一个教学的基本依据，仅供教师教学时参考。教师要结合当时、当地、本人、本班的实际情况，创造性地进行教学设计。

二、一至六年级单元育人点导引

(一)一年级单元育人点导引

表2-3-1　单元教学育人点导引《道德与法治》一年级(上)

单元暨课题	认知育人	德性育人	审美育人	健康育人	劳动育人	育人点建议
第一单元 我是小学生啦 1课．开开心心上学去 2课．拉拉手，交朋友 3课．我认识您了 4课．上学路上	1. 认识新同学，结交新朋友，初步体会友谊的美好；能进行简单的自我介绍。 2. 认识学校的教职人员，知道向他们问候、求助的方式和用语。 3. 了解交通信号灯，知道上学路上的危险；了解和感受不同的上学路。	1. 爱惜学习用品，珍惜学习生活。 2. 将教职人员的工作与自己的生活联系起来，产生感激之情。	1. 熟悉同学和老师，发现他人的优点，欣赏他人的美。 2. 发现上学路上的温暖，感受人际交往时带来的内心美好体验，学会感恩。	1. 理解学生身份，积极面对小学生活，克服不良情绪。 2. 获得与同伴交往以及对新校园生活的积极情感体验。	学会收拾、整理学习用品。	1. 网络搜索动画版安全微视频，拉近与学生的距离。 2. 活动开展前必须先讲好规则；课堂可以延伸到校园各场所，实地了解加深印象。 3. 关注辨析和讨论栏目，引导学生形成批判性思维并开展讨论交流。

续表

单元暨课题	认知育人	德性育人	审美育人	健康育人	劳动育人	育人点建议
第二单元 校园生活真快乐 5课．我们的校园 6课．校园里的号令 7课．课间十分钟 8课．上课了	1. 了解校园生活的规则，熟悉学校的各种铃声的含义和要求，以及基本礼仪。 2. 了解学校空间布局、设施功能和注意事项，寻找自己在学校的空间位置。 3. 适应校园作息时间，有序过好校园生活。	1. 了解校园环境、历史，热爱校园。 2. 正确、合理地发表自己的见解，与他人做到友好相处。 3. 尊敬国旗、国徽，学唱国歌，为自己是中国人感到骄傲。	1. 感受校园生活的美好、快乐和文明。 2. 初步感受有序的课堂以及融洽的人际关系所展现出的和谐美。	1. 了解眼保健操及课间操的意义，认真学习做操。 2. 能合理安排课间活动，做到劳逸结合。 3. 喜欢和同学、老师交往，高兴地学，愉快地玩。	熟悉学校环境，学会使用学校中的卫生保健设施。	1. 在活动中要充分尊重学生的表达意愿，尽量让全员都能参与，获得快乐的学科体验。 2. 以情境模拟为主，让学生融入活动，建立切身的感受，避免说教。 3. 关注课前资料搜集，充分利用学校资源，设计难度适当、简单易行的活动任务，多元进行活动评价。
第三单元 家中的安全与健康 9课．玩得真开心 10课．吃饭有讲究 11课．别伤着自己 12课．早睡早起	1. 学习安全、文明、健康、有创意地玩耍，并且乐于分享。 2. 了解常见食物的安全问题与营养价值。 3. 了解家居生活中常见安全问题，学习防范和处理意外伤害的方法。 4. 学习克服独睡困难的办法，养成独睡好习惯。	1. 学习合理规划自己的生活。 2. 乐于分享所玩物品以及玩的方式。 3. 养成良好的饮食习惯，吃饭时讲究礼仪。 4. 能安全地使用玩具、设备，遵守规则，注意安全。	1. 开展有创意的游戏，体验创造带来的乐趣。 2. 感受餐桌礼仪带来的美好。	1. 养成早睡早起、规律作息的生活习惯。 2. 了解营养知识，养成健康的饮食习惯。 3. 学会自护自救的小方法，过健康的生活。	积极开动脑筋，创造有趣的游戏活动。	1. 要注意将健康文明的生活方式、创新思维与生活中的法律、法规结合起来进行教育。 2. 培养学生创造性地发现在日常生活中玩耍的方法。 3. 培养学生文明、健康、安全的生活意识，从而提升生活品质。
第四单元 天气虽冷有温暖 13课．美丽的冬天 14课．健康过冬天 15课．快乐过新年 16课．新年的礼物	1. 发现各地冬天的特征，了解冬天对生活的影响。 2. 了解冬季易发疾病的有关知识。 3. 了解不同的新年习俗，懂得生活中的新年礼仪。	1. 乐于观察、探索自然，勇于面对大自然的挑战。 2. 感受祖国的地大物博。 3. 能欣赏自己和别人的优点。	1. 感受和欣赏自然的美，感受自然界的变化。 2. 积极参与传统迎新年活动，感受中国传统文化的魅力。 3. 学会以恰当的方式表达对他人新年美好的祝愿。	1. 积极参加冬日锻炼，增强体质，学会健康过冬。 2. 能以积极的心态、科学的方法预防疾病和做好保健。 3. 发现自己的成长和变化，并为此而高兴。	动手动脑，有创意地生活。	1. 引导学生欣赏冬天的美，健康地过好冬天。 2. 社会时间，指引学生理解不同民族、区域的人过新年的多样方式及礼仪、文化内涵。 3. 引导学生通过回望的方式发现自己的成长与进步，学会悦纳自我。

表2-3-2 单元教学育人点导引《道德与法治》一年级（下）

单元暨课题	认知育人	德性育人	审美育人	健康育人	劳动育人	育人点建议
第一单元 我的好习惯 1课．我们爱整洁 2课．我们有精神 3课．我不拖拉 4课．不做“小马虎”	1. 关注自己的仪态仪表，逐步产生良好的自我认同感。 2. 理解内在的“精气神”，了解“有精神”的价值。 3. 了解做事拖拉的后果，具有基本的时间观念。	1. 养成良好的生活习惯和卫生习惯。 2. 养成好的学习习惯，做事不拖拉，不马虎，不怕困难。	1. 注重精神面貌，展现自信美。 2. 关注自己的仪态、仪表美。	1. 学会爱整洁，拥有健康生活方式。 2. 感受“有精神”对身体健康的重要意义。 3. 养成良好的个人饮食和卫生习惯，健康、安全地生活。	掌握保持整洁的方法与技能。	1. 绘本故事的恰当利用，注意课堂的整体性、趣味性。适合亲子共读的书：《乱扔东西的塔格叔叔》《我爱整洁》。 2. 儿童歌曲《讲卫生》《洗手歌》《我爱洗澡》。 3. 儿歌《站如松，坐如钟，行如风》等。 4. 注意搜集学生身边的案例，利用身边的资源来辨析，紧贴儿童的生活。
第二单元 我和大自然 5课．风儿轻轻吹 6课．花儿草儿真美丽 7课．可爱的动物 8课．大自然，谢谢您	1. 了解自然灾害，知道紧急情况下逃生或求助的方法。 2. 学习用观察、比较、调查等方法进行简单的生活和社会探究活动。 3. 亲近身边的动物，对自然界有共存感和好奇心，乐于探索。 4. 了解大自然与人的生活的紧密关联，感受人与自然相处共存的美好。	1. 热爱大自然，感恩自然。 2. 联系生活辨析爱护花草的行为，学会与自然和谐共生。 3. 懂得爱护自然界里的生命。 4. 懂得与动物相处时如何保护自我。	感受、品味植物的生命之美，欣赏大自然的美。	1. 在与大自然相处中懂得保护自己，健康成长。 2. 体会与自然共在的美好。	爱动物，为动物打扫卫生。	1. 到大自然中去感受、观察大自然的美。 2. 开展“猜谜语”“做风车”“放风筝”活动，让学生在动手实践中加深对风的认识。 3. 开展植树活动“我和小树一起长”，认领校园花草、小区花草，观察花草。 4.《一个真实的故事》讲述，感受对动物的爱，与动物友好、和谐相处。
第三单元 我爱我家 9课．我和我的家 10课．家人的爱 11课．让我自己来整理 12课．干点家务活	1. 懂得家的构成，了解自己与家人之间的伦常关系，正确称呼家人。 2. 了解家庭成员的兴趣爱好等。 3. 发现和理解家人的爱，感受家庭的温暖。 4. 形成自主生活的意识与能力。	1. 爱父母长辈，用实际行动表达对家人的爱。 2. 养成良好的整理习惯，提高生活的自理能力。 3. 爱护家庭环境卫生。	1. 体会家人之间的血脉亲情之美。 2. 感受做家务的乐趣，体会“负责任、有爱心地生活”的美好。	掌握整理物品的方法，形成健康的生活模式。	1. 能自觉整理自己的物品。 2. 学做家务，掌握基本的家务劳动技能。	1. 利用歌谣《家庭称谓歌》帮助学生学习准确的家庭称谓。 2. 观看视频《美味的早餐》，体会家人为孩子的成长付出的辛劳。 3. 开展贴心宝贝行动计划，引导学生用行动表达对家人的爱。 4. 观看视频：《阿U》系列动画第60集《学做家务》。

续表

单元暨课题	认知育人	德性育人	审美育人	健康育人	劳动育人	育人点建议
第四单元 我们在一起 13课. 我想和你们一起玩 14课. 请帮我一下吧 15课. 分享真快乐 16课. 大家一起来合作 17课. 我们都是少先队员	1. 初步掌握和大家一起玩的基本技巧。 2. 学习正确面对困难，掌握求助的技能，做到互相帮助。 3. 体验分享的快乐，掌握分享的技巧。 4. 体验合作的乐趣和意义，掌握有效的合作方法与技巧。 5. 正确佩戴红领巾。	1. 能很好地与同伴一起玩耍，拥有宽容、彼此接纳的良好品格。 2. 同学间团结友爱、互相关心、相互帮助、讲文明礼貌。 3. 能乐于分享与合作，在分享时懂礼貌、爱惜物品。 4. 欣赏别人的优点与长处。 5. 学会珍惜、爱护红领巾，体会入队的喜悦和光荣。	1. 感受和同伴一起玩的愉悦。 2. 感受互助互爱的美好生活。 3. 感受作为少先队员的自豪感。	1. 能愉快、积极地生活，喜欢和老师、同学交往。 2. 乐于与人相处，健康快乐地生活。 3. 乐于分享，与人合作。	学习劳动中的分工与合作。	1. 利用教材资源制作动画片，如:《小布丁》。 2. 学习一些适合低年级学生玩耍的游戏。 3. 创设情境，角色扮演。 4. 推荐绘本阅读:《艾玛找回绒毛熊》《松鼠是英雄》《红狐狸和蓝狐狸》《我才不要合作》《最好吃的蛋糕》等。

(二)二年级单元育人点导引

表2-3-3 单元教学育人点导引《道德与法治》二年级(上)

单元暨课题	认知育人	德性育人	审美育人	健康育人	劳动育人	育人点建议
第一单元 我们的节假日 1课. 假期有收获 2课. 周末巧安排 3课. 欢欢喜喜庆国庆 4课. 团团圆圆过中秋	1. 学习有计划、有目标地安排自己的假期生活。 2. 珍惜时间，知道合理利用时间的重要性。 3. 知道国庆节的意义，了解革命人物故事。 4. 了解中秋节的习俗，理解中秋团圆的文化内涵。	1. 了解新中国的由来，明白新中国来之不易。 2. 懂得尊重国旗、国徽、国歌的基本礼仪，在日常行为上有所体现。 3. 重视传统习俗，感受中华文化魅力。	1. 感受假期生活的美好。 2. 学会巧妙安排周末，使生活更精彩。 3. 体会国旗、国徽、国歌的美。 4. 体会表达思乡情感的古诗的美。感受团圆的美好和快乐。	1. 合理安排周末作息时间，健康生活。 2. 用积极的心态看待家长的“不可以”。	1. 能在假期适当做些家务劳动，培养劳动意识。 2. 主动分担家务劳动，培养劳动意识。 3. 能积极参与秋天里的文化活动，感受多元的民俗风情。	1. 合理安排自己长时段的闲暇生活，能够在成人帮助下制订自己的生活目标，并努力实现。 2. 了解国庆常识，为自己是中国人感到自豪。 3. 了解我国的传统文化节日，尊敬和关爱老人，感受节日的美好与传统文化的魅力。

续表

单元暨课题	认知育人	德性育人	审美育人	健康育人	劳动育人	育人点建议
第二单元 我们的班级 5课.我爱我们班 6课.班级生活有规则 7课.我是班级值日生 8课.装扮我们的教室	1.懂得班级规则是班级生活的基础,回忆班级生活的快乐,热爱班集体。 2.学习处理集体事务的方法、技能,并团结协作。 3.明确班级值日生职责。掌握值日的方法、技能,能有办法解决班级问题。	1.体会班集体的温暖,建立归属感。树立正确的集体荣誉观。 2.能主动参与班级规则的制订,并自觉遵守。 3.树立正确的值日观,乐于为集体服务。 4.学习合作及共创的方法与技能,提高人际交往能力。	1.学习美化教室,感受班级生活中的美。 2.感受规则给班级生活带来的和谐美。 3感受班级的整洁美。	积极参加班级管理活动,主动为班级服务。	1.参与集体生活,协商集体事务。 2.积极参加装扮教室的劳动,感受劳动创造美。	1.教师要引导学生注意班级生活中及同学交往中的细节,感受集体的温暖、友爱和团结,增强爱集体的感情。 2.教学中,要针对班级生活中常见的问题,组织学生讨论,细化行为指导,以利于班规的落实;在教学及延伸活动中,要不断强化学生的规则意识,促进习惯养成。
第三单元 我们在公共场所 9课.这些是大家的 10课.我们不乱扔 11课.大家排好队 12课.我们小点儿声	1.认识学校公物,了解公物使用状况,自觉爱护公物。 2.养成自觉维护公共环境卫生的习惯。 3.在公共场所能做到守秩序,学会在日常生活中正确排队。 4.了解公共生活中声音文明的必要性。能辨识公共场所的声音文明标识。	1.能自觉爱护公物。 2.树立保持公共环境卫生的意识,养成良好的卫生习惯。 3.认识排好队、守规则带来良好秩序的意义。 4.养成在公共场所讲文明、有礼貌的良好习惯。	1.学会反思自己及身边人的不良公共卫生习惯与做法。 2.感受排队给社会生活带来的和谐美。 3.知道在公共场所"说话小点儿声"体现了个人修养。	养成良好的卫生习惯,保持环境的整洁。	用自己的行动保护美好家园。	1.调查公物使用现状,并探究背后的原因,结合调查表,可采取情景剧表演的形式,换位思考。 2.结合学校、班级实际,商讨出有效的保护公物的方法,并积极落实。 3.将公共卫生的文明教育与小学生守则及相关法规相结合,认识到破坏环境卫生对公共环境有危害,会影响到他人和社会。
第四单元 我们生活的地方 13课.我爱家乡山和水 14课.家乡物产养育我 15课.可亲可敬的家乡人 16课.家乡新变化	1.了解家乡的特点、美景和故事。 2.了解家乡丰富的物产,了解家乡物产跟自己生活的关系。 3.学会从多个角度了解家乡人,主动发现和理解家乡的变化。	1.熟悉家乡,热爱家乡,对家乡充满自豪感。 2.发现和关注身边的家乡人,崇敬家乡人。 3.初步建立作为家乡小主人的自豪感与责任感。	1.发现家乡的美,感受家乡独特的传统文化。 2.了解家乡人可亲可敬的事迹,学会赞美和感恩家乡人。 3.了解家乡特色传统,发现并欣赏家乡的美。	感受家乡物产的丰富,并充满感激。	愿意用行动为家乡作贡献。	1.可开展"家乡画展""谁不说咱家乡美""家乡物产博览会"等展示活动,让学生分享各自的发现。 2.可以以生活情境为范例,进行行为指导,避免空喊口号。 3.可选用当地某一地方的今昔对比情况,发现家乡面貌的新变化。

表2-3-4 单元教学育人点导引《道德与法治》二年级(下)

单元暨课题	认知育人	德性育人	审美育人	健康育人	劳动育人	育人点建议
第一单元 让我试试看 1课. 挑战第一次 2课. 学做"快乐鸟" 3课. 做个"开心果" 4课. 试种一粒籽	1. 学习理性地选择与面对挑战,做个勇于挑战的人。 2. 知道如何正确看待"不开心",掌握排解消极情绪的基本方法。 3. 发现生命的奇妙,学习种植种子的方法。 4. 掌握探究学习的方法,养成探究的习惯。	1. 敢于尝试新鲜事物。 2. 能在成人帮助下控制和调整自己的情绪,做一个愉快开朗、积极向上的人。 3. 乐于和他人交往,帮他人化解消极情绪。 4. 培育植物,爱惜生命,养成认真观察的习惯,培养坚持不懈的品格。	1. 体会挑战的乐趣,感受自己的进步。 2. 能主动分享学习、生活中的快乐,做一个心灵美的人。 3. 体验生命的美好。	1. 敢于挑战第一次,培养自信、锐意创新的品质。 2. 在生活中学会发现、感受快乐,分享快乐。 3. 掌握基本的排解不良情绪的方法。 4. 学会调节情绪,愉快积极地生活。	1. 用实际行动带给他人快乐。 2. 学习种植方法,交流收获。	1. 生活中学会发现、感受快乐,分享快乐。 2. 联系实际,针对学生的困惑和问题,引导学生掌握变不快乐为快乐的方法,健康快乐每一天。 3. 可以借助心理健康教育等方法,有效指导学生排解消极情绪。 4. 组织学生开展种植活动,在活动中了解种子的有关知识,学习种植方法。
第二单元 我们好好玩 5课. 健康游戏我常玩 6课. 传统游戏我会玩 7课. 我们有新玩法 8课. 安全地玩	1. 树立健康游戏的观念,能根据具体情况,选择适合的游戏。 2. 了解传统游戏的玩法,并对传统游戏产生兴趣。 3. 能在游戏中树立创新意识,体验游戏创新的乐趣。 4. 辨识游戏的安全隐患,掌握安全玩耍的要领,树立安全意识。	1. 积极参加有益游戏,学会合作和欣赏他人。 2. 了解传统游戏,初步认识游戏的文化性和社会性,感知文化传承。 3. 学习有创意地玩游戏、动手制作玩具,养成"有创意地生活"的习惯。 4. 关心自己及他人的安全问题。	1. 能够辨别有益的游戏。 2. 感受传统游戏的魅力。 3. 能自制小玩具、小礼物等来丰富和美化生活。	1. 学会选择适合的游戏,做到玩得健康、有益、开心。 2. 提高辨别能力,做到健康安全地玩。 3. 有创意地动手制作玩具,有创意地生活。	1. 学习先辈们用勤劳和智慧让生活充满乐趣。 2. 学习制作小玩具,丰富游戏形式。	1. 通过调查、采访等方式,了解传统游戏的玩法,加深对传统文化的喜爱。 2. 培养学生的创新意识与创新生活的习惯。 3. 提升安全意识、辨别能力和责任感。

续表

单元暨课题	认知育人	德性育人	审美育人	健康育人	劳动育人	育人点建议
第三单元 绿色小卫士 9课.小水滴的诉说 10课.清新空气是个宝 11课.我是一张纸 12课.我的环保小搭档	1. 了解水的珍贵，知道水资源危机，寻找节水好办法。 2. 了解造成大气污染的主要原因。知道大气环境与健康生活的关系。 3. 了解纸的来历以及纸在生活中的广泛应用，学习节约用纸的方法。 4. 了解绿色生活方式，积极参与环保行动，使用环保物品。	1. 感受小水滴的美和大自然的美。 2. 感受清新空气给生活带来的美好。 3. 感受纸让生活变得更美好。	1. 做到珍惜水、节约水，并形成健康环保的生活方式。 2. 知道如何根据空气质量的变化调整自己的生活。 3. 树立珍惜资源、爱护环境的健康生活观念。 4. 形成绿色环保的健康生活方式。	1. 感受人们在实际生活中创造性节水的思路，做到科学用水。 2. 学习变废为宝，废纸再利用。	1. 有创意地珍惜水、节约水。 2. 在日常生活中创造性地落实节约用纸的行为。	1. 教学时要注意将绿色文明的生活方式与创新观念及环保法律、法规结合起来进行引导。 2. 创造性地发现在日常生活中珍惜水、节约水的方法，并形成相应的生活方式。 3. 培养学生珍惜纸张资源的环保意识，在生活中能珍惜纸张，养成节约用纸的行为习惯。
第四单元 我会努力的 13课.我能行 14课.学习有方法 15课.坚持才会有收获 16课.奖励一下自己	1. 欣赏自己和他人的优点，树立自信心，不断完善自我。 2. 树立学习自信，能积极主动地学习。 3. 学习探究的方法，养成探究的习惯。培养不怕困难，坚持到底的意志品质。 4. 肯定自我，树立自信，学会总结，不断改进。	1. 培养自信心，正确看待自己。 2. 遇到困难能够坚持克服，不气馁。	1. 培养不怕困难、勇于拼搏的积极心理品质。 2. 能与同学相互学习，共同进步。 3. 学会肯定自己，克服困难，用毅力帮助自己完成计划、实现目标。 4. 学会发现自己的成长与进步，并以积极的态度面对新的学习生活。	主动寻找适合自己的、科学的学习方法，并学以致用。	总结两年来的成长经历，乐观向上，制订计划。	1. 能欣赏自己和别人的优点与长处，能看到自己的成长和进步。 2. 引导学生针对自己学习中的困难，寻找合适的学习方法，学会学习。 3. 引导学生联系自己的实际情况，体验学习中的困难和乐趣；引导学生针对自己学习中的困难，寻找合适的学习方法，学会学习。

（三）三年级单元育人点导引

表2-3-5 单元教学育人点导引《道德与法治》三年级（上）

单元暨课题	认知育人	德性育人	审美育人	健康育人	劳动育人	育人点建议
第一单元 快乐学习 1课．学习伴我成长 2课．我学习，我快乐 3课．做学习的主人	1．体会学习对人成长的重要意义。 2．懂得学习途径和学习内容的多样性和广泛性。学习解决困难的方法，树立战胜困难的信心和勇气。 3．学习合理安排时间，养成良好的学习习惯。 4．掌握适合自己的学习方法。	1．树立正确的学习观，懂得学习是每个人成长的需要。 2．克服学习中遇到的困难，体验战胜困难的快乐。 3．合理安排时间，做事不拖拉。	1．懂得学习可以让人变得更美，让生活变得更美好。 2．形成良好的学习习惯，体验学习的美妙。	1．体验学习的快乐，激发对学习的兴趣，树立学习自信心。 2．形成健康的学习和生活方式。	1．懂得学习需要在实践中不断积累，注重积极参加和体会劳动带来的快乐，在“做”中学。 2．知道学习也是一种劳动，需要提高效率。	1．通过正反面案例的拓展，加深学生对学习重要性的认知。 2．尊重学生感受，组织现场完成一个体现“做中学”的实践活动，如做手工、做一道菜等。
第二单元 我们的学校 4课．说说我们的学校 5课．走近我们的老师 6课．让我们的学校更美好	1．认识学校各部门的工作职能。 2．掌握绘制平面图的基本技巧。 3．了解教师工作的辛苦，体会教师对学生的爱，学校的重要性。 4．从身边的小事做起，为学校发展作贡献。	1．热爱学校，了解学校的历史和发展变化。 2．理解教师，体谅教师，学会沟通；能用实际行动为教师减轻负担。 3．懂得学校对自己成长的重要意义。 4．知道自己作为学校的一员，有责任为学校发展作贡献。	1．带学生亲身体验校园的每个角落，感受学校环境及校园生活的美好。 2．接受不完美的教师，体谅老师。 3．通过自己的努力，让学校变得更美好。	悦纳教师，学会沟通，优化师生关系。	1．感受老师劳动的辛苦。 2．知道校园的美好是无数人通过劳动创造出来的。 3．愿意用自己的劳动为学校作贡献。	1．带学生亲身参观校园的每个角落，通过了解学校的设施、环境等来感受校园环境的优美。 2．关注获取知识的方法，让学生说说自己是通过哪些途径和方法了解到相关知识的，贯彻“做中学”的理念。 3．注意尊重学生真实的情感体验，帮助学生解决师生交往遇到的问题。

续表

单元暨课题	认知育人	德性育人	审美育人	健康育人	劳动育人	育人点建议
第三单元 安全护我成长 7课.生命最宝贵 8课.安全记心上 9课.心中的“110”	1.体会生命的来之不易,了解父母付出的心血,树立珍爱生命的意识。 2.学习基本的交通法规,掌握防溺水及火灾中自护自救的方法与技能。 3.学习与陌生人交往的方法,提高分辨能力,学会自护自救。	1.感恩父母、珍爱生命。 2.自觉遵守交通法规,培养自我保护意识。 3.在乐于助人、参与社会活动的同时提高警惕性,初步形成安全意识。	懂得拥有健全、健康的身体让生活更美好。	1.学会爱惜自己的身体,培养基本的自护自救能力,树立安全意识。 2.掌握生活中的一些安全知识和技能,爱护自己的身体和健康。 3.遇到突发事件,要保持良好的应急心态。 4.增强防范意识,学习与坏人坏事作斗争的方法,保护自身安全。	1.掌握防止溺水的安全知识与技能。 2.学会基本的自护自救的方法。	1.通过体验怀孕妈妈,以及案例对比,让学生体会生命的可贵,强化珍惜生命的意识。 2.结合学生生活实际,通过图片、多媒体等引导学生体会安全的重要性,发现生活中的安全隐患,初步学会基本的自护自救方法。 3.由教材中的事例延伸到身边的事例,通过师生、生生互动,讨论交流,引导学生提高警惕,学会自救自护。
第四单元 家是最温暖的地方 10课.父母多爱我 11课.爸爸妈妈在我心中 12课.家庭的记忆	1.理解父母的行为,体会父母的爱,走进父母的内心。 2.了解父母的爱好,能以实际行动表达对父母的爱。 3.了解自己的家庭历史、变迁,以及中国人重视家庭的文化传统。 4.了解、熟悉家庭成员之间的关系和称呼。	1.感受父母长辈的养育之恩,学会感恩,爱父母、爱家人。 2.关心家庭生活,主动分担家务,有一定的家庭责任感。 3.了解中国人重视家庭的传统观念,树立家庭意识。	1.走进父母的内心世界,感受爱之美和家文化的美好。 2.学习通过自己的努力,让家庭更幸福美满。	1.理解父母的爱,学会理性思考。帮助父母改掉不健康的习惯,也是对父母的爱。 2.重视家庭生活,营造和谐的家庭氛围。	能主动分担家务,积极参与传统节日的劳动,感受传统节日氛围。	1.通过角色扮演的方式进行沟通演练,让学生在实践中尝试理解父母,学会与父母沟通。 2.通过调查活动,加深对父母的了解,以恰当的方式表达对父母的关心、尊重和感激。 3.以学生生活为基础,拉近传统文化与学生生活的距离,引领学生感受中国人重视家庭的传统观念。

表2-3-6 单元教学育人点导引《道德与法治》三年级(下)

单元暨课题	认知育人	德性育人	审美育人	健康育人	劳动育人	育人点建议
第一单元 我和我的同伴 1课．我是独特的 2课．不一样的你我他 3课．我很诚实 4课．同学相伴	1. 多角度地了解自己的特点与品质。 2. 认识人与人之间的不同，理解“不同”让生活更精彩。 3. 知道诚实就是实话实说，不撒谎、不虚假，待人真诚。 4. 认识同伴生活的重要性，理解“不让一个人落下”的意义，形成群体意识。	1. 能正视自己的不足，不断改进，完善自我。 2. 理解、宽容、欣赏他人，尊重“不同”。 3. 与“不同”的人友好相处。学会克服胆怯、虚荣、好胜等心理，不弄虚作假，做诚实的人。 4. 学会和同学真诚相待、互相帮助、友好相处。	1. 善于发现自己的优点，展示自信之美。 2. 认识“不同”的个性美。感受“不同”，让生活更美好。 3. 感受诚实是一种美德。 4. 感受与同学在一起的美好。	1. 能够悦纳自己。 2. 正确看待他人对自己的看法。人际交往，和谐共生。克服胆怯、虚荣、好胜等心理障碍，健康成长。 3. 乐于参加集体活动，与同伴友好交往。	积极参加各种劳动，培养劳动技能。	1. 采用多种形式调动学生课堂参与的积极性。 2. 创设相应的情境进行角色表演，让学生判断这些行为是否正确。 3. 结合自己学校、班级的实际情况，挖掘生活中的素材补充课堂。 4. 将故事引入课堂。
第二单元 我在这里长大 5课．我的家在这里 6课．我家的好邻居 7课．请到我的家乡来	1. 了解居住地的位置和名字由来等基本情况。能运用简单的地图知识，了解家乡所在省级行政区的位置。 2. 认识和体会居住地对自己成长的重要性。学会与邻居小伙伴相处的方法。 3. 学习处理邻里生活中的小摩擦。 4. 了解家乡的自然环境和物产情况及家乡人的特点。	1. 热爱自己居住地的环境，积极为社区做力所能及的事。 2. 懂得与邻居交往要有礼貌，讲文明。 3.知道在玩耍中要与小伙伴友好相处，感受与邻居小伙伴之间的友情。喜欢家乡的人，热爱家乡。	1. 感受居住地的自然环境和人文环境的美。 2. 美文诵读感受乡情，体会中华传统美德，感受家乡自然环境和人文环境的美。	1. 乐于参加集体活动，与同伴友好交往。 2. 感受与邻居小伙伴相伴的快乐。	1. 积极为社区做力所能及的事。 2. 积极为美化、净化家园出力，积极参与相应的劳动。	1. 善于在生活中寻找素材，随时拍摄相应的教学视频，引入课堂，达到情境再现，引起共鸣。 2. 收集整理、改编古今经典故事，提高学习兴趣。 3. 开展研学旅行或实践活动，让学生更深入了解、感受家乡的美好。
第三单元 我们的公共生活 8课．大家的“朋友” 9课．生活离不开规则 10课．爱心的传递者	1. 认识公共设施，了解其给人们生活带来的便利。 2. 认识规则的作用。 3. 掌握关爱他人的方法和智慧。	爱护公共设施。自觉遵守公共秩序，做讲文明有教养的人，乐于助人。	感受社会生活的便捷美、规则美、人间真情之美。	正确使用公共设施，遵守规则，避免危险和事故发生。	对弱势群体有同情心和爱心，并尽力用行动帮助他们。	1. 可采用动画人物等儿童喜欢的形式，增强教学的趣味性。 2. 采用情境模拟体验活动，增强学生的直观感受。

续表

单元暨课题	认知育人	德性育人	审美育人	健康育人	劳动育人	育人点建议
第四单元 多样的交通和通信 11课. 四通八达的交通 12课. 慧眼看交通 13课. 万里一线牵	1. 认识各种交通工具的特点,会选择合适的交通方式出行。 2. 了解交通与环境的关系。 3. 了解通信的有关知识,学会使用一些基本的通信方式。	1. 尊重交通人。 2. 遵守通信的基本礼仪。	1. 感受交通的现代美。 2. 体会通信中的情感。	关注交通问题,增强环保意识。	有效获取信息的同时,增强对信息的辨别能力,做到文明上网。	1. 关注课前相关资料的搜集活动,为课堂学习做好准备。 2. 注重对比教学,体会科技的进步对人们生活的影响。

(四)四年级单元育人点导引

表2-3-7　单元教学育人点导引《道德与法治》四年级(上)

单元暨课题	认知育人	德性育人	审美育人	健康育人	劳动育人	育人点建议
第一单元 与班级共成长 1课. 我们班四岁了 2课. 我们的班规我们订 3课. 我们班他们班	1. 积极参与班级建设。 2. 了解规则在班级生活中的作用,学习科学地制订班规。 3. 知道班级之间的正确竞争方式,学会尊重。 4. 正确看待班级竞争与冲突,掌握处理问题的办法。	1. 热爱同学、老师、班级,树立班级荣誉感和集体意识。 2. 自觉接受班规的约束,具有班级规则意识。 3. 树立民主意识和公民意识。	学会设计班徽,体现图案颜色的美观。	用欣赏的眼光看待别的班集体。	人人都是班级主人,设计讨论制订班规。	1. 回忆班级成长视频(资源:各种活动照片,班级QQ群,微信群,任课教师、学生讲述和奖状等)。 2. 班徽设计大赛:奋斗目标主题词,象征图案、颜色。 3. 引导学生了解掌握班规制订的程序和方法,明白班规的制订与教师权威的关系。 4. 引导正确对待班级间的竞争,以正当的方式共赢。
第二单元 为父母分担 4课. 少让父母为我操心 5课. 这些事我来做 6课. 我的家庭贡献与责任	1. 学习管理自我的方法。 2. 学做简单的家务活。 3. 了解与父母沟通的方式。	1. 体验并感悟父母的辛劳,学会感恩。 2. 激发主动做家务的意识,乐于为家庭作贡献。	知道劳动可以创造美好生活。	关爱家人的身心健康,能够主动陪伴、支持家人。	1. 学习做家务的方法,提高劳动意识和能力。 2. 用自己的劳动创造美好生活。	1. 调查分享爸爸妈妈一天工作的辛苦,现场体验厨师、快递员和交警的辛苦。 2. 共同拟定《好孩子家庭行为守则》,每周如实填写“自评卡”。 3. 举行“家务活该谁做”辩论会。

续表

单元暨课题	认知育人	德性育人	审美育人	健康育人	劳动育人	育人点建议
第三单元 信息万花筒 7课. 健康看电视 8课. 网络新世界 9课. 正确认识广告	1. 体会电视对人们生活的意义和作用。 2. 体验网络在现代生活中的重要性，增强网络媒介素养。 3. 了解商业广告的功能，学会识别广告。	1. 遵守网络文明公约，学会在网络中安全、文明地生活。 2. 正确处理看电视和其他生活的关系，培养健康、积极地看电视的好习惯。 3. 辩证对待网络，遵守网络道德、法律规范，文明上网。	1. 感受网络给生活带来的美好变化。 2. 学会辨别和筛选广告信息。	1. 养成健康看电视的习惯。 2. 养成健康、安全的网络生活习惯。	辨别、筛选广告信息，合理消费。	1. 结合教材《眼睛的"抗议书"》，讨论如何健康看电视，保护视力，并给"眼睛"写回信。 2. 以议一议，演一演的方式，形成看电视和上网公约。 3. 通过调查，了解广告的种类，以及虚假广告的危害，教会学生正确对待广告。
第四单元 让生活多一些绿色 10课. 我们所了解的环境污染 11课. 变废为宝有妙招 12课. 低碳生活每一天	1. 认识、体会环境污染的现状和危害。 2. 了解生态环境：垃圾暴增、气候变暖、大气污染、水污染等。 3. 学习垃圾正确分类，知道垃圾分类、回收与循环再利用的意义。	1. 在日常生活中有环保意识。 2. 反思自己的生活，学会低碳生活、绿色生活。	在生活中创造美好的环境。	1. 做到减少环境污染，促进健康生活。 2. 了解我国垃圾的处理方式，树立健康的生活理念。 3. 学习过低碳绿色生活，积极参与环保活动。	通过创意劳动，使垃圾变废为宝。	1. 借助图片和视频资料广泛交流，了解塑料制品的危害。调查了解白色垃圾污染状况。 2. 研究废物再利用的几种方法，举行垃圾变废为宝创意展示活动。 3. 开展垃圾分类专项训练活动。设计家庭低碳生活方案。

表2-3-8 单元教学育人点导引《道德与法治》四年级(下)

单元暨课题	认知育人	德性育人	审美育人	健康育人	劳动育人	育人点建议
第一单元 同伴与交往 1课. 我们的好朋友 2课. 说话要算数 3课. 当冲突发生	1. 学会结交朋友，认识到友谊的可贵。 2. 认识守信的意义和价值，掌握守信的方法。 3. 了解校园冲突的类型，掌握解决冲突的方法和技能。 4. 识别欺负，掌握应对欺负的方法。	1. 珍惜和维系友谊，不做有损友谊的事。 2. 有守信意识，说到做到。 3. 变欺负者为保护者，变旁观者为调解者。	感受友谊的美好。	友谊使自己快乐，树立正确的友谊观。	设计友谊卡送朋友。	1. 围绕"真友谊"这个主题，分解出"会分享"和"真心帮助"两个层次，理解友谊的真谛。 2. 通过观看情景剧、听录音和制作"守信评分表"等活动，引导认识失信的原因，思考解决办法，做到对人对己守信。 3. 围绕校园里的同伴欺负问题，设计演练：学生初次演练—师生合作演练—学生再次演练，让学生学会基本的同伴调解技能，懂得自我保护。

续表

单元暨课题	认知育人	德性育人	审美育人	健康育人	劳动育人	育人点建议
第二单元 做聪明的消费者 4课．买东西的学问 5课．合理消费 6课．有多少浪费本可避免	1. 学习并掌握购物的相关常识和技巧。 2. 认识消费者的合法权益，具有维权意识。 3. 能够辨明购物要求，学会正确作出购物选择。 4. 了解浪费的危害。	1. 养成良好的购物习惯，做文明的消费者。 2. 反思浪费现象，养成勤俭节约的好习惯。	继承和弘扬勤俭节约的传统美德。	培养理性消费的观念，健康生活。	计划开支，设计一顿既经济又营养的午餐计划表，学会合理开支。	1. 引导学生观察生活，在学生自主研究产品包装前，引导学生挖掘包装上的信息，对包装信息有初步的认识，再补充产品标志，培养学生的社会责任感。 2. 用生日蛋糕导入，以关键词“许心愿”“聊心愿”“辨心愿”“再许愿”串联整节课，学会合理消费，提高自控能力。 3. 从美食入手，从“舌尖上的美食”转到“舌尖上的浪费”，再转入对舌尖上浪费的探究，最后引导共建“舌尖上的文明”。
第三单元 美好生活哪里来 7课．我们的衣食之源 8课．这些东西哪里来 9课．生活离不开他们	1. 了解农作物的种植和生产过程，农业的主要种类及重要性。 2. 了解工业产品的生产过程。 3. 感受不同职业的劳动者给生活带来的便利。	1. 尊重各行各业的劳动者，珍惜劳动成果。 2. 树立职业平等的观念和正确的职业价值观。	树立创新意识，努力实现从“中国制造”向“中国创造”的转变。	树立美好健康的生活靠各行各业劳动者创造的生活理念。	体验各行各业劳动者工作的艰辛。	1. 模拟插秧活动，感受和体会农业生产的艰辛与粮食的来之不易，结合古诗文诵读，融入优秀传统文化教育，提高节约和珍惜粮食的意识。 2. 用“猜谜语”的形式引导学生聚焦生活用品，通过观察家里的生活用品，“生活用品推荐会”环节，加深对工业产品在人们生活中重要性的认识。 3. 设计“职业大体验”活动，让学生感受每一个劳动者所从事职业的意义和背后的艰辛，学会尊重。
第四单元 感受家乡文化 关心家乡发展 10课．我们当地的风俗 11课．多姿多彩的民间艺术 12课．家乡的喜与忧	1. 了解节日风俗，关注风俗变化，学会理性对待风俗的演变。 2. 了解我国著名及当地民间艺术，探索原因，感受民间艺人的聪明才智。 3. 全面了解家乡，为家乡的发展建言献策。	1. 关心民间艺术的未来，为民间艺术的保护和传承作贡献。 2. 热爱家乡，树立忧患意识和公共参与意识。	体会风俗蕴含的传统美德及美好祝愿。	感受我国民间艺术的美。	通过调查走访，了解家乡发展中的问题，提出可行性建议。	1. 通过视频、猜谜语等方式引入风俗话题，分组探究，分享所了解的风俗。 2. 以小组为单位开展家乡民间艺术调查的任务，培养学生的探究能力。 3. 从“喜”字着眼，从“发展”一词入手，引导学生总结调查内容，对比改革开放前后家乡的发展变化，引导学生发现家乡发展中的问题，充分调动学生的主人翁意识。

（五）五年级单元育人点导引

表2-3-9 单元教学育人点导引《道德与法治》五年级（上）

单元暨课题	认知育人	德性育人	审美育人	健康育人	劳动育人	育人点建议
第一单元 面对成长中的新问题 1课.自主选择课余生活 2课.学会沟通交流 3课.主动拒绝烟酒与毒品	1. 合理规划课余生活，知道自主选择课余生活是权利。 2. 掌握与人沟通的基本方法。知道烟酒有危害、毒品有危险，应远离，学会拒绝烟酒、毒品的方法。	1. 培养自主选择课余生活的能力。 2. 学会欣赏、宽容和尊重他人，发现对方的优点。 3. 提高防范意识，远离危险之地。	感受课余生活的美好。	1. 学会合理安排课余生活，健康成长。 2. 学会真诚坦率的沟通，有效化解矛盾、促进和谐。 3. 远离烟酒毒，远离损友，形成良好的生活习惯。	选择有兴趣、有意义的课余生活。	1. 借鉴教材上的案例，解决选择课余生活时遇到的困惑，并总结出合理安排课余生活的好做法。 2. 组织活动，围绕“沟通交流与我们的同学关系”的话题，发表自己的看法，归纳与人沟通的方法。 3. 设计模拟吸食香烟的实验，并出示烟酒、毒品的种种危害，明白应主动拒绝烟酒与毒品。
第二单元 我们是班级的主人 4课.选举产生班委会 5课.协商决定班级事务	1. 了解班委选举的规范程序，理解班委选举的意义。 2. 了解民主决策的程序，学习公平、民主地处理班级事务。	1. 愿意在班级活动中发挥特长，做好服务。 2. 愿意主动参与班级事务，树立民主意识。	体验合作参与和民主生活的美好。	1. 初步认识自我，了解个人成长的增长点，发现自身潜能，实现自身价值。 2. 尊重学生意愿，保护其自尊心。	1. 引导学生挖掘个人潜力，主动承担班委会工作，主动为班级出力。 2. 积极参与班级建设，提升个人能力。	1. 回顾四年来班委会开展的活动，交流印象中最深刻的活动，明白班委会的职责。 2. 创设模拟班委会竞选活动，知道班委选举有程序。 3. 小组内交流讨论制订科技和秋游活动的方案，知道班级活动要共同决定并落实。
第三单元 我们的国土我们的家园 6课. 我们神圣的国土 7课. 中华民族一家亲	1. 知道中国国土面积、疆域及行政区划。 2. 了解中国地形分布及中国的世界自然遗产分布。 3. 了解不同民族的生活习惯和风土人情。	1. 感受祖国的幅员辽阔，每一寸土地都神圣不可侵犯。 2. 理解并尊重不同地区的人们各具特色的生产和生活方式。 3. 形成包容、开放的民族意识，产生初步的民族自豪感和民族责任感。	感受祖国山水之美。	引导学生认识各民族人民互相尊重、平等交往、和睦相处、合作互助，共同缔造了光辉的中华文化。	愿意用行动爱护生态和保护环境。	1. 进行查找地图竞赛或拼图游戏。观看有关祖国风光的影视片；收集整理图片、诗文、风景点门票等资料，互相交流。产生对祖国的认同感和自豪感。 2. 开展少数民族传统节日展示会。 3. 探究自然环境对人们社会生活的影响，尊重不同地区人们的生产生活方式。

续表

单元暨课题	认知育人	德性育人	审美育人	健康育人	劳动育人	育人点建议
第四单元 骄人祖先 灿烂文化 8课.美丽文字 民族瑰宝 9课.古代科技 耀我中华 10课.传统美德源远流长	1.知道汉字历史悠久,是中华文化的重要标志及对世界文化有深远的影响。 2.学习我国古代科学家的故事,了解我国古代科技成就对世界的影响。 3.了解明志、气节、诚信等中华民族传统美德。 4.了解孔子对"仁"从不同角度的解释及古代践行仁爱精神的故事。	1.感受汉字的魅力,激发对祖国文化的热爱。 2.感受中华科技文明的博大精深,树立追求真理、献身科学的远大抱负。 3.愿意在生活中不懈追求人格修养的提高。 4.逐步树立对他人的仁爱之心。	1.汉字是世界最古老的文字之一,引导感受汉字形体的美。 2.古代科学独具特色,引导学生感受古代科技的智慧光芒。 3.传统美德,源远流长,引导学生感受传统美德的伟大。	让学生通过学习,建立文化认同,树立文化自信,为中华民族拥有悠久、灿烂的文化而骄傲。	1.搜集古汉字的生成和演变资料,用规范的楷书书写古代文字。 2.搜集了解古代科学家的故事,感受我国古代的技术创造。	1.观看一些反映我国历史上重大发明或重要文化遗产的影视片,或讲述体现我国劳动人民聪明才智和发明创造的故事。 2.利用图书馆、博物馆、互联网、手机等资源,整理关于中国古代科技的资料信息与同学交流。 3.创设与古代科技巨人对话的情境,引导学生讲张衡、祖冲之等科学家的故事,激发学生的民族自豪感和爱国情怀。

表2-3-10 单元教学育人点导引《道德与法治》五年级(下)

单元暨课题	认知育人	德性育人	审美育人	健康育人	劳动育人	育人点建议
第一单元 我们一家人 1课.读懂彼此的心 2课.让我们的家更美好 3课.弘扬优秀家风	1.认识自己在成长过程中的心理变化,发现自己与家人处理问题的不同方式,学会理解家人不同形式的爱。 2.知道每个家庭成员都承担着一定的家庭责任,懂得为家庭分担责任的重要性。 3.了解我国不同历史的家风。	1.能用积极的态度、有效的方法,主动沟通并化解矛盾。 2懂得为家庭尽责,首先要做到自立自强,学会为家庭做力所能及的事。 3.懂得优秀家风对个人成长和社会良好风气形成的作用。	1.理解与体会家人言行背后不同形式的爱就是美。 2.体会家庭带来的安全感和幸福感。 3.传承和弘扬优秀家风。	1.通过和谐、民主的方式构建美好家庭。 2.对家人关心问候,贴心劝慰就是为家庭作贡献,学会化解家庭成员之间的矛盾。	学会关心和帮助家人,共同承担家务劳动,共建美好家庭。	1.通过情境讨论,提升学生的行为认知,帮助学生正视成长中自己与家人之间的一些不愉快、小摩擦甚至小冲突,并能积极找出解决问题的方法。 2.课前设计一份家务活任务单,让学生记录后分享,进行对比反思,更好地明确自己应承担的家庭责任。 3.可与部编版《语文》第一单元进行适度融合,向学生展现不同年代、不同人物的童年生活,学会成长,懂得理解家人,明确自己的角色,弘扬优秀的家风,为社会贡献力量。

续表

单元暨课题	认知育人	德性育人	审美育人	健康育人	劳动育人	育人点建议
第二单元 公共生活靠大家 4课.我们的公共生活 5课.建立良好的公共秩序 6课.我参与我奉献	1.了解身边多样的公共空间,知道每个人都离不开公共生活。 2.知道公共生活需要良好的秩序来维护,初步形成规则意识。 3.知道公共生活中人与人相处需要平等对待,树立互相尊重、平等相待的观念。	1.提高公共意识,懂得只有共同维护公共利益,才能更好地享受公共生活。 2.对弱势群体有同情心和爱心,要有尊重和平等的观念,并愿意尽力帮助他们。	1.能够在公共生活展示良好形象,做讲文明有教养的人。 2.明确构建和谐的公共生活需要提升文明意识。	1.明确构建有序和谐的公共生活人人有责,积极参与公共生活。 2.了解社区成员的角色与责任,树立服务公共生活的意识。	1.能够在公共生活中注意自己的行为,展示良好形象。 2.学会从不同角度观察社会现象,尝试用合理、合法的方式解决生活问题。 3.明确参与公益活动的意义,积极参与力所能及的社会公益活动。	1.可组织学生开展"身边的公共设施及使用现状"调查并分享,提升学生社会性学习能力。 2.运用大量视频、图片,借助真实案例引发学生深入思考,激发学生兴趣,在辨析讨论中开拓学生视野。
第三单元 百年追梦 复兴中华 7课.不甘屈辱 奋勇抗争 8课.推翻帝制 民族觉醒 9课.中国有了共产党 10课.夺取抗日战争和人民解放战争的胜利 11课.屹立在世界的东方 12课.富起来到强起来	1.了解从鸦片战争到甲午中日战争的屈辱历史和列强的罪恶行径。 2.知道孙中山为推进民主革命作出的贡献,简单了解他的革命思想。 3.了解马克思主义在中国的传播和五四运动的相关史实,知道中国共产党的创建是历史的必然选择。 4.知道中国共产党是抗日战争的中流砥柱。 5.知道中华人民共和国成立初期的重大事件。 6.了解改革开放的历史,知道改革开放以来中国在农业、工业、科技、文化、生活等方面取得的突出成就。	1.知道中国人民对外来侵略进行了不屈不挠的斗争,体会中华民族顽强的抗争精神。 2.懂得落后就要挨打,自强不息才能立于不败之地的道理。 3.了解开辟井冈山道路的意义,学习井冈山精神。 4.领悟抗日战争和人民解放战争中体现的革命精神。 5.感受祖国的飞速发展。	1.知道林则徐、邓世昌等民族英雄反抗外国侵略者的故事,感受先烈的爱国精神。 2.感受各族人民百折不挠投身社会主义建设的精神。	1.了解红军长征及其伟大意义,学习长征精神。 2.知道新中国成立和改革开放以来取得的成就,加深对中国共产党和祖国的热爱之情。 3.中国特色社会主义已经进入新时代,提高国家责任意识。	1.学习和继承以孙中山为代表的先辈们的革命精神,树立为振兴中华而努力奋斗的意识。 2.能用恰当的形式缅怀英烈,树立奋发图强建设国家的志向。	1.关注学生情感的发展,通过学习,学生的情感逐渐升华至强国之志和报国之情,铭记历史,奋发图强。 2.采用问题解决的方式开展学习活动,在探究中了解、反思、感悟历史。 3.通过演示红军长征路线和分享长征故事的方式活跃课堂气氛,引起学生深入挖掘事件和人物背后的信念和精神的兴趣。 4.通过歌曲《松花江上》,结合历史图片、资料,带领学生了解九一八事变,感悟九一八事变给东北人民带来的伤痛。

(六)六年级单元育人点导引

表2-3-11 单元教学育人点导引《道德与法治》六年级(上)

单元暨课题	认知育人	德性育人	审美育人	健康育人	劳动育人	育人点建议
第一单元 我们的守护者 1课.感受生活中的法律 2课.宪法是根本法	1.认识法律的内涵及作用,了解自己拥有的基本权利和义务。 2.了解宪法和宪法日。认识宪法具有至高无上的地位。 3.知道宪法是根本法和总章程。了解宪法与普通法律的关系。	1.初步形成法治意识。 2.树立宪法权威意识。	感受法律就在身边,知道法律让人和人和谐相处,让生活更美好。	感受法律无处不在,能运用这些知识简单地分析生活中与宪法有关的现象,积极健康地生活。	积极参加所在社区的法律公益活动。	1.通过整理资料、思维,梳理结果等方式学习分组,进行区分。 2.开展辩论比赛,明晰法律与纪律、道德的关系。 3.开展"找相同""众法争冠"情景剧等活动,体会宪法是其他法律的立法基础的依据。 4.利用时事新闻,播放视频资料,在庄严、神圣的仪式感中,体会宪法的权威。
第二单元 我们是公民 3课.公民意味着什么 4课.公民的基本权利和义务	1.知道公民身份代表不同的国籍。 2.认识居民身份证,知道国家驻外机构对中国公民的保护。 3.知道公民基本权利、义务的含义与内容。 4.知道尊重和保障人权是我国的宪法原则。	1.树立公民意识,维护中国公民的声誉和形象。 2.树立公民意识,树立尊重和保障人权的理念,懂得权利行使有界限。	从创设的情境中感受规则的美,树立规则意识,遵守公共生活规则。	加强身体锻炼,增强自觉履行法律义务的体魄。	树立公民意识,自觉维护中国公民的声誉和形象。	1.进行角色扮演活动,分析公民身份与国籍紧密相关。 2.开展身份证用途大比拼活动,体会身份证对生活的影响。 3.开展"保护身份证信息"的诗歌创作活动。如:小小身份证,信息很安全,用处非常大,安全很重要。
第三单元 我们的国家机构 5课.国家机构有哪些 6课.人大代表为人民 7课.权力受到制约和监督	1.认识身边的国家机构,了解它们的职权、机构运行以及产生过程。 2.了解人大代表产生的方式、程序、资格、构成、职责等,知道人民代表大会制度是我国的根本政治制度。 3.理解国家机关的职责由宪法和法律规定,知道权力运行受到监督,权力违法将追责。	1.树立法治意识,增强国家观念,激发爱国情怀。 2.树立参政议政的公民意识,增强社会责任感。 3.关心社会公共事务,参与社会监督,初步形成法治意识。	从新闻话题探讨中体验理论逻辑之美。	以健康的心态参与民主选举、民主决策、民主管理和民主监督等政治生活。	积极参与,对国家、社会事务建言献策。	1.收集《中华人民共和国宪法》中关于民主集中制原则、全国人民代表大会、中华人民共和国主席等相关法治知识。 2.实地查看我们身边的国家机关,了解其与我们生活的密切关系。 3.采访人大代表。 4.模拟体验选举活动。 5.辩论会:小学生如何参与社会监督。

续表

单元暨课题	认知育人	德性育人	审美育人	健康育人	劳动育人	育人点建议
第四单元 法律保护我们健康成长 8课. 我们受特殊保护 9课. 知法守法 依法维权	1. 了解不同年龄在法律上的意义、与未成年人相关的有关法律知识。 2. 了解维护自身权利的相关法律，学习用法维权及正确的维权途径。	1. 养成遵纪守法的好习惯，知法守法，感受社会各界的关爱。 2. 遵守法律，依法维权，养成守法好习惯，培养法治思维。	体会家庭、学校、社会对未成年人的关爱和保护，激发学生学习保护未成年人法律的兴趣，感受法律的美。	认识社会对未成年人的特殊保护，敬畏法律，对校园欺凌行为有防范意识，在生活中健康成长。	了解依法维权的途径、方法和技巧，在生活中能运用法律维权。	1. 对照不同年龄人的法律意义，知道自己具备的法律权利。 2. 判断有关《中华人民共和国义务教育法》的一些说法是否正确。 3. 分享在成长过程中感受到社会关爱的故事。 4. 开展校园欺凌调查、讨论。

表2-3-12 单元教学育人点导引《道德与法治》六年级(下)

单元暨课题	认知育人	德性育人	审美育人	健康育人	劳动育人	育人点建议
第一单元 完善自我 健康成长 1课. 学会尊重 2课. 学会宽容 3课. 学会反思	1. 认识到每个人都拥有生而为人的尊严，都应当得到尊重。 2. 体会宽容对美好、和谐生活的重要意义。 3. 认识到生活需要反思。	1. 理解尊重自己的意义和主要表现，学会尊重自己。 2. 能够包容他人的不同，努力做到和而不同。 3. 体会反思对成长的意义。	1. 认识到一个人人受尊重的社会，是一个平等、友善、温暖的文明社会，这样的社会是美好的。 2. 拥有一颗宽容之心，宽容让生活更美好。 3. 反思是我国传统文化的重要部分，体现了我国传统文化之美。	1. 学会尊重自己，维护个人形象，爱惜名誉，信守承诺，做一个自信快乐的人。 2. 拥有一颗宽容之心，身心健康，快乐前行。	1. 尊重他人的行为是多种多样的，学会从语言和行动等方面尊重他人。 2. 学会宽待、原谅他人。 3. 初步掌握反思的方法，养成反思的好习惯。	1. 通过情境分析，让学生认识到尊重自己并不意味着拒绝批评，懂得维护自尊要适度。 2. 通过情境和案例分析，引导学生认识到可以用语言和行动等表达尊重，懂得尊重他人还有维护他人的自尊心，让他人感觉舒服。 3. 课前开展“我的烦恼”“生活中的宽容”调查，通过制作“宽容书签”，把宽容落实到行动上。
第二单元 爱护地球 共同责任 4课. 地球——我们的家园 5课. 应对自然灾害	1. 了解各种环境问题带来的生存危机，学会利用思维导图分析环境问题产生的原因及危害。 2. 了解自然灾害的危害，认识大自然有不可抗拒的一面。	1. 理解地球是人类的家园，感悟人与自然和谐相处的古老智慧，懂得珍爱地球。 2. 体会人们在危难中不屈不挠、团结互助的抗灾精神。	1. 地球是人类唯一的生存家园，感受大自然的美。 2. 了解人们抵御自然灾害的感人事例，感受人性之美。	1. 保护环境是世界各国人民共同的责任，追求人与自然协调发展。 2. 体会人们在危难中不屈不挠、团结互助的抗灾精神。	1. 树立环保意识，参与力所能及的环保行动。 2. 在自然灾害面前，有自我保护、自我救助的意识与技能。	1. 围绕“离开地球，我们人类能生存吗”，引导学生关联多种信息，用证据说明看法，理解地球是人类唯一的生存家园。 2. 设置地震灾害作为课堂教学突破口，让学生绘制校园逃生路线图，提示选择科学合理的逃生方式，提升学生的自护意识和能力。

续表

单元暨课题	认知育人	德性育人	审美育人	健康育人	劳动育人	育人点建议
第三单元 多样文明 多彩生活 6课．探访古代文明 7课．多元文化 多样魅力	1. 了解人类早期文明和文化遗产，探究人类早期文明成就及其重要意义。 2. 了解世界各地不同的自然环境及文化的差异和多样性，理解尊重文化多样性的意义。	1. 激发对人类早期文明和世界文化遗产的兴趣，增强保护人类文化遗产的意识和责任感。 2. 感受全球时代文化交流和交融，形成尊重文化差异的观念与态度。	1. 感受世界文化遗产之美。 2. 感受各种自然环境和丰富多彩的文化之美。	1. 增强对世界文化遗产的保护意识和责任感。 2.在展示搜集材料的活动中，让每个学生都得到充分展示的机会，获得健康成长的成就感。	1. 引导学生在收集、整理材料的过程中进行比较、分析、归纳世界历史文化遗产。 2. 创设舞蹈、交往礼仪、建筑等文化形式，感受世界文化的多样性，形成平等、包容的文化观。	1. 课前搜集世界不同环境的特点和世界文化的相关资料。 2. 用自己喜欢的方式介绍一处世界自然景观。 3. 欣赏世界各地的舞蹈，感受文化与地域的关联。 4. 学习世界礼仪。 5. 探究体验：如何尊重文化的差异。
第四单元 让世界更美好 8课.科技发展 造福人类 9课.日益重要的国际组织 10课.我们爱和平	1. 了解人类科技的发展历程以及科技给人们的生产、生活带来的变化。 2. 了解不同类型的国际组织及其作用和对世界发展的贡献；了解我国在国际组织中的作用。 3. 了解战争带来的伤害，中国为维护世界和平所作出的卓越贡献。	1. 培养科学的探索和求真精神，学会辩证地看待科技对人类社会的影响。 2. 培养国际视野，提升民族自豪感与自信心。 3. 培养向往和平、热爱和平、乐于宣扬和平的情感态度，热爱中国人民解放军。	感受科技发展给生活带来的美好。	培养学生热爱科学的情感，弘扬科学精神。	引导学生讲科学、爱科学、学科学、用科学。	1. 收集历史上的重要事件的相关资料。开展讲述“科学家故事会”的活动。 2. 辩论会：科技发展的利与弊。 3. 搜集国际组织的标志，了解相关组织的作用。 4. 探究活动：中国在国际组织中的声音和身影。 5. 搜集战争给人们带来的伤害的有关资料。了解中国为世界和平作出的贡献。

三、框架使用建议

充分开发、有效利用小学道德与法治学科全息育人整体框架和单元育人点导引，对丰富道德与法治课程内容，增强课程的生活性、开放性、活动性和全息性具有重要意义。在使用过程中，应当做到以下几点。

(一)合理组织教学内容

以五育为中心，让学生通过学习小学道德与法治学科知识，从而获得德智体美劳等方面的发展，道德与法治教学内容也应选取与“五育”相关的素材。当教师制定相应的教学目标、教学重难点后，就要思考“如何设计教学环节”，组织教学内容，也就是“怎么呈现”的问题。每一课都有不同的目标和侧重点，可借助小学道德与法治学科全息育人整体框架和单元育人点导引，合理地进行取舍，设计自己的教学活动。假如教师侧重学生的学科知识的提升，也就是“认知育人”，那么教学内容则注重培养学生的学科知识渗透及逻辑思维等；假如教师侧重“丰富学生的情感体验”，也就是“审美育人”，那么教学内容则以“情感熏陶”为主导；假如教师注重对学生进行思想品德教育，也就是“德性育人”，那么教学内容就要以良好行为习惯、塑造良好品质等为主。总之，教师要根据教学内容侧重对学生哪一方面或几方面的培养，教学内容也应与之对应，根据培养目标，合理地组织教学内容，学生才能在道德与法治学习中获得全面发展。

小学道德与法治学科全息育人整体框架和单元育人点导引，只作为一线教师的教学参考，不要生搬硬套，不同的教学主题选择的教学素材不同，素材与主题紧密相连。每一个教学主题侧重点都不完全一样，有的侧重于其中一两点，有的侧重于其中两三点。例如：有的侧重于认知育人、德性育人，有的侧重于审美育人、健康育人，有的主题涉及的法律法规较多且专业，就需要作特殊说明，教师可根据具体的教学情况，有机地挖掘教材的全息育人点，有效地渗透于其中，以保证全息育人效果。

（二）积极促进师生共长

1.稳定道德与法治教师队伍

教师是小学道德与法治的主要实施者。教师如何看待学生、如何开展道德与法治工作，决定着学校道德与法治教学的成效。建设一支稳定可靠、战之能胜的道德与法治基本队伍，是做好学校道德与法治教学工作的基本保证。小学要想建设和稳定一支这样的道德与法治教师基本队伍，一是要加强教育，正本清源，通过师德大讨论、理论学习等形式，坚定他们的政治信念，提高其理论修养，克服目前在一些教师中存在的不良习气，从而净化这支队伍，使其成为其他教师和学生学习的榜样，达到“打铁还需自身硬”“其身正，不令则行”的效果；二是要通过专家讲座、进修、访学等形式，对其进行培训，以开阔视野、拓展思路，不断提高其业务水平；三是要从工作、生活上对其关心和支持，让他们真正体验到自己工作的价值和意义；四是严格组织纪律、人事制度和考核制度，强化队伍的建设管理。

2.形成道德与法治全息格局

现阶段的小学生，虽然思想还不成熟，但表现出较强的独立意识，他们更愿意通过自己的观察、思考和体验来形成自己的认识和态度。所以，教师的举手投足会对他们产生深刻的影响。学校领导和全体教职工都应该站在历史和未来的高度，责无旁贷地参与道德与法治教学工作,形成道德与法治学科全息育人教育格局,一是要加强思想政治理论课的课程建设和教学改革,坚持方向性,加强针对性,提高实效性;二是广大专职教师要充分发挥主观能动性,不但教书,更要育人,注意根据学科内容和特点增加思想性研究,把全息育人融入自己的教学计划和教学内容;三是教育管理部门要紧紧围绕培养人才这一中心开展各项工作,加强管理重在教育,注意在工作中言传身教,用自己的一身正气影响学生,切实发挥管理育人的职能;四是广大后勤服务人员要围绕学生的成才和成长、服务和方便学生的学习和生活的目的开展工作,注意在工作中摆正位置为人师表,切实发挥服务育人的职能。

3.激发学生内在潜能促发展

每个生命体都具有超乎想象的潜能,这些潜能一旦被激发出来,便会释放出巨大的能量。教师要走近学生,与学生建立起和谐、融洽、平等的师生关系,在教学中巧妙地解放学生的头脑,使他们能想;解放学生的双手,使他们能干;解放学生的眼睛,使他们能看;解放学生的嘴,使他们能谈;解放学生的空间,使他们能到大自然、大社会中去获取更丰富的学问;解放学生的时间,使他们做自己喜欢做的事。教师要激活每个孩子的无限潜能,让个体潜能都得到最大化的开发,促进学生的全面发展。

(三)充分利用校内外文化资源

1.学校文化资源

每一所学校在它成长发展历程中所创造和积淀下来的并为师生员工所认同和遵循的精神文化、制度文化和行为文化对个体的成长具有熏陶、影响作用。一处一文化、一处一育人。在部编版《道德与法治》一年级上册第二单元“校园生活真快乐”的第一主题“我们的校园”的教学过程中,教师不仅要让学生熟悉校园,了解各种校园设施的使用规则,更要内植于学生对校园的喜爱,对人文的熏陶,如校园中手绘宣传墙、文明用语板、健身活动区和人际和谐、认真负责、热情向上的氛围等,引导学生关注、发展。在第二主题“校园里的号令”一课中,可采用演一演、说一说、做一做、议一议等学生喜欢的方式,旨在进一步培养学生熟悉学校环境的能力和关注细节的态度,让学生在号令的指挥下过好学校生活,懂得遵守规则,进而强化学生的生活道德观念,指引学生有规则地生活。同时,我们还要注意与学校德育文化融合,从学生日常养成等常规出发,创设一些生活化竞赛活动,如穿衣服、整理书包、做眼操等比赛,丰富学生的校园文化体验,从而启迪学生智慧,开发学生潜能,使其形成良好的生活习惯和积极向上的进取精神。

2.社区文化资源

随着人民生活水平的提升,社区文化已成为城市文化的坚实基础和前沿阵地。社区的物质、行为、制度和精神文化的建设对居民生活环境、居民精神生活质量等方面的作用是其他文化建设所难以取代的。在教学中,教师要找到与社区文化建设的结合处,让学生走进社区、融入社区,为学生进入社会生活打下基础。

3.家庭文化资源

家庭是一个人成长的基础和前提,它对一个孩子的成长、成才起着尤为重要的作用。虽说一个人的成长离不开一定的物质基础,但影响深远的是关于情感滋养、个性生成、能力形成的人文环境。父母的言谈举止、餐桌礼仪、待客行为、夫妻感情、对待长辈、待人接物及对生活、工作的态度和责任……就连父母的仪表仪态、说话神情、交谈语调都是一种引导和"榜样"。教师要抓住教育契机,让学生在家庭文化中汲取营养、储备能量、收获成长。

(四)有机融入其他学科资源

新世纪的人才需要跨越文化和观点的差异,能与不同文化背景的人合作,同时具备批判思维和创新思维等素质,而这些素质无一不是跨越学科的综合素养。而对学校教育来说,想要让学生具备这些素质,首先就要有超越学科教育的"大教育"观念。尤其在新课改不断深入的背景下,小学道德与法治课堂逐渐融入了品德、历史、心理等多个学科领域,从而使其课程更具综合性。这也就要求我们必须深入理解当前课程内容的具体结构,以便于更好地对其进行完善。因此,道德与法治学科课程教学不再是一门单独的理论教学,除了与学生生活实际相关联的教学内容之外,更有许多教学内容与其正在学习的其他学科有着一定的内在联系。这也是小学道德与法治课程设定的最鲜明的特征,对教师在短时间内培养学生道德与法治学科的核心素养起到了决定性的作用。借助全息育人点框架,便于一线教师灵活设定相关教学内容,从而使得教学不再局限于课堂之内的道德理论化讲解。

以三年级为例,部编版《道德与法治》三年级上册第二单元"让我们的学校更美好",教师不能只将教学内容停留在讨论道德理论知识层面,还需要灵活运用美术、体育等内容开展教学工作,带学生亲身体验校园的每个角落,了解学校的设施、环境等来感受校园环境的优美。使学生能够深入理解教材内容,顺利地将教学内容过渡到保护校园环境的德性、审美、健康育人中[①]。

---

① 王文.融合多种学科资源 夯实"三进"教育效果——初中道德与法治课堂运用多元教学资源的方法探索[J].试题与研究,2020(06):25.

以五年级为例，部编版《道德与法治》教材五年级下册第一单元“我们一家人”的 3 个主题活动，是让学生思考、体会、发展对家庭的认识，对爱、被爱的理解，作为家庭一员的责任与担当，并学会传承优秀的家风。可与部编版《语文》教材第一单元可以进行适度融合，向学生展现不同年代、不同人物的童年生活，在品味作者对童年的深刻记忆，对家、对国的浓浓深情，引发学生关注自身童年生活的同时，更要学会成长，懂得理解家人，明确自己的角色，弘扬优秀的家风，为社会贡献力量。①

部编版《道德与法治》教材一年级下册第二单元“我和大自然”，旨在让学生亲近大自然，欣赏大自然（植物、动物）的美，进而理解人与自然是共生共存、和谐发展的。这些内容分别与部编版《科学》教材一年级下册第一单元“校园里的植物”、《美术》教材一年级下册第 2 课《走进大自然》、第 8 课《瓢虫的花衣裳》、第 11 课《太空的植物》、第 13 课《各式各样的水果》、第 14 课《可爱的动物》……及部编版《音乐》教材一年级下册第一单元中的《小蚂蚁》、第二单元中的《小雨沙沙沙》《春天在哪里》《柳树姑娘》《春天音乐会》和第三单元“音乐中的动物”等是相互融通的，可以适度与之融合，让学生在说、唱、画、玩中体验大自然的美好，激发他们学习的欲望，提高他们的审美意识、观察能力、动手实践能力，提升他们的道德情操，让师生在课程整合里受益、成长。

① 宋健泳．小学低段数学课程内容整合的实施背景与总体框架[J]．小学数学教育，2018(05)：53-54.

第三章

小学道德与法治学科全息育人教学设计

小学道德与法治学科全息育人教学设计以“立德树人”教育方针和社会主义核心价值观为指导思想，以道德与法治学科单元全息育人点导引表为引导，结合道德与法治学科全息育人框架中呈现的三级目标，拟定认知育人、德性育人、健康育人、审美育人、劳动育人“五育融合”的教学目标。坚持思想性原则、科学性原则、综合性原则、活动性原则、关联性原则设计教学活动，使教学的各个环节不出现简单的拼凑，而是有一定的理论依据，教学设计既有科学性又有指导性。根据教材内容，进行单元整体构建，使学生的学习更具系统性、整体性。本章列举了多种教学活动，避免学生对单一教学活动产生疲劳，从而更好地挖掘学生内在潜能，培养学生良好道德品质的形成与发展。

小学道德与法治学科全息育人教学设计案例评析从单元整体教学设计案例评析和课时主题教学设计案例评析两方面呈现，列举了一些区级优秀教学案例，通过借鉴小学道德与法治学科全息育人教学设计中的实用写法，提高教学设计能力，为在教学中培养学生良好品德提供支持。

第一节 小学道德与法治学科全息育人教学设计的原则

小学道德与法治学科全息育人教学设计以《品生课标》《品社课标》为依据，在充分研读教材，对学生的知识、能力、情感、态度等实际情况进行分析的基础上，坚持全息育人教学理念，对教学活动进行精心策划和设计。小学道德与法治学科全息育人教学设计的根本宗旨是“满足少年儿童思想道德成长的需要，促进小学生基本文明素质的养成”①。强调学生既是教育的对象，又是学习的主体。“学生通过学习具有道德与教育意义、儿童可感可思的生活事件，引导儿童构建有道德的美好生活。”②因此，我们在进行

① 人民教育出版社课程教材研究所小学德育课程教材研究开发中心.义务教育教科书教师教学用书道德与法治三年级上册[M].北京：人民教育出版社，2018：3.

② 人民教育出版社课程教材研究所小学德育课程教材研究开发中心.义务教育教科书教师教学用书道德与法治三年级上册[M].北京：人民教育出版社，2018：3.

小学道德与法治学科全息育人教学设计时应坚持以下原则。

一、思想性原则

小学道德与法治学科全息育人教学设计思想性原则，是以《品生课标》中“以社会主义核心价值体系为指导思想，落实‘育人为本、德育为先、能力为重、全面发展’的指导方针，遵循《公民道德建设实施纲要》《中共中央国务院关于进一步加强和改进未成年人思想道德建设的若干意见》的有关精神”为依据，以学生为本而提出的。为培养学生良好品德，指导学生全面发展，进行小学道德与法治学科全息育人教学设计，必须坚持思想性原则。

（一）培养学生良好品德

小学道德与法治学科全息育人以立德树人为根本宗旨，以社会主义核心价值观为引领，融入法治教育。因此，在课堂教学中对学生进行品德的培养教育也是其最重要的组成部分。但是在传统教学中，教师们更多的是注重对学生进行知识的掌握教学，而忽视对学生情感、态度、价值观的培养，使得学生学习兴趣全无，成为一部部教师知识的“复读机”，不利于学生的学习与发展。所以在小学道德与法治学科全息育人的教学中，要能够结合学生的特点，运用思想性原则，合理进行全息育人的教学设计，培养学生正确的人生观、价值观、世界观，养成良好品德。①

（二）指导学生全面发展

小学道德与法治学科全息育人蕴含着丰富的情感。学生是有感情的人，教师与学生，学生与学生，学生与家庭、学校、祖国之间的情感，都会在道德与法治学科全息育人过程中自然流露出来。以学生为中心，围绕学生在学习中遇到的困难，需要获得的帮助和良好品德发展问题进行道德与法治学科全息育人教学设计，才能激发学生的情感，让学生主动参与学习活动。以教师与学生之间的情感为例：学生良好道德品质的形成过程是教师和学生相互影响、相互促进的活动过程。一方面，教师是学生学习活动的指导者、合作者，发挥着主导作用。另一方面，学生在教育过程中也不是被动地接受教育影响，而是发挥着主体作用。教师对学生的教育，不再是强制性地要求学生学习，而是用情、用心去关注学生，充分挖掘教学内容中的五育育人点，运用思想性原则

① 赵鹏.冗繁削尽留清瘦 精设问题巧引领——例谈政治课堂中问题设计的思想性原则[J].课程教育研究，2017(34)：62.

设计贴近学生生活，符合学生认知，能激发学生的兴趣，能触动他们心灵的教学活动，学生才会主动参与学习，积极探究，获得真实的情感体验。在此基础上引导学生成为有爱心，有责任心，身心健康，有正确的审美观，能用劳动创造美好生活，全面发展的人。

二、科学性原则

小学道德与法治学科全息育人教学设计强调科学性原则，因为科学性原则是课堂教学设计应遵循的基本原则，是保证高效课堂教学设计的前提和基础。符合小学儿童品德发展规律和教育规律；教学目标、教学过程、教学评价等各个环节逻辑严密；能将教学方法和教学实践活动有机结合的小学道德与法治学科全息育人教学设计，才能促进学生的全面发展。

（一）遵循学生品德发展规律

首都师范大学初教院钟晓琳教授曾说："品德学习的过程就是个体接受社会规范，逐步社会化的过程。通常而言，个体的品德形成需要经历三个心理过程：依从、认同、信奉。"根据钟晓琳教授所讲品德形成的三个心理过程，我们不难发现小学低段的儿童从幼儿园刚步入小学，还延续着幼儿时期身心发展的特点，特别喜欢游戏、活动，以自我为中心。在道德情感上，教师只要给予一定的奖励，学生就会遵守道德规则。中高段的学生会随着年龄、知识的增长，会逐渐形成重视与同伴真诚交往，合作互惠，自愿去遵守道德规范。到初中、高中、大学阶段个体已经能认识道德品质本身的价值。从这个过程中我们能感受到一个人的良好品德并不是一朝一夕就能形成的，它需要不断地对学生进行良好行为习惯的训练。小学道德与法治学科正是承担着培养学生良好行为习惯和个性品质的任务，因此我们应该遵循学生品德发展规律进行道德与法治学科全息育人教学设计，从学生的实际情况出发，设计符合学生身心发展特点和认知规律的活动，促进学生良好道德品质的发展。

（二）重视教学环节的逻辑性

一个好的小学道德与法治学科全息育人教学设计，不仅在教学内容的选择与活动组织上，要充分考虑学生的道德认知发展规律，还要重视教学环节的逻辑性。教学目标是课堂教学的核心，整个教学活动紧紧围绕教学目标开展。因此，教学目标的确立必须明确、具体。教学重难点的选择要正确，要有利于教师的教学和学生的学习。选择合适的教学策略和适于学生理解接受的教学方法，制订出详细的教学步骤。教学活动结束，对整堂课的教学效果进行有效评价，回扣教学目标的达成度，是否促进了学生思想道德的发展。

教学目标、教学内容、教学策略、教学评价、多媒体运用等教学要素和教学环节这些组成部分，相互独立又彼此紧密联系，而道德与法治学科全息育人教学设计其实就是一项使以上各个部分协调相处、有机整合，选择达成教学预期目的的最佳方案。“协调相处、有机结合”则体现出各个部分之间的结构排列，这种结构排列是建立在思维逻辑的基础之上。如果逻辑混乱不清，将直接导致各部分内部联系排列的不合理，使得道德与法治学科全息育人教学设计失败。[①]因此，小学道德与法治学科全息育人教学设计必须重视各教学环节的逻辑性，体现出小学道德与法治学科全息育人教学设计的科学性。

三、综合性原则

小学道德与法治学科全息育人教学设计综合性原则，是根据《品生课标》中“教材应体现综合课程的特点”[②]。整合各相关学科的知识内容，通过设置若干学习主题，展现不同的学习和问题视角，以儿童的生活为基础。儿童的生活本就丰富多彩，具有综合性，因此，在进行小学道德与法治学科全息育人教学设计时，将各学科、各种教学资源有机整合，则更能促进学生的整体发展。

（一）学科融合体现全面育人

小学道德与法治学科全息育人有机融合了道德、法治、健康、历史与文化、地理与环境等多方面的学习内容。这些内容有的又分属于各个不同的学科，但是我们在进行小学道德与法治学科全息育人教学设计时，能很明显地感受到，它打破了学科界限，从认知育人、德性育人、审美育人、健康育人、劳动育人多角度、多层面地引导学生去认识自我、认识他人、认识社会，促进学生良好道德品质的发展。例如部编版《道德与法治》五年级下册第一单元“我们一家人”中设置了《读懂彼此的心》《让我们的家更美好》《弘扬优秀家风》三课，内容涉及认识自己在成长过程中的心理变化（即心理健康知识）；了解我国不同历史时期的家风（即历史知识）；学会关心和帮助家人，共同承担家务劳动，共建美好家庭（即人际交往和劳动知识）。这一个单元的教学内容就融入了多个学科

① 戴柯，施亮泉．逻辑性——课堂教学的关键[J]．教育教学论坛，2012（35）：68–69.

② 中华人民共和国教育部．义务教育品德与生活课程标准（2011年版）[S]．北京：北京师范大学出版社，2012：22.

知识,我们在进行小学道德与法治学科全息育人教学设计时,要抓住德性育人、健康育人、劳动育人这些育人点,培养学生能用恰当的方式与父母沟通,理解和体谅父母各种不同形式的爱。学会主动关心家人,愿意传承优秀家风,为我们美好的家园做出自己应有的贡献。这一单元涉及的道德品质教育、健康教育、历史知识、劳动教育都很好地体现了小学道德与法治学科的全面育人。

(二)整合资源促进整体发展

学生良好道德品质的形成是一个复杂的过程,这个过程以学生的道德认知为基础,随着年龄的增长,知识的积累,情感的丰富,从低到高,不断发展变化。这个过程受到包括遗传、社会环境、学校教育等因素的不同影响,会产生不同的作用。所以,我们对学生的教育要充分考虑这些因素,进行小学道德与法治学科全息育人教学设计时要有效整合家庭、学校、社区等,将班级活动、学校活动、少先队活动、社区活动、节日庆典活动等结合起来,将课程内容与学生的生活进行横向与纵向的整合。[①]特别是21世纪的今天,学生所处的环境日新月异地变化着,教师一定要打破传统的教育思想,做整体教育,有效整合各种教育资源,在不加重学生的课业负担,学生乐于参与学习活动的基础上,提高道德与法治课程的实用性,促进学生整体发展。[②]

四、活动性原则

小学道德与法治学科全息育人教学设计遵循活动性原则。小学生生性活泼好动,他们获取知识的最有效方法就是通过参与活动,主动去获取,而不是坐在课堂中,静听老师直接讲解。这就要求教师在进行小学道德与法治学科全息育人教学设计时,“内容的选择和呈现突出活动性,有利于教师和儿童采用活动型的教与学方式。要注意将活动的过程、方法、技能与知识融合起来,而不是仅仅罗列知识或事实”[③]。

(一)体现学科活动型特点

综观小学道德与法治课程,其教材图文并茂,活动内容丰富多彩。这些活动不局限于教材内容,与学生生活实践紧密相连,动态发展,与时俱进,体现出活动型课程的特点。因此,小学道德与法治学科全息育人教学设计就要突出其活动性,但目前小学道德与法治学科教学中,有的教师直接将教材内容上成看图说话、讲故事,一学期都是

① 中华人民共和国教育部.义务教育品德与生活课程标准(2011年版)[S].北京:北京师范大学出版社,2012:15.

② 李丽君.《品德与社会》课堂教学设计思路探讨[J].产业与科技论坛,2012(01):148.

③ 中华人民共和国教育部.义务教育品德与生活课程标准(2011年版)[S].北京:北京师范大学出版社,2012:22.

这样的教学方式，学生缺乏学习的主动性，良好道德品质的形成自然无法完成。所以在小学道德与法治学科全息育人教学设计中应遵循活动性原则，通过设计有趣味性、可操作性的课堂活动，调动学生学习的积极性，引导学生自主参与学习活动。

（二）构建学科活动化课堂

基于小学道德与法治学科活动型课程特点，可依据教学内容、学生的道德认知规律，为学生构建一个乐于主动参与学习的活动化课堂。在遵循教材主题教育思想和学生的生活逻辑前提下，结合本地本班学生的实际情况，设计可行且具有科学性的小学道德与法治学科全息育人教学预案。[①]例如部编版《道德与法治》三年级上册第一单元"快乐学习"第3课《做学习的主人》第三个话题"我和时间交朋友"，教学目标是：(1)感受合理安排时间的重要性，学会合理安排时间。(2)掌握提高学习效率的具体方法。设计了"我有亮眼睛——作业拖拉，原因何在""我是小法官——判断对错，借他观己""我是小诸葛——安排时间，我有妙招""我是时间规划师——走进生活，学以致用""我和时间交朋友——名人故事，提升感悟"五个活动。这五个活动又从创设的情境活动，"帮助班级里的小丽同学查找作业拖拉的原因"入手，层层推进，加入法治观念和规则意识，借他观己，"帮助小丽合理安排时间"，学会在生活中充分利用时间，提高学习效率。自觉与时间交朋友，提升学习感悟。[②]

整堂道德与法治学科全息育人教学设计以活动呈现，通过活动化课堂的构建，为学生提供自主参与、自我教育、自我提升的平台，推动学生不断学习与进步。

五、关联性原则

小学道德与法治学科全息育人教学设计强调关联性原则。《辞海之家》对"关联性"的解释为：组织体系的要素，既具独立性，又具相关性，而各要素和体系之间同样存在这种"相互关联或相互作用"的关系。小学道德与法治学科全息育人就是以学生生活为基础，挖掘学生生活中的各种学习素材，结合教材，合理运用，促进学生的道德品质发展。而教材内容是以单元整体教学设计的，单元内每一课都围绕单元主题设计，课与课之间，单元与单元之间既具独立性，又是相互关联的。

（一）与学生生活相关联

小学道德与法治学科全息育人旨在培养学生良好品德，促进学生社会性发展。而

① 郭然.核心素养视域下《道德与法治》活动型学科课程实施研究[D].江苏：扬州大学，2018.

② 本教学设计案例由重庆市北碚区蔡家小学王聃丹老师提供。

学生良好道德品质的形成,是在生活中综合展现的。因此,我们在进行小学道德与法治学科全息育人教学设计时应以学生生活发展为主线,考虑不同年龄段学生层次不同,身心发展特点和需求不同来设计。

例如低年级儿童对事物的认知能力模糊,生活实践经验少,在进行小学道德与法治学科全息育人教学设计时,应设计一些学生生活中常见的唱儿歌、玩游戏等活动,以调动学生的学习积极性。中高年级学生的思维能力水平有所提高,全息育人教学设计就不再限于简单的游戏活动,可以加入展示交流、合作探究等活动。如:部编版《道德与法治》四年级上册第四单元"让生活多一些绿色"第10课《我们所了解的环境污染》第一个话题"从'白色污染'说起",我们设计了"寻找塑料制品""探究塑料性能""讨论塑料危害""制定减塑方案"四个活动,这些活动,需要学生课前在家里、去超市、工厂等寻找塑料制品。将教材中的阅读故事《一只漂流瓶》,制作成动画片,再现学生生活中常见塑料制品变成白色污染的过程,让学生深刻感受到塑料制品的功与过,最后制订减塑方案,回到生活中去验证。从这四个教学活动的设计可以看出,小学道德与法治学科全息育人教学设计与学生的生活是紧密相连的。

(二)与单元主题相关联

小学道德与法治学科采用的基本学习形式是单元主题学习。小学道德与法治学科全息育人教学设计从教学主题的确立、教学素材的收集与整理、实施路径的计划与安排都围绕认知育人、德性育人、审美育人、健康育人、劳动育人展开,充分挖掘整个单元主题教学五育的育人点。例如:部编版《道德与法治》四年级上册第二单元"为父母分担",这个单元有三课:第4课《少让父母为我操心》,第5课《这些事我来做》,第6课《我的家庭贡献与责任》。确立了认知育人:(1)学习管理自我的方法;(2)学会做简单的家务;(3)了解与父母沟通的方式。德性育人:(1)体验并感悟父母的辛劳,学会感恩;(2)激发主动做家务的意识,乐于为家庭作贡献。审美育人:知道劳动可以创造美好生活。健康育人:关爱家人的身心健康,能够主动陪伴、支持家人。劳动育人:学习做家务的方法,提高劳动意识和能力。这五育虽然确定的育人点不一样多,但是,它们都是围绕"为父母分担"这一主题设计的。[①]这些育人点之间也是相互关联的,如审美育人:知道劳动可以创造美好生活。这一育人点融合了认知育人和劳动育人(即对劳动创造美好生活的正确认识),愿意积极参与社会劳动。围绕单元主题,做好教学设计育人点的融合,让学生在活动中养成良好的道德品质。

① 本举例由重庆市北碚区小学道德与法治学科核心组提供。

第二节　小学道德与法治学科全息育人教学设计的流程

小学道德与法治学科全息育人教学设计是从教材分析及学情分析、育人目标的确定、重点难点的把握、教学过程的设计等各个方面来有序安排的。与传统的教学设计最大的不同表现在以表格的形式呈现。教学过程表格中横向设计教学环节、教学内容、教师活动、学生活动、设计意图（育人点及育人效果的预期）几个方面；纵向设计课题导入、新课教学、课堂反馈、课堂小结、作业布置、板书设计、教学反思几个方面。

小学道德与法治学科全息育人教学设计首先要进行单元整体建构，从单元整体的角度出发，思考如何在单元教学中逐步达成本单元育人目标，使教学过程得以正常进行。

一、单元整体建构

（一）树立单元整体建构的观念

单元整体建构无论在国内还是国外，都不是一个新的概念。单元整体建构是从整体出发，把单元总目标进行有机地整合划分，使知识学习更具系统性、整体性。使教学各个方面得到有机地合理调配，让教学内容、教学方式、教学方法最优化组合，形成合力，既避免了相同或相似知识点的无效重复，又避免了知识点的支离破碎，提高了学习效率。有利于更好地达成育人目标，达到预设的教学效果。[①]核心素养能够集中体现学科育人的真正价值，使学生在学科学习过程中潜移默化地形成正确的价值观念与关键能力。核心素养不是教师能够直接教会的，而是学生在不断解决问题的实践中逐步建立起来的。如何在教学中培育、发展学生的核心素养，是目前教师最为关切的话题。以核心素养为导向的教学设计是强调育人，重点由“教”转变为“学”的教学设计。教师要注重核心素养的“教”应该怎样更好地服务于“学”。从学习的时间来看，我们应注重学习的长效性；从学习的纵深来看，我们应注重学习的深度；从学习的成果来看，我们应注重知识的创造性。单元整体建构有助于教师突破传统只注重零散知识点的讲授，而忽略整体教学的课堂教学理念，帮助教师从“长效学习”的角度进行学科教学的整体筹划，注重学科知识整体化、结构化的构建。单元整体建构在学生学科核心素养的培育与发展方面是大有益处的。它与核心素养需要长时间培养这一特性也是完全契合的。因此，小学道德与法治教学要进行系统的课程教学规划，做好单元整体建构，才能

① 魏昱．单元整体教学设计实践研究[J]．科学咨询（教育科研），2020（03）：167．

更好地开展课时教学。

(二)梳理单元内在结构的关系

“单元设计既是课程开发的基础单位,也是课时计划的背景条件。”①“单元整体建构”指把一个单元内容作为一个整体来教学,注重单元内部的联系,从形式上、内容上、方法上都将单元内各课进行有机整合、链接。部编版《小学道德与法治》教材都是按单元主题式编排的,一个单元一个主题,整个单元内容与之相关,层层递进、步步深入。教师在进行全息育人教学设计时,要深入研究本单元的主题是什么,单元内各课内容是如何构建的,教学设计如何从整体出发,建构每一课、每一课时的教学。

整体是一种思维方式,意味着教师在教学设计时必须从育人目标出发,统揽全局,将教学活动的每一步、每一个环节都放到整个单元的教学活动设计中去仔细考量,不是单纯地、片面地突出某一个方面或某一点。因此,单元整体建构具有很强的关联性、层次性、统一性。

(三)单元整体建构的方法

小学道德与法治学科全息育人单元整体建构与传统教学设计有相似之处,也有不同之处。相同的是都要进行教材及学情分析、目标的确立、教学重难点的把握、教学内容的安排。不同的是传统的教学设计是基于每一课来设计教学活动、教学过程、教学反馈、教学小结、作业布置、板书设计的。而单元整体建构需从整个单元的全局出发,思考这个单元与前后单元的内在联系,协调整个单元和课时教学活动的安排,其教学活动设计是否达成学习目标,整个单元教学活动的设计是否有连续性、逻辑性、进阶性。

目标的确立在具体操作上也是有区别的:单元整体建构首先从单元整体上确立单元主题育人总目标;然后在总目标的引领下确立每一课的育人目标;最后根据每一课的育人目标,精准地确立课时目标。从单元主题总目标到每一课的目标,再到课时目标,都具有层次性。反之课时目标、各课目标为达成单元总目标服务,只有层层落实,步步扎实,才能形成合力达成全息育人的各阶段目标。

同一单元主题下的教材内容在很大程度上只作为凭借、范例,教师在进行单元整体建构时要根据育人目标的确立来选择合适的教学内容,并合理地安排。一是将教材提供的素材有机地整合、调序,调整后要更利于教学;二是根据实际情况取舍教材的内容,舍去不适合本地地方特色、地理特点的教学内容;三是根据地方特色、单元主题进行补充,充实本单元内容。

---

① 刘徽.“大概念”视角下的单元整体教学构型——兼论素养导向的课堂变革[J].教育研究,2020(06):64-77.

二、育人目标确立

(一)育人目标确立的依据

1.《品生课标》《品社课标》是全息育人目标确立的主要依据

《品生课标》指出品德与生活课程旨在培养具有良好品德和行为习惯、乐于探究、热爱生活的儿童。引导和帮助学生达到四个方面的目标:情感与态度、行为与习惯、知识与技能、过程与方法。《品社课标》指出品德与社会课程旨在培养学生的良好品德,促进学生社会性发展,为学生认识社会、参与社会、适应社会,成为具有爱心、责任心、良好行为习惯和个性品质的公民奠定基础。帮助学生达到:情感·态度·价值观、能力与方法、知识三个方面的目标。

2.我国社会发展对小学生政治、思想与道德提出的新要求也是育人目标确立的重要依据

作为学校教育重要组成部分的小学道德与法治学科,具有很强的时代性,其育人目标一定要体现社会对所培养的人的要求。不同的发展时期就有不同的社会思想道德行为准则,育人目标的确立就要充分考虑社会发展的新要求。

3.儿童身心发展的特点与规律作为育人目标确立的依据之一

只有依据接受教育者的身心发展特点与规律确立的育人目标,才是与其主体发展需要相适应的目标,在这样的目标指引下开展小学道德与法治学科教学才能让学生自觉接受并终身受益。

(二)育人目标确定的内容

2019年6月23日,《中共中央国务院关于深化教育教学改革　全面提高义务教育质量的意见》指出,坚持立德树人,着力培养担当民族复兴大任的时代新人;坚持五育并举,全面发展素质教育;强化课堂主阵地作用,切实提高课堂教学质量。在全息育人目标的确定过程中要充分考虑五育目标在课堂教学中的落实与融合。

1.突出德性育人实效

在挖掘研读教材时,确定德性育人目标要深入思考,本单元、本课、本课时的学习是开展理想信念培养,还是社会主义核心价值观树立;是加强中华优秀传统文化、生态文明教育,还是重在学生心理健康教育;是加强爱国主义、集体主义、社会主义教育,还是引导少年儿童听党话、跟党走;是加强品德修养教育,还是强化学生良好行为习惯和

法治意识养成……根据课程标准的年段目标、教材内容安排，准确地确定本单元、本课、本课时的具体德性育人目标。

2.提升认知育人水平

着力培养认知能力，促进思维发展，激发创新意识。严格按照国家课程方案和课程标准实施教学，确保学生达到国家规定的学业质量标准。

《品社课标》对知识目标作了相关规定：

（1）理解日常生活中的道德行为规范和文明礼貌，了解未成年人的基本权利和义务，懂得规则、法律对于保障每个人的权利和维护社会公共生活具有重要意义。

（2）初步了解生产、消费活动与人们生活的关系，知道科学技术对生产和生活的重要影响。

（3）知道一些基本的地理常识，初步理解人与自然、环境的相互依存关系，了解人类共同面临的人口、资源和环境等问题。

（4）了解家乡的发展变化，了解一些我国历史常识，知道在历史发展过程中形成的中华民族优秀文化和革命传统，了解影响我国发展的重大历史事件和社会主义建设的伟大成就。

（5）初步了解影响世界历史发展的一些重要事件，知道不同环境下人们有不同的生活方式和风俗习惯，懂得不同民族、国家和地区之间相互尊重、和睦相处的重要意义。

这些是三到六年级要求掌握的知识内容，我们在进行教学设计时要有机地、精准地确立所任的年级、单元、课题、课时目标，深入地挖掘具体的认知育人目标。

3.强化健康育人观念

坚持健康第一，实现身体健康、心理健康有机统一。《品社课标》中把“健康成长”作为课程的首要内容。达成相应的健康育人目标也很明确：爱护自己的身体，珍爱生命，积极健康地生活。

4.增强审美育人熏陶

小学道德与法治课承载了美育的重任，道德与法治课堂是对小学生实施审美教育的重要基地。[①]在中小学道德与法治课程中，包含了十分丰富的美育素材。教师在确立审美育人目标时需要在语言文字方面展开深入的研究，引导学生通过教材了解世界优秀艺术，增强文化理解。了解中华优秀传统文化艺术，懂得发现美、欣赏美。深刻挖掘教材中的道德美、行为美和语言美，从审美的角度引导学生进一步懂得什么是美与

① 孙天兴.谈美育在中小学道德与法治课中的渗透[J].名师在线，2019(24)：12-13.

丑，提高对美的认识，深挖美的内涵，进而促进学生健康成长。

5.重视劳动育人渗透

党的十八大以来，习近平总书记立足新时代历史方位，在全国教育大会上，提出了把劳动教育纳入培养社会主义建设者和接班人的总体要求，明确提出构建德智体美劳全面培养的教育体系。小学道德与法治学科全息育人，遵循教育和人才培养规律，引导学生树立正确的劳动观念，培育积极的劳动精神，培养必备的劳动能力，养成良好的劳动习惯和品质。进行教学设计时要充分挖掘劳动育人点，根据教学内容确立劳动育人目标，从而激发劳动热情、增强劳动意识、提高劳动能力、培养劳动精神。

小学低年级要注重围绕劳动意识的启蒙，让学生学习日常生活自理，感知劳动乐趣，知道人人都要劳动。小学中高年级要注重围绕卫生、劳动习惯养成，让学生做好个人清洁卫生，主动分担家务，适当参加校内外公益劳动，学会与他人合作劳动，体会到劳动光荣。

（三）育人目标确定的方法

《品生课标》把教学目标划分为“情感与态度、行为与习惯、知识与技能、过程与方法”四个方面，《品社课标》划分为“情感·态度·价值观、能力与方法、知识”三个方面。《品生课标》《品社课标》是从几个不同的维度审视的，育人目标确定应该从整体的角度审视。我们确定育人目标时应在诸多的目标中进行有效取舍、整合，最终确定出简明扼要的育人目标，从而促进育人目标能够有效落实。

在教学设计时要对课程目标的调整、变化了然于胸，有助于对长远育人目标和方向的把控。要想把一课育人目标确定准确，还要做到下面几点：

1.理清课程目标、单元目标与课时目标的关系

课程目标是指课程本身要实现的具体目标和意图。小学道德与法治课程目标就是规定在小学阶段的学生通过本课程学习以后，在发展品德、智力、体质等方面期望实现的程度，它是确定小学道德与法治课程内容、育人目标和教学方法的基础。

单元目标要站在课程高度，研究核心素养、课程标准，找出《品生课标》《品社课标》中对单元内容的要求，并分析课标中对单元内不同内容要求的关联，厘清本单元核心知识体系、能力体系、逻辑体系和价值意义体系。

课时目标是单元目标的具体化，引领教师的教学行为和学生的学习行为。基于核心素养的学习目标是对知识与技能、过程与方法、情感态度与价值观的整合，是让学生在学习活动中进行感知、体验、对话、构建，实现对所学内容的认知与内化，并利用所学提升发现问题、分析问题、解决问题的实践与应用能力，从而真实学习，提升核心素养。

课程目标、单元目标、课时目标三者之间如同森林、树林、树木,体现总分的关系。确立目标时要在研读课标的基础上,准确把握所在学段的课程目标,仔细分析教材的单元主题内容,根据单元目标确立每一课的育人目标,再合理地进行课时划分,确立课时目标。

例如:一年级下册第二单元第6课《花儿草儿真美丽》。单看这一课,其德性目标似乎应该侧重在爱护花草树木这一规则意识的培养上,对学生进行法治教育、公民道德教育。我们再将本课内容与课程目标、单元主题联系起来研读,就会发现前面拟订的教学目标存在一定的偏差。虽然课程目标中强调规则意识,注重少年儿童在社会生活中的法治意识的培养与法治观念的形成;但是本单元主题是“欣赏大自然的美,亲近大自然”。结合课程目标和单元育人目标,以及本课所围绕的“了解自然界中各种各样的植物生命”主题内容,最终把德性育人目标确定为“学会珍惜、爱护植物,热爱大自然”。

2.课时目标宜小不宜大,宜实不宜空

在确定具体的育人目标时,教师很容易走入“大”“全”“空”“泛”的误区,套一些又大又空,全而不实的目标。最后,这一育人目标是否达成无衡量标准,既不便于落实,也不便于检测,这样的育人目标则形同虚设。

如:四年级上册《变废为宝有妙招》一开始确立的育人目标为:

(1)认知育人:学习正确地垃圾分类,懂得垃圾分类、回收、再循环利用的重要性。

(2)德性育人:树立环保意识,转变浪费资源、破坏环境的生活方式。

(3)法治育人:了解垃圾分类是相关法律规定的,应该严格遵守。

(4)劳动育人:发挥自己的创意,使垃圾变废为宝。

这样的育人目标繁多,面面俱到而不深入。虽然“全”但不“精”,教师样样都想落实,结果样样都无法落实。如,第二个育人目标:“树立环保意识,转变浪费资源、破坏环境的生活方式。”环保意识不是一天两天就能树立的,学生的环保意识是否形成,更不是一节课就能看到效果的。这样的育人目标是否达成无法界定,无法考察,这就成了不可检测的目标,显得毫无意义。

经过反复研讨,最后定为:

(1)认知育人:了解垃圾分类、回收、再循环利用的意义及垃圾分类方法。

(2)德性育人:逐步养成节约资源和合理使用资源的良好习惯。

(3)劳动育人:学习有创意地节约资源和再利用资源,使垃圾变废为宝。

这样确定的育人目标在课堂上可观可测,更为科学准确,也更有实际操作意义。

三、教学活动设计

教学活动设计是教学设计的重要组成部分，通常是以教学班为单位组织课堂教学活动。要设计学生亲身参与体验，加入研究探索，从而获得感受，情感得以激发，形成善于质疑，乐于探究，努力求知，积极向上的态度。教学效果一部分是可以预设期望达到的，一部分是在活动中发生、发展、升华、转变，师生在教学活动中进一步获得生长而取得的。

（一）教学活动设计的要素

《品社课标》指出，本课程以学生直接参与的丰富多彩的活动为主要教学形式，强调寓教育于活动之中。有效的教学活动设计是上好一节课的关键。设计一个成功的活动不但能激发学生参与活动的兴趣，在参与活动的过程中，学生才能体验活动带来的乐趣，探究新的学习方法，在尝试的过程中发现问题，通过思考解决问题，从而使他们各个方面的能力不断提高。

因此，设计有效的教学活动要遵从以下五大要素：

1. 精——聚焦核心内容，精选针对性活动

《品社课标》强调："要因地制宜地营造有利于学生品德和行为习惯养成的学习环境……使教学成为学生体验生活、道德成长的有效过程。"道德与法治的核心目标在于促进学生良好品德的形成。在众多的教学活动中，我们要根据该课育人目标聚焦核心内容，精选有针对性的活动。"文明"话题就紧扣"文明"主题设计活动，"诚信"话题就紧扣"诚信"主题设计活动，"法治"话题就紧扣"法治"主题设计活动……无论什么话题，都要在广泛的素材中围绕一个主题来设计活动，活动的目的也直指育人目标的达成。

2. 真——追求真实感受，注重体验性活动

现代教育理论认为，学生的学习是从感知到表象、记忆、思维的过程。学生需要切身地感受和体会，才能完成建立表象、记忆、思维的过程。在道德与法治学科全息育人过程中，追求真实的感受，注重活动的体验，才能让学生获得真切的感知，进而形成对事物、事件的看法、态度。学生在课堂活动中亲历亲为，才能在活动中获得真实体验，才能唤醒学生的道德情感，从而提升道德认识。

3. 近——紧密联系生活，立足现实性活动

《品社课标》指出，课程必须贴近学生的生活，反映他们的需要，让他们从自己的世

界出发,用自己的眼睛观察社会,用自己的心灵感受社会,用自己的方式探究社会,并以此为基础,提升学生的生活。教师作为学生学习活动的引领者、组织者,要立足学生生活经验和道德认知,紧密联系学生的生活实际,从他们生活的社区、学校、家庭出发,设计与学生生活紧密相关的活动,现实意义强的活动。

4.深——激发思维碰撞,把握探究性活动

"学贵有疑",学习贵在善于思考,心存怀疑。有疑才会有思考,才会有探究,才会有锲而不舍的意志和毅力。教师要设计有思维含量的、有探究价值的教学活动,这样才能激发学生的求知欲望,有助于学生思维的碰撞,引导学生发现问题、分析问题、解决问题。

5.活——洞察课堂变化,抓住生成性活动

教学活动虽然可以预设,但活动进程是发展变化的,是一个动态生成的过程,课堂教学活动中的信息也是多变的。面对信息的多变、形式的丰富,教师必须灵活地洞察课堂变化,及时捕捉、判断、重组各种信息,灵活驾驭教学活动,调整教学活动,推进活动在具体情境中的有效生成。但教师在设计活动时,依然要全方位设计活动可能生成的方向,以便于及时抓住生成性活动,这样才能感受生成的魅力。

(二)教学活动的方式

根据教学活动的不同表现和不同方式,可分为传授式教学活动、探究式教学活动、自主式教学活动、合作式教学活动、体验式教学活动。

1.传授式教学活动

传授式教学活动被认为是传统的教学方法,它主要是以教师教学活动为主。通常以教师讲授为主,重在教师对知识本身的传达,学生除了听取基本没有其他参与。学生常常处于被动,这是现在教育常常摈弃的一种教学方法。但如果将知识的传授用得艺术、灵活、生动、有趣,教师能够灵活采用设疑、提示语言,有逻辑地层层深入,这样的教学活动也适合带领学生学习知识性较强的内容,也能达到培养学生能力的目的。

2.探究式教学活动

探究式教学活动是以探讨研究为核心的一种教学活动,是充分发挥学生自主性、能动性的教学活动。能够促进学生在探究活动过程中自主地学习,学生的创新能力、实践能力得到充分的锻炼。学生在探求、研究、检验活动中不断地提问,不断地质疑。并根据自己提出的问题查找资料,合作讨论,形成结论,验证成果。这样一系列的活动过程,学生的收获是非常大的。因此,要充分研读教材,根据教学的需要设计具有探究价值的教学活动,学生的兴趣会更加浓厚,收获也会更大。

3.自主式教学活动

自主式教学活动是教师在教学过程中根据教学目标，激发学生内在动力，引导学生积极主动参与的教学活动。教师在这个过程中起引导作用，充分调动、发挥学生学习的主体性，发掘每个学生的潜能，以学生的自主参与、自主探究为主，培养和提高学生的创新思维、实践能力。教师在设计活动时必须以人为本，注重学生的个体差异，关注学生发展。

4.合作式教学活动

课程改革倡导学生自主学习，通过各种有效学习合作引导学生互相启发、共同探究。教师在设计合作学习教学活动时，首先选择具有合作价值的学习内容开展小组合作学习。选择的内容要有思考性、启发性、探究性。设计活动时让每个合作成员有明确的任务，让成员既有合作又有明确分工，既有独立思考完成的部分，又有需要合力解决的问题。教师在教学活动中始终是合作学习的组织者、引导者和参与者。设计合作过程中，要善于启发、巧妙引导。预设可能出现的困难或混乱局面，在适当的时候深入到小组中，进一步掌握情况并及时调控，以保证小组合作学习有序、有效开展。在学生遇到困难时给予一些引导、建议，与学生思维碰撞，把学生的探索引向深入。

5.体验式教学活动

体验式教学活动是道德与法治学科常用的一种教学活动。它具有主体性、主动性、过程性等特点。学生是体验活动中的主体，只有学生积极主动地参与体验活动才能获得真实的情感体验。根据教学的需要，一节课设计两个体验活动较为合适，不宜太多，通过有趣、深刻、生动、仿真的体验活动能激发学生主动参与意识。设计活动中观察学生活动的情况，并采访参与活动体验的学生说自己的感受、收获。这样才能体现体验活动的过程性，便于老师掌握动态的变化，及时地进行调整。在体验过程中，把课堂还给学生，突出整个学习过程中学生的主体地位，使学生在学习过程中也调整自己在知、情、意、行等方面的力量，达到深层次和个性化的自主体验。

四、教学过程

小学道德与法治学科全息育人教学过程是指师生在共同实现育人目标的活动状态变换及其时间流程。由相互依存的教和学两方面构成。内部发展动力是教师提出的教学任务同学生完成这些任务的需要、实际水平之间的矛盾。

(一)教学过程的功能

教学过程一般被看作在教师循序引导下,学生学习知识和修养道德的统一过程。其功能是参照育人目标在教学过程中能收到的实际效果,包括育人功能和发展功能。育人功能即通过教学过程使学生学会做人、学会生存、学会求知、学会发展。发展功能即教学过程不仅是传授知识的过程,也是学生形成基本技能的过程,在这个过程中学生获得知识的能力,形成一定的技能、技巧,内化为个人的经验、智慧和能力,发展情感、态度和意志品质。

(二)教学过程的呈现

小学道德与法治教学过程设计以表格的形式呈现。就整体而言,教师、学生和教学内容是教学过程的三个基本要素。教师是教学过程中的主体之一,根据育人目标,协调教学内容、学生等因素及其关系。学生既是教学的对象又是教学的主体。学生的学是教学中的关键问题,教师的教应围绕学生的学展开。

因此,小学道德与法治学科全息育人教学设计中教学过程部分作为表格式的呈现,如表3-2-1。

表3-2-1 小学道德与法治全息育人教学过程表

<table>
<tr><td colspan="5">教学过程</td></tr>
<tr><td>环节</td><td>教学内容</td><td>教师活动</td><td>学生活动</td><td>设计意图
(育人点及育人效果预期)</td></tr>
<tr><td>课题导入</td><td></td><td></td><td></td><td></td></tr>
<tr><td rowspan="3">新课教学</td><td></td><td></td><td></td><td></td></tr>
<tr><td></td><td></td><td></td><td></td></tr>
<tr><td></td><td></td><td></td><td></td></tr>
<tr><td>课堂反馈</td><td colspan="4"></td></tr>
<tr><td>课堂小结</td><td colspan="4"></td></tr>
<tr><td>作业布置</td><td colspan="4"></td></tr>
<tr><td>板书设计</td><td colspan="4"></td></tr>
<tr><td>教学反思</td><td colspan="4"></td></tr>
</table>

小学道德与法治学科全息育人教学设计是教师活动和学生活动的双线设计，它是一个涉及教学过程中的老师、学生、学习内容、媒介、方法、环境等有机结合起来的整体。在具体的教学环节中教师组织策划教学活动时的语言表述及具体安排，与之对应在这个教学环节中，学生如何参与到教学活动中，如何开展与推进，主观能动性的发挥都要在教学设计中体现。

在设计教学过程时，要求教师分别写出在课题导入和新课教学的环节中涉及的教学内容，与之对应的教师活动、学生活动；同时围绕育人点及育人效果预期写出设计意图，表述清楚具体的教学环节落实的育人点，预期达到的育人效果，具体落实的育人目标。这样一一对应，思路清晰，层次分明，目标明确，更具针对性。

1.新课教学

这个环节设计三个以上的纵向单元格，可以环节式设计，如：环节一，环节二，环节三……可以条款式设计，如：一、二、三……也可以活动式设计，如：活动一，活动二，活动三……

例：环节式设计：一年级上册《上学路上》

环节一 画一画“我的上学路线”

环节二 认一认“交通标志”

环节三 看一看《道路安全》视频

环节四 说一说“路上的温暖”

环节五 演一演“上学路上”

例：条款式设计：五年级下册《不甘屈辱 奋勇抗争》

一、揭示背景，引入课题

二、了解毒品的危害，揭露侵略的野心

三、了解虎门销烟的过程，体验大快人心之感

四、体悟国耻，解析《南京条约》

例：活动式设计：一年级下册《家人的爱》

活动一“爱的百宝箱”——回忆成长经历

活动二“爱的放大镜”——感受点滴细节中家人的爱

活动三“爱的温度计”——辨析生活中的爱

活动四“爱的大喇叭”——表达对家人的爱

把新课教学中各个环节、流程、活动分别填入教学内容纵向对应的表格,使这个过程清楚而有条理。教师要清楚各个环节或活动中,教师和学生各有哪些活动,有效避免只注重自己在课堂的教学活动,而忽视学生的参与积极性、主观能动性的调动,以保证学生在课堂上的主体作用发挥。

教师活动集中体现为“点拨”和“引导”。教师活动:教师开展组织教学活动,教学指导学生、参与学生活动的行为,教师深入学生的教学活动,教师启发、鼓励、评价、指正学生的语言、行为……学生活动:学生按老师要求所做的学习活动。比如:学生在活动中的具体行为,看、听、说、想、画、诵、读、体会等具体参与情况……师生活动不是单方面的,也不是分而写之的,是交织进行的。

2.课堂反馈

指对在课堂教学实施过程中出现的客体对象所进行的评价活动,其评价范围包括教与学两个方面。课堂教学评价是促进学生成长、教师专业发展和提高课堂教学质量的重要手段。课前只能预设课堂教学中可能出现的情况和达到的效果,课堂反馈是在上完这节课后对这节课客观的描述。科学有效地进行课堂反馈成为现代教学的基本组成部分,它不仅是成功教学的基础,而且是进行各种教育决策的基础。

3.课堂小结

是对课堂教学内容的归纳梳理,对一节课的简要归结,是对学习过程的归纳反思,给学生一个整体印象。可以帮助学生理清所学知识的层次结构,掌握其外在的形式和内在联系,形成知识系列及一定的结构框架。课堂小结不宜太过详细,要简明扼要,清楚明了,从总体上对当堂课进行把握,不是内容的简单重复,而是达到引导学生,深化教学理解和延伸。

4.作业布置

小学道德与法治学科全息育人的作业布置与其他知识性较强的学科不同,在教学过程中,已转化为教学行为,传统的作业布置在本学科中并不完全适用,更多的是设计调查采访、收集整理资料等课前准备作业,或是课后延伸的实践活动。当然也可以设计一些填空、选择、判断、连线、简答、案例分析、画图、填表等书面表达形式的作业,但不宜死记硬背,多为开放、发展的作业,更多地转化为提高道德认知,外显于行为表现的作业。

5.板书设计

板书设计是运用文字、符号、图表等书面语言,在黑板上或多媒体课件上进行的表情达意、教书育人的创造性活动。板书在道德与法治课中起着不可忽视的作用,它能够提纲挈领,指引目标;突出重点,深化理解;以一当十,启发思维;形象直观,强化记忆;以身示范,熏陶感染。进行板书设计时,目的要鲜明,突显育人目标;体系要完整,概括地反映教学内容;内容要有条理、有系统;书写要规范,用正楷字。在课堂上教师要循循善诱,随着教学活动、学生领悟课堂生成进行现场书写板书。不能完全根据预设按部就班,一贴到底。既要有预设,又要尊重课堂生成,根据实际情况调整,灵活地板书,提倡采用现场粉笔书写、画板书的方式,回归教育常态。

6.教学反思

是指教师对教育教学实践的再认识、再思考,并以此来总结经验教训,进一步提高教育教学水平。教学反思一直以来是教师提高个人业务水平的一种有效手段,本学科教学设计留白,让教师在执教后反思填写。这是在教学设计转化为教学实施后进行的,本章不详细论述。

五、教学资源

随着课程改革的推进和社会的发展变化,可供利用和选择的教学资源非常多。小学道德与法治学科全息育人进行德智体美劳"五育融合",能够选择、开发、利用的资源更为广泛。

(一)教学资源的开发

1.校内资源的整合

教材是校内主要教学资源,教材经过专家精心挑选编排,精美的图片、动人的故事、内容的延伸都是教学设计中可利用的丰富资源。将教材作为载体,结合本地的特点,结合学生的学情,结合各校各班的具体情况对其进行二次开发利用,能使教材资源更为丰富,利用率更高。教学参考资料、校内图书、教学用具、音像资源、教学软件、校内环境设施、校园文化建设都是本学科可用的基本资源,教师要进行有机整合利用,有效地丰富校内教学资源。

2.社区资源的挖掘

与学生生活关联的教育资源往往更贴近小学生的道德理解水平,引领学生从真实生活体验中感悟,有利于形成良好品行和习惯。学生所生活的社区环境中的设施、场所,如商店、公园、青少年活动中心、文化体育场馆、附近的爱国主义教育基地、自然景观、人文景观都是重要的教学资源,教师要善于挖掘。[①]学生日常生活中的许多事件,

① 阮丙彦.回溯生活,探寻道德与法治课程资源[J].教书育人,2019(20):68.

都可以作为道德与法治学科全息育人资源，教师要立足教材知识点，回溯学生生活，用真实的事件设计有趣、生动、真实的道德与法治课。

3.社会资源的利用

师生、家长、社区人员、周边各行各业的从业人员都是重要的社会资源。不同职业的人员具备的专业知识各不相同，根据教学的需要，让不同职业的人员走进课堂，会带来丰富的知识和不同的体验。具有本地特色的民风民俗、传说故事、传统节日、文化公益活动都是丰富的社会资源，教学中有效地利用，也将发挥巨大的作用。随着社会的发展，电影、电视、广播、网络、报纸、杂志等信息媒体走进千家万户。[①]随着互联网快速发展，网络已经渗透到人们的生活当中，网络资源所具有的独特优势让其在教育领域的重要性也越发突出，发挥网络资源在丰富教学手段、完善教学方式等方面的重要作用逐步成为教育领域改革的共识。丰富的网络资源都可以根据教学的需要作为教学资源。真实的人物故事、国内国际政治经济文化发展、热议的话题、新闻事件、丰富的图片、共享理念等，只要教师留心观察，善于挖掘，就会发现网络资源的丰富，使用的便捷。

（二）教学资源的选择

1.精准性

道德与法治课堂的教学资源非常多，校内、校外，文本、电子，抽象、具体，家庭、社会各种资源都能成为课堂教学资源。但教学资源的选择要精准，要少而精、更要切题。切不可堆砌似的一节课用太多资源，否则会适得其反。如果资源找得精准，用得恰当，则主题鲜明，事半功倍。[②]

2.真实性

教学资源的选择要真实，要落到实处，贴近学生生活。在实际教学中，如果为了实现一例到底，创设一些不真实的案例、情境，就显得虚假而无意义，不能调动学生的情感，不能引起共鸣。教师要选取真实有效的教学资源，引发学生真实的思考，引发课堂真对话，让课堂讨论落到实处。

3.时代性

社会是发展变化的，我们选取的教学资源也应是与时俱进的，具有很强的时代性的，越新越好。我们与学生同时在接受新事物、新观念，如果我们不能做到与时俱进，

① 尚晓.论网络资源在初中道德与法治课中的应用[D].聊城大学，2019.

② 冯晓洁.道德与法治课教学资源选择的三条原则[J].江苏教育，2019(27)：57.

所选的教学资源陈旧、落后，学生就没有学习热情，也没有参与的积极性，甚至明显觉得过时了，就不愿意参与到学习中来。反之，选择的教学资源前卫、时尚，是社会关注的热点，课堂的参与度就完全不一样了。如：在体会祖国方方面面所取得的成就时可以选择“厉害了，我的国”相关文献、报道、素材；在学习有关科技的发展教学中可以选择“呼叫北斗”小应用；在学习了解各行各业，学会尊重等相关教学中都可以选择“逆行英雄”的素材，在许多德性育人教学设计中都可以选择“感动中国十大人物”相关资源……

六、教学评价

教学设计的教学评价主要指对学生学习的评价。具化为对学生学习态度、能力和方法、作品、行为表现四个方面的评价。目的在于诊断、调控、激励学生更好地参与课堂学习，更好地服务教学，全面提升教学质量，更好地促进学生发展。在进行教学设计时，或贯穿始终，或阶段评估，或总结提升，都是过程性评价。具体评价方法，详见本书第五章。

第三节　小学道德与法治学科全息育人教学设计的案例评析

小学道德与法治学科全息育人教学设计以学生为本，创造性地使用教材。以学生生活为基础，创造性地设计教学活动，提倡以促进学生道德发展为核心的新颖、务实的教学设计。由于教学设计多种多样，很难把它们一一呈现后进行教学案例评析，因此，在本节中，我们将从单元整体教学设计案例评析和课时主题教学设计案例评析两个方面举例，以求观滴水可知沧海。

一、单元整体教学设计案例评析

“单元整体教学设计旨在设定单元整体目标，整体安排单元教学内容，以一个完整的教学主题作为一个单元的教学。”[①]基于本章第二节中，单元整体构建的概念、意义、方法，现以部编版《道德与法治》四年级上册第二单元“为父母分担”为例，作如下教学设计和评析。

部编版《道德与法治》“为父母分担”单元教学设计案例[②]

（一）单元主题名称：为父母分担

（二）单元主题解析：

“为父母分担”是部编版《道德与法治》四年级上册第二单元的主题。

1.相关的课程标准内容是：本单元是课程标准中学生生活六大领域——“我的家庭生活”领域部分的内容。课程标准的内容建议是：学习料理自己的生活，养成良好的生活习惯。关心家庭生活，主动分担家务，有一定的家庭责任感。

2.课程标准中本单元内容的教学建议是：观察和体谅日常生活中父母的辛苦操劳，选择一些自己可以承担的家务，坚持去做。

3.教材编写意图：本单元共三课，是在三年级爱父母教育的基础上引导学生能进一步了解和体谅父母的辛苦和不易，主动参与家务劳动、为家庭作贡献，初步树立家庭责任意识，激发学生以自己的行为体谅、体贴父母；主动学习做家务，坚持做自己承诺的家务。

（三）单元主题育人目标与重点难点：

1.观察记录，调查访问，感受父母的辛苦。（德性育人、劳动育人、审美育人）

2.学会沟通，生活自理，主动承担力所能及的家务。（德性育人、劳动育人）（教学重点）

3.主动承担家庭责任，坚持做自己承诺的家务，有负责任的精神。（德性育人、劳动育人）（教学难点）

① 王琳珊.小学英语单元整体教学设计案例分析[J].中小学教学研究，2019(01)：9-14.

② 本单元教学设计案例由重庆市北碚区小学道德与法治学科核心组提供。

（四）单元主题整体教学思路：

表3-3-1 “为父母分担”单元主题整体教学思路表

主题	课题	课时	教材内容	教学活动	活动形式	活动设计意图
为父母分担	少让父母为我操心	课时1	话题1：爸爸妈妈多辛苦	活动一：爸爸妈妈家务累	观察填表，反馈交流	德性育人：体会父母家务辛苦
				活动二：爸爸妈妈工作忙	调查访问，反馈交流	德性育人：体会父母工作辛苦 劳动育人：学习调查访问
				活动三：爸爸妈妈辛苦了	真情交流，写心意卡	德性育人：交流对父母的感激之情 审美育人：做心意卡，表达感恩
		课时2	话题2：少给父母添麻烦	活动一：我是懂事好孩子	观看视频，交流讨论	德性育人：少给父母添麻烦 劳动育人：生活自理
				活动二：角色互换演一演	角色扮演，交流讨论	健康育人：学习换位思考
				活动三：我能为家做什么	观看图片，分享交流	德性育人：为父母分忧 劳动育人：坚持做陪伴老人等家务
				活动四：不给父母添麻烦	填写教材第31页留白	德性育人：自己的事情自己做
	这些事我来做	课时3	话题1：家务擂台赛	活动一：家务我会做	家务擂台赛	劳动育人：展示会做的家务
			话题2：愿做哪种人	活动二：家务我愿做	读日记，谈感受	德性育人：有主动做家务的意识
				活动三：家务主动做	班级辩论会	劳动育人：有主动承担家务的行动
		课时4	话题3：不让做 怎么办	活动一：巧沟通，家务让我做	交流苦恼，学沟通智慧	认知育人：学沟通方法
				活动二：学家务，有妙招	交流家务妙招	劳动育人：会做家务
			话题4：与家务活“签约”	活动三：签承诺，家务坚持做	填写教材第41页留白	德性育人：自愿承诺坚持做家务
	我的家庭贡献与责任	课时5	话题1：我的家庭贡献	活动一：我对家庭的贡献	观看视频，交流讨论	德性育人：自己对家庭有贡献
				活动二：我为家务出主意	观看图片，分享交流	德性育人：为家庭事务想点子
				活动三：家庭事务有妙计	抽取任务，书写妙计	劳动育人：探索解决家庭事务的办法
		课时6	话题2：我也有责任	活动一：家务该谁干	情境模拟，小组交流	德性育人：家务事共同干

续表

主题	课题	课时	教材内容	教学活动	活动形式	活动设计意图
				活动二：理解“负责任”	阅读故事，分享交流	德性育人：引导学生践行承诺
				活动三：我是家庭小主人	情境模拟，小组交流	劳动育人：主动做力所能及的家务

（五）单元主题教学设计案例评析：

本单元一共有六课，围绕单元主题学习目标和教学重难点，分6课时进行教学设计，具体内容如下：

案例1 《少让父母为我操心》教学设计①

（部编版《道德与法治》四年级上册第二单元第4课 第一课时）

表3-3-2 《少让父母为我操心》（第一课时）教学设计表

<table>
<tr><td colspan="5">小学《道德与法治》“双主共学全息育人”教学设计</td></tr>
<tr><td>课题</td><td colspan="2">《少让父母为我操心》</td><td>授课时间</td><td>40分钟</td></tr>
<tr><td>课型</td><td>新授课</td><td colspan="3">总二课时 第一课时</td></tr>
<tr><td>教材及学情分析</td><td colspan="4">《少让父母为我操心》是部编版《道德与法治》四年级上册第二单元“为父母分担”第4课，前接第一单元“与班级共成长”中的《我们班 他们班》，后连《这些事我来做》。
本单元在三年级爱父母教育的基础上主要引导学生能进一步了解和体谅父母作为一家之主的辛苦和不易，主动参与家务劳动、为家庭作贡献，初步树立家庭责任意识，激发学生对父母产生感激之情，以自己的行为体谅、体贴父母。
现在的孩子多数在生活中饱受关怀，很少懂得体贴、关心别人。对他们来说每天都在享受太多的爱，享受父母细致入微的服务。他们对父母的辛劳习以为常，视而不见，道德感麻木。增强学生的道德敏感性是本课程的重要任务。</td></tr>
<tr><td rowspan="2">育人目标</td><td colspan="4">认知育人、劳动育人：通过观察、调查和体验活动，使学生能够感受父母既为社会作贡献，又为家庭操劳，很辛苦。</td></tr>
<tr><td colspan="4">德性育人、健康育人：激发学生对父母的热爱之情，懂得体贴、孝顺父母。</td></tr>
<tr><td rowspan="2">学习重难点</td><td colspan="4">教学重点：通过观察、调查访问，从中体验、感受父母工作和做家务的劳累与辛苦。</td></tr>
<tr><td colspan="4">教学难点：激发学生对父母的热爱之情，懂得体贴、孝顺父母。</td></tr>
<tr><td colspan="5">教学过程</td></tr>
<tr><td>环节</td><td>教学内容</td><td>教师活动</td><td>学生活动</td><td>设计意图
（育人点及育人效果预期）</td></tr>
<tr><td>课题导入</td><td>爸爸妈妈家务累</td><td>1.对口令：老狼老狼几点钟，你在干什么呀？父母在干什么呀？
2.出示教材中的图片，看父母干了哪些家务，他们是怎么干的？
3.爸爸妈妈回家还要做哪些家务？
4.我们的父母从早到晚，总在忙碌，为生活奔波，为我们操心，让我们向他们道一声：爸爸妈妈辛苦了！</td><td>1.学生游戏《老狼老狼几点钟》。
2.学生交流分享：爸爸妈妈回家还要做哪些家务？
3.向他们道一声：爸爸妈妈辛苦了！</td><td>德性育人：通过观察、交流和联系实际的方式，请学生谈一谈父母做家务的情景，体会家务的繁重和劳累。</td></tr>
</table>

① 本课教学设计案例由北碚区实验小学曾辉老师提供。

续表

环节	教学内容	教师活动	学生活动	设计意图 (育人点及育人效果预期)
新课教学	爸爸妈妈工作忙	1.小组合作分享:说说你的爸爸妈妈做什么工作?他们是如何辛苦工作的?你从哪些地方知道爸爸妈妈很辛苦? 2.你体会到了什么? 3.小结:通过同学们的介绍,老师知道你们父母的工作在社会中都起到很大的作用,有着举足轻重的地位。我们的社会离不开你们父母所从事的各行各业。让我们真诚地对爸爸妈妈说一声:“爸爸妈妈,你们辛苦了!”	1.小组合作交流分享课前的调查表:父母工作中最辛苦的事是什么? 2.交流体会。 3.真诚地对爸爸妈妈说辛苦了。	健康育人:通过小组合作、全班交流的形式,让学生意识到父母确实很辛苦,而且父母的辛苦很多是为了自己的孩子。 劳动育人:课前调查父母一天的工作,了解父母的劳动价值。
	活动体验辛苦了	1.全班一起体验交警指挥直行的手势,保持姿势不变两分钟,然后谈感受。 2.分组体验父母从事不同工作的辛苦。(分成小组现场体验厨师炒菜、快递员搬货等情境) 3.体验之后谈感受。	1.全班同学集体做直行手势。 2.分组体验厨师、快递员搬货的情境。 3.体验之后交流谈感受。	认知育人:创设生活化的场景,让学生身临其境,去真切体验、真真实实地感受到父母工作的辛苦。
	爸爸妈妈我爱您	1.真情再现:爸爸妈妈为了我们愉快地生活,健康地成长而辛勤工作,日夜操劳。日复一日,年复一年,他们的脸上爬满了皱纹,黑发变成了白发,这都是为了我们。也许我们曾经做得不够好,也许我们以前的一些言行让父母担忧、难过、伤心。今天我们借这个机会来表达我们对他们的谢意和歉意。请大家为自己的父母做一张“心意卡”,把自己最想说的话写在上面。 2.播放轻柔而又抒情的音乐。 3.贴桃心卡片。 4.再向父母说一声“爸爸妈妈,你们辛苦了!	1.制作心意卡,把最想对父母说的话写下来。 2.贴桃心卡片。 3.充满真情地对爸爸妈妈说一声:“爸爸妈妈,你们辛苦了!”	德性育人:通过情境创设,孩子们的内心深处油然而生出对父母的感激之情,并让他们通过语言表达出来,把这种情感外显化,从而提升这种情感的真实性。 审美育人:制作并美化心意卡,表达对父母的谢意和歉意,学会感恩。
课堂反馈	及时评价、反馈。 积极参与活动、评价。			
课堂小结	1.齐唱《我爱我的家》。 2.“谁言寸草心,报得三春晖。”父母给了我们生命,养育我们成长,为我们倾注了毕生的心血。无论是严父还是慈母,他们以不同的方式表达对我们的爱。请同学们回家后将“心意卡”送给自己的父母。最后,让我们怀着一颗感恩的心,牢记父母给予的一切,用真情和实际行动来回报父母的辛苦和恩情。			
作业布置	请同学们回家后将“心意卡”送给自己的父母。			
板书设计	少让父母为我操心 			

续表

环节	教学内容	教师活动	学生活动	设计意图（育人点及育人效果预期）
教学反思	本课采用游戏导入，回忆在不同的时间点，父母在忙碌的情境，激发了学生对父母了解的强烈愿望。课前的调查访问和小组交流，学生都非常踊跃，孩子们都发现了父母许多辛苦的地方，很多的同学都获得了很强的内心体验。现场体验活动，让学生更深刻地了解了父母的艰辛，激发了学生理解父母、关爱父母的愿望。活动化的形式，自我教育的形式，让学生的德性认知得到了提高，孩子从健康育人、劳动育人方面得到了提高，课堂收到了实效。			

案例2 《少让父母为我操心》教学设计①

（部编版《道德与法治》四年级上册第二单元第4课　第二课时）

表3-3-3 《少让父母为我操心》（第二课时）教学设计表

小学《道德与法治》“双主共学全息育人”教学设计				
课题	《少让父母为我操心》		授课时间	40分钟
课型	新授课	总二课时　第二课时		
教材及学情分析	《少让父母为我操心》是部编版《道德与法治》四年级上册第二单元“为父母分担”第4课，前接第一单元“与班级共成长”中的《我们班 他们班》，后连《这些事我来做》。 本单元在三年级爱父母教育的基础上主要引导学生能进一步了解和体谅父母作为一家之主的辛苦和不易，主动参与家务劳动、为家庭作贡献，初步树立家庭责任意识，激发学生对父母产生感激之情，以自己的行为体谅、体贴父母。 现在的孩子多数在生活中饱受关怀，很少懂得体贴、关心别人。对他们来说每天都在享受太多的爱，享受父母细致入微的服务。他们对父母的辛劳习以为常，视而不见，道德感麻木。增强学生的道德敏感性是本课程的重要任务。			
育人目标	1.学习料理自己的生活，尽量少给父母添麻烦，做到自己的事情自己做。 2.理解爸爸妈妈关心家庭生活，愿意分担家务，有一定的家庭责任感。			
学习重难点	教学重点：理解爸爸妈妈关心家庭生活，愿意分担家务，有一定的家庭责任感。			
	教学难点：学习料理自己的生活，尽量少给父母添麻烦，做到自己的事情自己做。			
教学过程				
环节	教学内容	教师活动	学生活动	设计意图（育人点及育人效果预期）
课题导入	我是懂事好孩子	1.齐唱《我的好妈妈》。 2.交流分享：父母要做很多事，很辛苦，你们为父母做过哪些事？ 3.观看视频，谈感受。 看看这两个孩子，他们做得对吗？你们想对他们说什么？ 4.小结：少给父母添麻烦，就是爱父母的表现！	1.齐唱《我的好妈妈》。 2.交流分享。 3.观看视频，谈感受。	审美育人：以《我的好妈妈》开课，优美的歌曲，自然融入，感受父母的辛苦。

① 本课教学设计案例由北碚区实验小学曾辉老师提供。

续表

环节	教学内容	教师活动	学生活动	设计意图 （育人点及育人效果预期）
新课教学	活动二：角色互换演一演	1.他们真是懂事的好孩子，可是这三个小朋友却没有从父母的角度想问题，给父母添了好多麻烦，我们一起来看一看。 2.课件出示三幅图：(1)嘉伟在邻居家的菜地边踢足球，踩倒菜苗。(2)楠楠生病了，爸爸帮她拿药，倒水。(3)王鑫背着父母用压岁钱买了电话手表，后又想退掉。 3.他们做得对吗？为什么？如果他们能站在父母的立场想一想，结果肯定会不一样！请自由选择一个题目，找自己的合作伙伴分角色进行情境模拟。 4.指名小组上台表演，大家评价 。 5.总结：我们每个人都不想给父母添麻烦，我们应站在父母的立场想问题，这也是爱父母的表现。（板书：站在父母的立场想问题）	1.观看图片。 2.请同学们自由选择一个题目，找自己的合作伙伴分角色进行创作表演。 3.上台表演，评议。	健康育人：通过情境模拟，学会站在父母的立场想问题，培养主人翁意识和家庭责任感。
	活动三：我能为家做什么	1.张小宇同学可懂事了，出示书第31页。 2.我们来听听小记者的采访，看看她为什么这么做。 3.小结：分担力所能及的事就是爱父母的表现！ 4.小组讨论：爸爸妈妈很辛苦，这些事我们如果能做得更好，父母就可以少为我们操心了，谈一谈，我们该怎么做？ 5.各小组汇报交流。（给学生提供线索，并联系学生生活实际适度展开） 6.小结：自己的事自己做，这也是爱父母的表现！少给父母添麻烦应做到：第一，站在父母立场想问题；第二，从小事和力所能及的事做起，帮父母分担；第三，自己的事情自己做，减轻父母的负担。	1.看图片。 2.小组讨论：我们该怎么做？ 3.汇报交流。	德性育人：在充分感知我能为家做什么的基础上进行小组交流，增强少给父母添麻烦的意识。
	活动四：总结设想变行动	1.生活中，我们还有哪些方面做得不够好呢？该怎么做？请同学共同拟订一个《好孩子家庭行为守则》，并请小组代表在班级进行说明。 2.行动起来，按自己的守则去做，将自己的实际表现如实填写“自评卡”，并请爸爸妈妈客观评价，填写评语或意见。 3.小结：我们都爱父母，也想为他们分担，我们要管好自己，为父母分忧解愁，少给父母添麻烦，做一个懂事的好孩子。用真情和实际行动来回报父母的辛苦和恩情。	1.制订《好孩子家庭行为守则》。 2.根据自己的实际表现如实填写《好孩子家庭行为守则》“自评卡”。	劳动育人：在拟订守则中，强化少给父母添麻烦的意识，提高主人翁的责任感。 健康育人：填写“自评卡”深化情感，尽量少给父母添麻烦，做到自己的事情自己做。

续表

环节	教学内容	教师活动	学生活动	设计意图（育人点及育人效果预期）
课堂反馈	就学生是否积极参与活动的课堂表现进行反馈、评价。			
课堂小结	父母要做那么多的事，很辛苦。我们都爱父母，也想为他们分担，我们要管好自己，为父母分忧解愁，少给父母添麻烦，做一个懂事的好孩子。今天我们学习了用真情和实际行动来回报父母的辛苦和恩情，同学们一定要用行动来证明。			
作业布置	根据自己的实际表现如实填写《好孩子家庭行为守则》“自评卡”。			
板书设计	少让父母为我操心 —〔站在父母立场想问题 分担力所能及的事 自己的事情自己做〕— 用行动爱父母			
教学反思	这节课教学内容做到来源于生活，又回到生活，指导生活；让学生模拟教材中的三种情境，就是让学生学会站在父母的立场想问题，知道自己应该怎么做，培养学生的主人翁意识和家庭责任感。这样让学生印象更为深刻。学生在交流分享，在活动中进行高效的学习，做到学习有收获，以此提高道德与法治课的实效性。			

案例3　《这些事我来做》教学设计①

（部编版《道德与法治》四年级上册第二单元第5课 第一课时）

表3-3-4　《这些事我来做》（第一课时）教学设计表

小学《道德与法治》“双主共学全息育人”教学设计			
课题	《这些事我来做》	授课时间	40分钟
课型	新授	总二课时　第一课时	
教材及学情分析	《这些事我来做》是部编版《道德与法治》四年级上册第二单元“为父母分担”第5课。前一课为《少让父母为我操心》，后接《我的家庭贡献与责任》。 本课的编排是建立在了解和体谅父母的辛苦和不易的基础上，不仅仅停留在了解和体谅上，不让父母操心上，还应该引导学生主动参与家务劳动，为家庭作贡献。 据调查，60%的家长不让孩子做家务。孩子做家务能帮父母分忧解劳，从小学做家务可以促进智力发育，促进学生家庭责任感的形成。增强学生的道德敏感性是本课程的重要任务。		
育人目标	1.学会用恰当的方式与大人沟通，争取自理自立、参与家务劳动的机会。（德性育人）		
	2.学习掌握做家务的技巧，坚持做好家务活。（劳动育人）		
学习重难点	重点：学会用恰当的方式与大人沟通，争取自理自立、参与家务劳动的机会。		
	难点：学习掌握做家务的技巧，坚持做好家务活。		

① 本课教学设计案例由北碚区状元小学祝忻老师提供。

续表

教学过程				
环节	教学内容	教师活动	学生活动	设计意图 （育人点及育人效果预期）
课题导入	家务知多少	你知道家务活有哪些？平时都做过哪些家务呢？	聊聊家务事。	德性育人：通过聊聊家务那些事，唤醒学生对家庭的责任感。
新课教学	家务我会做	举行一场家务擂台赛。 活动中随机采访(参加擂台赛的同学：你这项家务做得又快又好的原因是什么？同时也要关注观看擂台赛的同学：看了这场擂台赛，你有什么感受？)	分两项进行，第一项：谁是叠衣小能手；第二项：谁是择菜小能手。(每小组各推荐两名选手参加叠衣、择菜)	劳动育人：通过家务劳动擂台赛，展示自己做家务的特长，为其他同学树立榜样，增强劳动意识。
	家务愿意做	1.读日记，谈感受。 (出示正面案例) 2.事事找大人帮忙，找自己的影子。(出示反面案例)	1.读日记，谈感受。你们从主人公身上学到了什么？ 2.从他们身上找找有没有自己的影子。	德性育人：正反事例讨论，形成自我料理自己生活的意识，主动做力所能及的家务活。
	家务主动做	开展班级辩论会 观点一：每天回家都要看书，写作业，没时间做家务； 观点二：我家都是爸妈、钟点工做家务，根本不用我做； 观点三：天天干活，太累了。	发表自己是否赞同观点和看法。	劳动育人：通过班级辩论会，培养劳动意识，主动承担家务。
课堂反馈		学生积极主动参与课堂活动，积极主动展示自己会做的家务活，提高学生的责任感和成就感。		
课堂小结		孩子们，通过今天的辩论活动，你有什么收获呢？在生活中我们也要换位思考，尽力料理自己的生活，主动分担力所能及的家务劳动。		
作业布置	家务露一手(回家做力所能及的家务，让家人进行评价)			
板书设计	家务知多少 家务我会做 家务愿意做 家务主动做			
教学反思	这节道德与法治课，从家务知多少，唤醒对家庭的责任感——家务我会做，展示家务特长，提高家庭责任感，获取劳动幸福感——家务愿意做，反思自我表现——家务主动做，形成自我料理生活的意识，主动做家务。环节层层推进，培养学生的劳动意识，和愿意主动承担家务劳动的意识。			

案例4 《这些事我来做》教学设计①
（部编版《道德与法治》四年级上册第二单元第5课 第二课时）

表3-3-5 《这些事我来做》（第二课时）教学设计表

<table>
<tr><td colspan="6">小学《道德与法治》"双主共学全息育人"教学设计</td></tr>
<tr><td>课题</td><td colspan="3">《这些事我来做》</td><td>授课时间</td><td>40分钟</td></tr>
<tr><td>课型</td><td colspan="2">新授课</td><td colspan="3">总二课时 第二课时</td></tr>
<tr><td>教材及学情分析</td><td colspan="5">《这些事我来做》是部编版《道德与法治》四年级上册第二单元"为父母分担"第5课。前一课为《少让父母为我操心》，后接《我的家庭贡献与责任》。
本课的编排是建立在了解和体谅父母的辛苦和不易的基础上，不仅仅停留在了解和体谅上，不让父母操心上，还应该引导学生主动参与家务劳动，为家庭作贡献。
据调查，60%的家长不让孩子做家务。孩子做家务能帮父母分忧解劳，从小学做家务可以促进智力发育，促进学生家庭责任感的形成。增强学生的道德敏感性是本课程的重要任务。</td></tr>
<tr><td rowspan="2">育人目标</td><td colspan="5">1.学会用恰当的方式与大人沟通，争取自理自立、参与家务劳动的机会。</td></tr>
<tr><td colspan="5">2.学习掌握做家务的技巧，坚持做好家务活。</td></tr>
<tr><td rowspan="2">学习重难点</td><td colspan="5">重点：学会用恰当的方式与大人沟通，争取自理自立、参与家务劳动的机会。</td></tr>
<tr><td colspan="5">难点：学习掌握做家务的技巧，坚持做好家务活。</td></tr>
<tr><td colspan="6">教学过程</td></tr>
<tr><td>环节</td><td>教学内容</td><td>教师活动</td><td colspan="2">学生活动</td><td>设计意图
（育人点及育人效果预期）</td></tr>
<tr><td>课题导入</td><td>故事导入</td><td>以图片加配音的形式讲述丁丁的烦恼（想做家务，家长不让做）。</td><td colspan="2">交流大人不让丁丁做家务的原因及自己类似的苦恼。</td><td>德性育人：故事，引发思考，学习与家人正确沟通。</td></tr>
<tr><td rowspan="3">新课教学</td><td>巧沟通，家务让我做</td><td>1.出示教材中女儿写给妈妈的信。
2.出示教材中的道理魔石、恒心魔石、巧思魔石。
3.运用这三块魔石——道理、恒心、巧思，把想对父母说的话写在教材留白处。</td><td colspan="2">1.说一说从信中，你学到的与父母沟通的智慧。
2.怎样用智慧来获得做家务权，实现做家务的愿望。
3.班级交流，学会与家长沟通。</td><td>认知育人：通过一封女儿写给妈妈的信，学习用智慧和真诚说服家长，赢得参与家务劳动的理解和支持。</td></tr>
<tr><td>多学习，家务有诀窍</td><td>1.比一比，向谁学：虽然不会做某些家务活，但可以学，你会向谁学？怎么学？
2.家务学习交流会。</td><td colspan="2">1.向朋友、长辈、媒体等学习做家务的技能。
2.分享家务小妙招：可以陈述，可以看视频，可以以身示范……</td><td>劳动育人：通过家务学习交流会，愿意尝试，乐于学习掌握一些做家务的诀窍、妙招。</td></tr>
<tr><td>签承诺，家务坚持做</td><td>学会了做家务的技能后，重要的是能长期坚持做，签订家务承诺书。</td><td colspan="2">签订承诺书，宣读。</td><td>德性育人：通过签承诺书的方式，引导学生能做到主动做、长期坚持做家务活。</td></tr>
</table>

① 本课教学设计案例由北碚区状元小学祝忻老师提供。

续表

课堂反馈	课堂活跃，学生在活动中参与劳动交流，学习劳动技能，学会与家长有效沟通。
课堂小结	教师创设情境，搭建学生与家长沟通的平台，引导学会用恰当的方式与大人沟通，争取自理自立、参与家务劳动的机会，学习掌握做家务的技巧，坚持做好家务活。
作业布置	1.用“晓之以理、动之以情”的方式方法与家长进行沟通，争取做家务活的机会。 2.家庭开展家务分享会，交流做家务的小妙招。
板书设计	这些事我来做 巧沟通，家务让我做 多学习，家务有诀窍 签承诺，家务坚持做
教学反思	本课的活动设计源于教材，怎样将教材内容和资料用足用好，值得思考。在家务交流会中，教师可结合学生喜欢的短视频、App，推送一些做家务的小诀窍，让学生喜欢做家务，乐于做家务。

案例5 《我的家庭贡献与责任》教学设计①

（部编版《道德与法治》四年级上册第二单元第6课　第一课时）

表3-3-6 《我的家庭贡献与责任》（第一课时）教学设计表

<table>
<tr><td colspan="5">小学《道德与法治》“双主共学全息育人”教学设计</td></tr>
<tr><td>课题</td><td colspan="2">《我的家庭贡献与责任》</td><td>授课时间</td><td>40分钟</td></tr>
<tr><td>课型</td><td>新授课</td><td colspan="3">总二课时　第一课时</td></tr>
<tr><td>教材及学情分析</td><td colspan="4">《我的家庭贡献与责任》是部编版《道德与法治》四年级上册第二单元“为父母分担”第6课。它是在学生体谅父母情况、主动分担家务劳动的基础上，提出的更高要求。本课的编写目的是要通过引导学生积极为家庭作贡献，增强学生的家庭意识，树立家庭责任感。
四年级的学生具备一定的劳动能力，能完成一些家务劳动。但是由于现代家庭的特殊性，很多孩子参与家务劳动不积极，家庭责任意识比较薄弱。</td></tr>
<tr><td>育人目标</td><td colspan="4">1.理解陪伴、关心、支持家人是对家庭的贡献。（认知育人）
2.关心家庭生活，能为家庭事务出主意并积极行动。（德性育人、劳动育人）</td></tr>
<tr><td>学习重难点</td><td colspan="4">关心家庭生活，能关心、陪伴、支持家人，愿意积极为家庭作贡献。</td></tr>
<tr><td colspan="5">教学过程</td></tr>
<tr><td>环节</td><td>教学内容</td><td>教师活动</td><td>学生活动</td><td>设计意图
（育人点及育人效果预期）</td></tr>
<tr><td>课题导入</td><td>交流家庭成员的贡献</td><td>1.课前布置学生调查家庭成员的贡献。
2.组织学生交流家庭成员的贡献。</td><td>1.学生课前调查家庭成员的贡献。
2.学生交流家庭成员的贡献。</td><td>德性育人：让学生在交流中感受家庭中的每位成员都在为家庭幸福作贡献。</td></tr>
</table>

① 本课教学设计案例由北碚区梅花山小学官应红老师提供。

续表

环节	教学内容	教师活动	学生活动	设计意图 （育人点及育人效果预期）
新课教学	交流我的贡献	组织学生开展交流活动，说说自己对家人的贡献。	1.小组合作：交流自己的家庭贡献。 2.全班交流。	认知育人、德性育人：启发学生从学习、生活、家务劳动等方面寻找自己对家庭的贡献。让学生通过交流明白自己对家庭的贡献也很重要。
	游戏：幸福转转盘	准备一个转转盘，上面标注“爸爸、妈妈、祖（外祖）父母、其他家人”，请学生转动转盘，然后分享和转盘上相对应的家人之间的幸福故事。	学生参与转转盘游戏，交流自己与家人之间相互陪伴、相互支持、相互关心的故事。	德性育人：通过分享，让学生知道家人之间相互陪伴、相互关心、相互支持等，也是家庭成员对家庭的贡献，能给家人带来幸福。
	欣赏歌曲：相亲相爱的一家人	1.播放歌曲：《相亲相爱的一家人》。 2.小结：有家人的关心、支持、帮助，能让家庭生活更幸福。	学生跟随音乐哼唱歌曲。	德性育人：让学生在歌曲中感受家的幸福温暖。
	家庭问题我有招	1.组织学生回忆家庭生活中存在的一些问题。 2.引导学生探索解决家庭问题的办法。	1.学生回顾、交流家庭生活中存在的问题。 2.小组合作学习：选取一个共同关心的问题，商讨如何解决。	德性育人、劳动育人：学生积极参与家庭事务，并积极开动脑筋思考解决问题的办法，愿意为让家庭生活变得更美好而努力。
	情境表演：我是亲情联络员	1.组织学生交流家庭成员的亲情问题。 2.准备家庭亲情任务袋。 3.组织学生模拟完成亲情任务。	1.回顾家庭成员之间存在的亲情问题有哪些。 2.准备一个“家庭亲情任务袋”，让学生制作“亲情任务条”。 3.抽取“亲情任务条”，选择自己喜欢的方式完成任务。	德性育人：通过梳理亲情问题，发现亲人之间的亲情也是需要维系和巩固的，学会亲情联络的妙计，感受自己作为家庭成员亲情纽带的重要性。
	总结	我是家庭中的重要一员，我的家庭贡献可以让我的家庭生活更美好。		
课堂反馈	在本课的教学活动中，体现了双主共学，教学活动是在学生实际生活的基础上进行的，学生的活动参与度高，兴趣浓，学生对自己对家庭的贡献有了较清晰的理解，愿意为家庭作出自己的贡献，并有较好的办法解决家庭成员之间的问题。			
课堂小结	教学活动的设计紧紧围绕本课的认知育人、德性育人、劳动育人目标而设计，在课堂教学中得到了较好的落实。			
作业布置	积极想办法解决家庭生活中的问题，为家庭成员贡献自己的智慧和力量。			
板书设计	我的家庭贡献与责任 陪伴　出主意 支持　系亲情 关心　……			

续表

环节	教学内容	教师活动	学生活动	设计意图（育人点及育人效果预期）
教学反思	在课前反复研读教材，梳理文本话题之间的内在联系，理解编者意图。从了解贡献到做出贡献，引导学生愿意为家庭积极贡献自己的智慧与力量。结合学生实情，确定全息育人目标。课前充分调查了解学生的实际情况，结合教材的内容，确定本课的全息育人目标以德性育人、认知育人为重。在本课的交流活动中关于家庭成员的贡献这一环节，有学生觉得家庭中的某一成员无贡献。当出现这种情况的时候，我们要注意引导学生全面认识家人，从多方面发现家人的贡献。			

案例6 《我的家庭贡献与责任》教学设计[①]

（部编版《道德与法治》四年级上册第二单元第6课　第二课时）

表3-3-7 《我的家庭贡献与责任》（第二课时）教学设计表

小学《道德与法治》“双主共学全息育人”教学设计				
课题	《我的家庭贡献与责任》		授课时间	40分钟
课型	新授课	总 二 课时　第 二 课时		
教材及学情分析	《我的家庭贡献与责任》是部编版《道德与法治》四年级上册第二单元“为父母分担”第6课。它是在学生体谅父母情况、主动分担家务劳动的基础上，提出的更高要求。本课的编写目的是要通过引导学生积极为家庭作贡献，增强学生的家庭意识，树立家庭责任感。 四年级的学生具备一定的劳动能力，能完成一些家务劳动。但是由于现代家庭的特殊性，很多孩子参与家务劳动不积极，家庭责任意识比较薄弱。			
育人目标	1.了解家庭成员的责任。（认知育人） 2.能主动承担家庭责任，具有负责任的精神和家庭责任感。（德性育人、劳动育人）			
学习重难点	能主动承担家庭责任，并能负责到底，初步树立家庭责任感。			
教学过程				

环节	教学内容	教师活动	学生活动	设计意图（育人点及育人效果预期）
课题导入	责任故事分享	出示责任故事，引导学生阅读。	1.阅读故事，说说对责任的理解。	认知育人：通过阅读故事，让学生初步了解“责任”无处不在、无时无刻不在。
新课教学	家庭成员责任交流	组织学生交流家庭成员责任有哪些。	1.交流：家庭成员在家庭生活中的责任有哪些？	认知育人：通过交流，让学生感知家庭成员在家庭生活中都有自己的责任。

① 本课教学设计案例由北碚区梅花山小学官应红老师提供。

续表

环节	教学内容	教师活动	学生活动	设计意图 （育人点及育人效果预期）
	情境假设	1.出示教材图例，引导学生讨论朱晓的这种想法对不对？ 2.出示教材图例，讨论：家庭成员在家庭生活中不尽责会有什么样的后果。	1.话题引入：借助教材第46页“倒垃圾”的事例，引发学生讨论：如果父母嫌家务事烦，也可以不做家务吗？ 2.借助教材第46页的厨房、客厅乱糟糟的图片，讨论：是否喜欢这样的家庭及原因。	德性育人：通过教材和生活中的事例，让学生明白家庭事务需要家庭成员共同承担，各自尽到自己的责任，家庭生活才会美好。
	理解“负责任的精神”	1.组织学生阅读教材“金轩养金鱼的故事”。 2.分享课前收集的关于敢于承担责任的故事。 3.《家务承诺书》完成情况交流，想办法帮助自己把承诺的家务事负责到底。 4.组织学生阅读故事“童年小事”，讨论负责任的收获。	1.阅读：教材第47页“金轩养金鱼的故事” 2.故事分享：关于敢于承担责任的故事。 3.交流：根据完成的情况记录表，谈谈自己的负责任精神。 4.阅读：教材第49页“童年小事”，体会“负责任”收获多。	德性育人：通过阅读“养金鱼的故事”“认真履行守好家门”的责任故事，引导学生由知到行，努力践行自己的承诺，将家庭责任负责到底，培养学生负责的精神。
	我是家庭小主人	1.组织学生模拟教材中的场景，让学生学习如何当好家庭小主人。 2.组织学生交流：我能为家庭生活做些什么。	1.情境模拟：教材第48页两个范例。 2.交流：我能为家庭着想。	德性育人：通过模拟情境，培养主人翁意识和家庭责任感。 劳动育人：主动做力所能及的事情，有为家庭负责的精神。
课堂反馈	本课的学习围绕“家庭责任”这一主题，通过阅读、分享、交流、讨论、模拟体验等学习活动，引导学生从“了解责任”到“理解负责”到“学习负责”，学生学有所获。			
课堂小结	孩子们，在家庭生活中，父母要尽责，我们孩子也应尽到自己的责任，并且能坚持负责到底。			
作业布置	承诺完成一项或两项家庭事务，制作家务完成情况表，督促自己对承诺的家务负责到底。			
板书设计	我的家庭贡献与责任 —［分担家务 负责到底］— 收获多			
教学反思	教师在教学本课时，深刻体会到要关注教材，要注意教材的前后联系，从全册到单元到课题到话题到课时通看教材。要关注学生，教学目标的确定、教学活动的设计，都要关注学生的实际生活情况。比如：“签约家务活动 、分享责任故事”等活动，都是对学生实际情况的关注。还要关注学生发展，在教学中，要注重发展学生核心素养。 从课堂效果来看“调查、交流、采访、辩论、模拟体验”等活动，调动学生的学习积极性都不错，提高了参与度，学生是本节课的主人。			

“为父母分担”单元主题教学设计案例评析：

本单元六个课时的教学设计紧紧围绕单元主题“为父母分担”开展，都体现了小学道德与法治学科全息育人教学设计的理念和原则，进行了“五育融合”设计，但育人侧重点不一样。都从教师教学活动、学生学习活动进行了双主体设计安排，但活动的形式不一样。都以学生的生活为教学活动的基础，进行巧妙地设计，学生在活动中获得积极的情感体验，促进道德发展。

具体分析如下：

1.六个课时教学设计的相同点

(1)坚持生活性原则，进行“五育融合”设计

《少让父母为我操心》用学生生活中经常玩的游戏《老狼老狼几点钟》和歌曲《我的好妈妈》引入，学生的学习兴趣一下子被调动起来。优美的歌曲，自然融入审美育人，感受到父母的辛苦，为接下来的教学活动起到很好的铺垫作用。对父母一天的工作进行调查，感受父母工作的辛苦，落实德性育人、劳动育人。学生模拟教材上的三种生活情境，站在父母的立场想问题，知道自己应该怎么做，培养主人翁意识和家庭责任感。尽量少给父母添麻烦，做到自己的事情自己做，渗透劳动育人、健康育人。

《这些事我来做》通过对学生的实际生活情况进行分析，我们不难看出，现在的学生主动为父母分担家务的很少，究其原因是现在的孩子多是独生子女，父母疼爱，不让其做家务。本课教学设计抓住关键点，确立育人目标时，就侧重从德性育人和劳动育人入手。

《我的家庭贡献与责任》课前调查家庭成员的贡献，在交流中感受家庭中的每位成员都在为家庭幸福作贡献，交流生活中自己与家人之间相互陪伴、相互支持、相互关心的故事。这些都来源于学生的生活，真实、感人，能很好地触动学生的心灵，唤起他们愿意陪伴家人、关心家人的意识。从德性育人、劳动育人方面培养学生的家庭责任意识。

(2)坚持活动性原则，促进学生道德成长

教学活动是实现小学道德与法治育人目标的有效载体。因此，在教学设计中，教师要做好引路人，创设有利于学生学习发展的活动，让学生在活动中主动参与、积极感悟，才能形成良好的道德品质。

《少让父母为我操心》设计了“爸爸妈妈家务累”“爸爸妈妈工作忙”“活动体验辛苦了”“爸爸妈妈我爱您”四个活动，四个活动层层深入。第二课时设计利用三个故事，创设三种情境活动，学生在情境表演中学会了站在父母的立场想问题，尽量少给父母添麻烦，做到自己的事情自己做。然后回归生活，给学生提供生活中真实的线索，组织讨论、交流“爸爸妈妈很辛苦，这些事我们如果能做得更好，父母就可以少为我们操心

了”。学生在活动中通过观察、小组合作、全班交流和联系生活实际的方式，体会父母的辛苦。通过制作心意卡、贴桃心卡片的活动对爸爸、妈妈说一句感谢的话。表达对父母的谢意和喜爱。最后齐唱《我爱我的家》，把课堂推向高潮，总结全课，升华爱。

《这些事我来做》第一课时设计了“家务我会做”“家务愿意做”“家务主动做”三个活动：“家务我会做”——一场家务擂台赛让学生展示自己做家务的特长，在同学间树立了榜样，促进学生初步树立劳动意识。“家务愿意做”——通过正反两方面的案例，学生在讨论中形成愿意主动做力所能及的家务活的意识。“家务主动做”——组织班级辩论会，学会主动承担家务。三个活动，层层推进，互相促进，让小学道德与法治学科全息育人功能真正落到实处。第二课时设计了“巧沟通，家务让我做”“多学习，家务有诀窍”“签承诺，家务坚持做”三个教学活动。创设情境，搭建学生与家长沟通的平台，引导学生学会用恰当的方式与父母沟通，争取自理自立、参与家务劳动的机会，学习掌握做家务的技巧，坚持做好家务活儿，达成育人目标，促进学生道德成长。

《我的家庭贡献与责任》两个课时教学设计了“责任故事分享会”“家庭成员责任交流”“签约家务活动”“阅读故事会”等活动，这些活动也都是根据教材和学生生活的实际情况设计的。来源于学生生活有针对性的活动，才能调动学生的学习积极性，学生主动参与学习活动，让活动真实有效，不是为了要开展课堂活动而设计活动。

2. 六个课时教学设计的不同点

(1)教学育人点各有侧重

《少让父母为我操心》第一课时重在德性育人、劳动育人、审美育人方面的教学活动，让学生了解和体谅父母的辛劳。第二课时重在让学生学会换位思考，学会生活自理，学会少给父母添麻烦，这些育人点凸显的是德性育人、健康育人、劳动育人。

《这些事我来做》重在德性育人，培养学生有主动做家务、愿意做家务的意识。劳动育人，有主动承担家务的行动。第一课时，通过一封女儿写给妈妈的信来指导学生用智慧和真诚说服家长，赢得参与家务劳动的理解和支持。这是从认知育人方面，让学生学会巧沟通，用智慧赢得这些事我来做。

《我的家庭贡献与责任》重在德性育人，让学生学会为家庭事务想点子，家务事共同干。劳动育人，探索解决家庭事务办法，主动做力所能及的家务。审美育人，通过欣赏歌曲《相亲相爱一家人》，让学生感受家庭的幸福温暖，从而愿意为家庭作贡献。

综上所述，全息育人教学设计，五个方面育人点在同一单元主题下，不同的课题里，“五育融合”的育人点上各有侧重，不是面面俱到的，应根据学生的生活实际，结合课程标准进行设计。

(2)活动形式各有新意

《少让父母为我操心》第一课时以《老狼老狼几点钟》游戏活动导入，以齐唱歌曲

《我爱我的家》结束,这两个活动都是学生特别感兴趣的,能充分调动学生学习的积极性,引导学生主动参与学习活动,达成育人目标。第二课时让学生模拟教材中的三种情境进行表演,在模拟的过程中,站在父母的立场想问题,知道自己应该怎么做,培养学生的主人翁意识和家庭责任感。

《这些事我来做》遵循贴近学生生活的原则,从聊聊生活中家务那些事说起,唤醒学生对家庭的责任感。再通过举行一场家务擂台赛,学生在活动中充分展示自己做家务的特长,为其他同学树立榜样,培养劳动意识,明理导行,愿意去主动承担家务。最大的亮点在于抓住教材中的留白,结合学生生活,创造性地利用教材文本,设计出适合学生道德品质发展的教学活动。根据教材中女儿写给妈妈的一封信,设计"巧沟通,家务让我做"的教学活动。学生把想对父母说的话写在教材留白处,与教材对话,在外显的写的行为过程中,完成内化的学会巧沟通,有主动为父母分担的意识。把教材用起来,但又不局限于只教教材。

《我的家庭贡献与责任》第一课时,主要是交流活动和情境表演活动。学生在交流中感受家庭中的每位成员都在为家庭幸福作贡献,自己也应该为家庭作贡献。在情境表演中发现亲情也是需要维系的,自己应该做好家庭亲情联络员,为家庭美好生活作贡献。充分体现了双主共学,学生在活动中逐步养成良好行为习惯。第二课时,体现出教师利用课内、课外教学资源开展教学活动。课前让学生收集家庭成员有哪些责任,家庭生活中敢于承担责任的故事。课堂中组织学生分享、交流自己收集的故事、资料。再交流前一课签订的《家务承诺书》完成情况,这既是对前一课学习效果的检查,也很自然地引出后一个活动:组织讨论怎么才能帮助自己把承诺的家务事负责到底。这一教学设计,也体现出整个单元整体活动设计的相互关联性,展示签订的《家务承诺书》,是对理解"负责任精神"很好的诠释,课后还会继续发挥它的延伸作用。

二、课时主题教学设计案例评析

(一)健康板块全息育人教学设计

健康,指一个人在身体、精神和社会等方面都处于良好的状态。简而言之就是身体健康和心理健康。小学道德与法治学科全息育人教学设计就从身体健康和心理健康两个方面来考虑。身体健康是基本条件,在身体健康的基础上,还要重视心理健康。学生是否拥有顽强的意志品质,是否能够在强大的压力下依然健康、活泼、愉悦地成长都是我们要关注的。健康板块的教学设计紧紧围绕是否有利学生的身心健康来进行教学设计。

案例1 《坚持才有收获》教学设计①

（部编版《道德与法治》二年级下册第四单元第15课 第二课时）

表3-3-8 《坚持才有收获》（第二课时）教学设计表

小学《道德与法治》“双主共学全息育人”教学设计				
课题	《坚持才会有收获》		授课时间	40分钟
课型	新授	总 二 课时 第 二 课时		
教材及学情分析	《坚持才会有收获》是部编版《道德与法治》二年级下册第四单元“我会努力的”第15课。本课一共四个话题：“我们都坚持过”“坚持的收获”“特殊的较量”“一起来，试一试”。本课时为第二课时，教学内容为60—61页“特殊的较量”“一起来，试一试”两个话题。 二年级学生已经入学快两年了，这两年在校的学习和生活，从某种意义上来说，本身就是一种坚持，他们能体会到由于自己的坚持而得到的收获。尽管这样，二年级学生的意志力仍然比较薄弱，自觉性、坚持性和自制力还是比较差，容易受到外界的（父母、环境、他人等）影响，产生一些消极的意志品质。			
育人目标	1.体验“坚持”与“放弃”的较量过程，发现坚持与不坚持的差异，从内心认同坚持。（健康育人）			
	2.学习一些坚持的方法，克服容易气馁的思想。（认知育人）			
	3.参与实践活动，体验坚持的感受，产生战胜困难、超越自我、先苦后甜的情感。（德性育人）			
学习重难点	在活动中体验“坚持”与“放弃”的较量过程，发现坚持与不坚持的差异，从内心认同坚持对成长的重要意义。			
	从内心认同坚持对成长的重要意义。			
教学过程				
环节	教学内容	教师活动	学生活动	设计意图（育人点及育人效果预期）
导入		1.播放动画片《愚公移山》。 2.引入：刚才我们看的动画片里，愚公是一个怎样的人？如果他当时听了别人的话放弃了，结果会怎样？	1.学生观看动画片《愚公移山》。 2.评价愚公。	
暖身活动	游戏：金鸡独立	1.交代游戏规则，开展金鸡独立游戏。（教师示范） 2.采访坚持得最久的同学：你的胳膊有什么感觉？为什么不放下来？你站到了最后，难道不累吗？为什么还要继续？引出“坚持”二字。	1.按照图片的姿势双手放平，单脚往上提，做金鸡独立。如果手脚晃动或放下来，就表示放弃，游戏失败，立即坐下。时间为1分钟。 2.学生谈胳膊的感觉，是否觉得累。	认知育人：通过游戏认识什么是“坚持”。
新课教学	活动一：《青蛙看海》绘本故事	1.播放绘本故事《青蛙看海》。 2.引导学生谈绘本故事中的青蛙遇到了什么困难。 3.（播放片段二）提问：青蛙会听谁的，为什么？	1.谈小青蛙遇到的困难。 2.交流讨论小青蛙会听谁的话，并说出理由。	德性育人：懂得遇到困难要迎难而上。

① 本课教学设计案例由北碚区龙凤桥小学董婷婷、甘英老师提供。

续表

环节	教学内容	教师活动	学生活动	设计意图 （育人点及育人效果预期）
	活动二：特殊的较量	1.播放视频并提问：累了的鹏鹏在运动会上的长跑中还剩一圈时会怎么选择？ 2.老师旁白提示。 3.继续播鹏鹏坚持到终点视频。 3.出示学生参加课外兴趣班“坚持与放弃”情况统计图。说说从这些数字中发现了什么，有什么感受。 4. 教师小结：贵在坚持、难在坚持、成也在坚持。在我们的学习生活中，经常会遇到各种困难，而困难就像弹簧，你强它就弱，你弱它就强；既然确定了目标，就要不怕困难。	1.交流鹏鹏心里的想法。 2.学生表演心理剧《特殊的较量》。 3.学生先小组内分享“坚持下来的或者半途而废”的故事，然后班级交流。 1.学生表演《青蛙看海》。 2.学生谈感受。	健康育人：在心理剧表演中，在小组分享交流中深刻感悟战胜自我，在坚持与放弃的较量中提升，最终懂得坚持才有收获。
	活动三：角色扮演	1.创设情境，让学生体验小青蛙的坚持。 2.小结：大海很美。但老师觉得你们更美。美在心存目标，美在不怕困难，还美在坚持不懈！	学生进行角色扮演。	
	活动四：制定目标	1.在日常生活中你还有哪些坚持的好方法？把你的坚持秘诀告诉你小组的同学。 2.教师展示近段时间是怎样练好钢笔字的。 3.提出要求，让学生为自己制定一个目标，并坚持。	1.学生在小组内交流自己日常生活中坚持的好方法。 2.学生填写绿叶卡。 3.全班交流，贴绿叶卡。	德性育人：明白制定好目标以后要落实。
课堂反馈	这堂课学生的参与积极性特别高，可谓热情高涨，学生的积极性高，但课堂井然有序，能够把控课堂。这源于对课堂的调控，在进行教学设计时就充分考虑了诸多的因素，使得老师也有较强的自信心。			
课堂小结	老师还为大家想做的事情制作了一个记录表，每个人对自己的完成情况自我评价，我们先用一周的时间，看看最后谁做得最棒。评出最佳坚持星！愿你们像小青蛙一样，早日实现自己的梦想，让这棵希望之树开花结果。			
作业布置	1.根据自己制定的目标，用学会的坚持的方法去实施。 2.认真填写这一周自己想做的事情并记录在表格里，并进行自我评价。			
板书设计	心存目标 坚持才会有收获　不怕困难 坚持不懈 ……			
教学反思	本课是针对二年级学生的学情特点而设计的。以课前活动作铺垫，让学生初识一个古人的坚持。开课暖身活动让学生初步感知坚持也不是一件容易的事。通过绘本故事让学生认可坚持，表演“放弃与坚持的较量”，分享坚持或半途而废的事例加深对坚持的感悟和理解。进一步的升华表现是角色扮演，体验活动，引导学生深刻体验坚持带来的成功感受。让学生在创设的情境中，一步步体验、感受这种战胜困难、超越自我的愉悦，激发学生向往成为更好的自己的内在动力。			

案例评析：

心理的各个方面及活动过程处于一种良好或正常的状态就是心理健康的表现。心理健康是不容忽视的,顽强的意志品质是需要培养的。学生心理健康与身体健康同等重要。本课时以心理健康品质培养为切入点,体验“坚持”与“放弃”的较量过程,发现两者的差异,从内心认同坚持。学习坚持的方法,克服气馁的思想。参与实践活动,体验坚持的感受,产生战胜困难、超越自我、先苦后甜的情感。

这一课时的教学设计体现以下几个特点。

1.团体心理辅导活动切入,轻松而有情趣

本课时的育人目标主要通过团体心理辅导的形式和辅导策略来达到。设计了暖身活动:游戏——《金鸡独立》,以团体心理辅导课热身活动的方式,让学生在轻松的氛围中进入课堂,调动学生学习的兴趣。这既是对本课第一课时“我们都坚持过”“坚持的收获”的一个回应,同时又能从学生游戏后的谈话点很好地引入本课时的学习。

2.绘本故事贯穿课堂,紧贴儿童心理特点

课堂设计以《青蛙看海》绘本故事贯穿课堂,学生看绘本故事,然后体验“特殊的较量”。让学生在两个活动中体验“特殊的较量”,由此内心认同坚持。一共设计了三次特殊的较量。第一次从聆听绘本故事《青蛙看海》中初步体验小青蛙面对困难“坚持与放弃的较量”,第二次从观看视频、心理剧《特殊的较量》中再次体会他人面对困难“坚持与放弃的较量”,第三次讲述自己面对困难“坚持与放弃的较量”。三次“特殊的较量”层层推进,学生在他人的经历和自我的经历中,发现坚持与不坚持的差异,真正地从内心认同为完成一个目标,学会不管遇到什么困难,都要选择坚持。

3.角色扮演感受深刻,吸引学生参与性强

“体验坚持”,这个环节通过“活动三:角色扮演”来实现:以体验活动,深刻体验坚持带来的成功感受。学生在创设的情境(设置障碍)中,一步步体验、感受这种战胜困难、超越自我的愉悦,激发向往成为更好的自己的内在动力。

4.制定目标,升华主题,深刻领悟持之以恒

学生在相互交流中,知道一些坚持的好方法,制定自己的坚持计划。以填写“绿叶卡”的形式,记录自己在日常的学习、生活中如何去做到坚持,克服气馁。最后设计把自己制定的计划贴到黑板上的活动,这样学生有一种仪式感,进一步激励学生制定了计划就在实际生活中长久地坚持,进而督促自己学会持之以恒。

将团体心理辅活动将引入道德与法治课,把心理学的方法用到日常的教学中,这样有助于深入人心,有助于更好地落实健康育人的目标。

(二)道德板块全息育人教学设计

小学道德与法治学科全息育人教学设计中道德板块侧重对学生道德品质的培养，学生通过学习道德知识，明白其中的道理，懂得根据道德规则，规范自己的言行，指导生活实践。因此，道德板块全息育人教学设计根据学生道德认知发展规律，观点要正确；道理要简单、易懂；贴近学生生活，采用活动化的教学方式，深入浅出，层层推进。道德板块教学设计中大多会用到情境体验、动手实践等方式，让学生在活动中去体验、感悟道理。通过辨析活动，提高思辨能力，从内心深处认可正确的道德观念，促进学生道德的发展。

案例2 《变废为宝有妙招》教学设计①

(部编版《道德与法治》四年级上册第四单元第11课　第二课时)

表3-3-9 《变废为宝有妙招》(第二课题)教学设计表

<table>
<tr><td colspan="5">小学《道德与法治》“双主共学全息育人”教学设计</td></tr>
<tr><td>课题</td><td colspan="2">《变废为宝有妙招》</td><td>授课时间</td><td>40分钟</td></tr>
<tr><td>课型</td><td colspan="2">新授课</td><td colspan="2">总二课时　第二课时</td></tr>
<tr><td>教材及学情分析</td><td colspan="4">《变废为宝有妙招》是部编版四年级上册第四单元“让生活多一些绿色”第11课，本课有两个话题：“暴增的垃圾”“减少垃圾 变废为宝”。本课时是在第一个话题“暴增的垃圾”认识了垃圾危害大的基础上进行的。内容分为三个层面，一是垃圾产生之前，如何从源头上减少垃圾的产生。二是垃圾产生之后，如何进行垃圾分类，认识垃圾分类的意义，掌握垃圾分类方法。三是学习如何进行有创意地节约资源和再利用资源，使垃圾变废为宝。
垃圾分类是社会热点问题，在社会各界的影响下，电视、网络等媒体的宣传下，学生对垃圾分类并不陌生。刚上四年级的学生，对垃圾分类有一些认识，有一定的分辨能力，但垃圾分类有难度，学生并不能完全正确地将生活中的所有垃圾进行分类。他们非常喜欢动手创作，想象力比较丰富，奇思妙想多。</td></tr>
<tr><td>育人目标</td><td colspan="4">1. 了解垃圾分类、回收、再循环利用的意义及其垃圾分类的方法。(认知育人)
2. 学习有创意地节约资源和再利用资源，使垃圾变废为宝。(劳动育人)
3. 逐步养成节约资源和合理使用资源的良好习惯。(德性育人)</td></tr>
<tr><td>学习重难点</td><td colspan="4">了解垃圾分类的方法，能把常见的生活垃圾进行正确分类。
学习有创意地节约资源和再利用资源，使垃圾变废为宝。</td></tr>
<tr><td colspan="5">教学过程</td></tr>
<tr><td>环节</td><td>教学内容</td><td>教师活动</td><td>学生活动</td><td>设计意图
(育人点及育人效果预期)</td></tr>
<tr><td>课题导入</td><td>感受垃圾带来的危害和影响</td><td>1. 播放垃圾暴增视频及图片。
2. 揭示课题：减少垃圾，变废为宝。(板书课题)</td><td>1. 看垃圾如山视频及图片。
2. 学生谈感受。</td><td>德性育人：感受垃圾给人们生活带来的影响，产生愿意减少垃圾、保护环境的情感。</td></tr>
</table>

① 本课教学设计案例由北碚区人民路小学谢开宇、凌雯老师提供。

续表

环节	教学内容	教师活动	学生活动	设计意图 （育人点及育人效果预期）
新课教学	减少垃圾有办法	1.创设情境，引出问题。 2.引导学生联系生活，寻找减少垃圾产生的方法。 3.小结：从吃、穿、用等各个方面节约资源不浪费，就能从源头上减少垃圾的产生。（板书：节约资源 垃圾少）	1.联系生活实际，说减少垃圾产生的方法。 2.看书进行补充。	认知育人：知道从吃、穿、用等各个方面节约资源不浪费，就能从源头上减少垃圾的产生。
	垃圾分类我能行	1.组织学生结合生活经验，认识垃圾桶的颜色及名称的区别。 2.组织学生根据小组合作要求，分组完成“垃圾分类”。 3.组织学生展示交流垃圾分类成果。根据学生回答相机指导，重点引导生活中难以分辨类别的垃圾。	1.根据经验把写有日常生活中常见垃圾的卡片贴到模拟垃圾桶上。 2.垃圾分类成果展示。一个小组展示，全班交流分类情况。 3.全班交流后，对分错的卡片进行修改。	认知育人：垃圾分类，纠错过程中学习正确的垃圾分类方法。重点深入探究电池的危害，提高思辨能力。
		4.拓展垃圾分类的作用，了解“大家在行动”。 (1)看视频，了解垃圾分类的意义。（课件出示：垃圾再利用视频） (2)组织交流了解垃圾分类的重要作用。 (3)了解国家对垃圾分类的重视。（视频：习总书记对垃圾分类工作的重要指示） (4)了解全国各地开展垃圾分类及其相关活动。	4.组织交流垃圾分类。 (1)看视频，了解垃圾分类的意义。 (2)说说看了视频后的想法。 (3)看视频，了解习总书记对垃圾分类工作的重要指示。 (4)了解从国家到市区，到身边的人在垃圾分类工作方面的行动。	德性育人：了解全国上下各省市垃圾分类工作的开展情况，认识到垃圾分类的重要性，愿意投入到这项工作中，懂得节约资源。
	废物利用有创意	1.展示“变废为宝”实物。（红包灯笼、纸质坦克、纸浆泥画等） 2.组织学生进行小组合作完成“变废为宝”作品。 3.指导学生介绍小组共同完成的作品。	1.看“变废为宝”实物。 2.小组分工合作完成“变废为宝”作品。 3.小组代表展示分享“变废为宝”作品并作简单的介绍。	劳动育人、审美育人：发挥想象力，动手实践“变废为宝”，懂得在劳动中的创造美，增强创新意识，提高实践能力。
课堂反馈	课堂上学生的动手能力、思辨能力得到充分的训练。学生的参与性极强，兴趣浓。特别是关于垃圾分类的知识，许多孩子都有提升。不但增强了垃圾分类的意识，还能有效地指导生活，学习在生活中节约资源。			
课堂小结	通过这节课的学习，我们知道了自觉养成节约资源的好习惯，正确地进行垃圾分类，有创意地废物利用，就能减少垃圾，变废为宝。希望大家都行动起来，从我做起，保护环境，让我们更健康、快乐地生活！			

续表

环节	教学内容	教师活动	学生活动	设计意图 （育人点及育人效果预期）
作业布置	1.生活中按要求进行垃圾分类。 2.看看身边废旧物品还可以怎么利用，继续完善课堂上的创意作品，完成后和同学们分享。			
板书设计				
教学反思	本节课准确把握课标，仔细研读教材，理解编者意图。充分考虑学情，坚持以生为本进行教学设计。在本课的教学活动设计中，我特别关注学生的实际生活，选择适合学生的教学活动。反复推敲是否让学生在课堂上动手制作创意作品。经过多次实践，我们发现学生对这个环节特别感兴趣，积极发挥想象力，动手实践，创新意识和实践能力都得到锻炼。 紧密联系学生的生活经验，落实全息育人目标中“德性育人”目标时，教师出示大量的图片和学生谈现实生活的感受，使学生更加明白减少垃圾、保护环境刻不容缓、人人有责。在“废物利用有创意”环节中，“劳动育人”目标得到很好的体现，孩子们在动手创意的过程中，能深切感受到变废为宝的意义。			

案例评析：

道德与法治学科的更名是“尊重自然，和谐社会，敬畏法律”的体现。这是社会发展的价值体现，这是课程发展的自我完善。“帮助学生参与社会，学习做人是课程的核心。”这就是积极引导儿童发展，体现以育人为本的现代教育的价值取向。

学生是社会的“人”，育人从学生的成长出发，使其有道德责任感和法律责任感。在现实生活中，垃圾已成为一个社会问题，严重损坏了城市环境卫生，恶化生活条件，阻碍城市的发展，环境保护迫在眉睫。本节课设计的理念：总结生活经验—解决实际问题—真正指导生活。

从学生的生活出发，紧密联系生活，进行生活化的课堂教学，学生在生活中发现问题，将所学知识运用到生活中去，解决生活中遇到的难题。真正达到“知情意行”的自我认知、反省、教育的过程。

1.视频再现，激发欲望

开课首先播放垃圾乱丢、乱堆的视频，带给学生视觉冲击，从而认识到垃圾对环境和健康造成的严重影响。视频勾起回忆，进一步认识到垃圾对人们生活、学习和工作的危害非常大，并且急切地产生想减少危害的欲望。孩子们的学习积极性提高了，为更好地学习后面的知识打下了基础。

2. 创设情境，融入课堂，德性育人润物无声

在课堂中创设生活情境，学生在熟悉的生活场景中，增强学习道德与法治课的兴趣和动力。在教学时，用“亮亮”贯穿课堂，以帮“亮亮”想办法减少垃圾的产生的话题，打开学生的思路，创设真实场景，结合生活实际，梳理出吃、穿、用等各个方面减少垃圾产生的好方法，并从中领悟到节约资源就是在为环保作贡献。这样，学生的真实体验与课堂教学就有机结合起来，巧妙地激发了学习热情。

3. 活动教学，契合需求，学科认知

道德与法治是一门活动性很强的课程，倡导活动化教学。开展具有体验性、引领性、思维性、实践性、创造性等特点的活动，能鼓励学生积极参与、主动实践、认真思考、勇于探索、创新创造，从而提升学生能力，促进学生素养的全面提升。所以本课时设计了两个大的教学活动。一是“垃圾分类我能行”，二是“废物利用有创意”。放手让学生去实践，然后交流，从纠错中引导，帮助学生学会给垃圾正确分类，让学生在思辨中提升，在讨论中总结。小组合作活动——用废旧物品制作创意作品，制作过程中能充分展示学生的创意，增强动手能力，在实践中达到劳动育人的目标。

生活化的课堂教学以学生为主体，站在学生的角度去审视教材和日常生活，结合道德与法治学科全息育人育人点，找到两者间的共同点，将学生熟悉的生活现象渗透进课堂教学活动中，加强对学生的指导和学生之间的互动，使他们在充满生活化的课堂教学中快乐地学习、成长！①

（三）法治板块全息育人教学设计

法治教育是小学道德与法治课程中重要的教学内容。小学阶段的法治教育不是单纯的法律条文教育及法学理论教育，也不是培养法律专业人士的教育，而是大众化的、普及性的法治教育。因此，学生生活中的道德规范、文明习惯的养成教育等都是对学生的法治教育。教师在做小学道德与法治学科全息育人法治板块的教学设计时，要准确把握教材内容中出现的法律知识和道德规范，不拔高对法律知识的讲解，也不忽略道德规范教育。通过活动将道德教育与法治教育结合起来，从而更好地普及法治教育。

① 本课案例评析由重庆市北碚区人民路小学谢开宇老师提供。

案例3 《网络新世界》教学设计①

（部编版《道德与法治》四年级上册第三单元第8课　第一课时）

表3-3-10 《网络新世界》（第一课时）教学设计表

小学《道德与法治》“双主共学全息育人”教学设计			
课题	《网络新世界》	授课时间	40分钟
课型	新授	总二课时　第一课时	
教材及学情分析	《网络新世界》是部编版《道德与法治》四年级上册第三单元“信息万花筒”第8课。本课共三个话题：“新世界，很精彩”“新世界，有规则”“网络游戏的是与非”。“新世界，很精彩”通过网上购物、远程教育、网络银行的具体引入，让学生认识到网络世界中的各种精彩便捷。“新世界，有规则”主要是说明互联网虽是虚拟世界，但同样有规则制约。 这一代学生身处互联网迅速发展的时代，网络在学生的生活中发挥着日益重要的作用：查资料、网上学习、网上聊天、玩游戏、听音乐……但是，在现实生活中，面对网络的种种“陷阱”，学生缺乏必要的警惕性和自我保护意识。		
育人目标	1.感受互联网改变了我们的生活方式。（认知育人） 2.体会互联网为我们提供了更加精彩便捷的生活。（认知育人） 3.能够遵守网络文明公约，学会在网络中安全文明地生活。初步树立学法、守法的法治意识。（德性育人、健康育人）		
学习重难点	1.体会互联网为我们提供了更加精彩便捷的生活。（认知育人） 2.懂得必须自觉遵守网络文明公约，文明上网。初步树立学法、守法的法治意识。（德性育人、健康育人）		

教学过程				
环节	教学内容	教师活动	学生活动	设计意图 （育人点及育人效果预期）
课题导入	看图片，听故事	讲述自己小时候的生活方式。	通过对比，感受网络已经改变了我们的生活方式。	认知育人：感受网络改变了我们的生活方式，感受网络的神奇。
新课教学	新世界，更精彩	1.出示网络生活的小调查结果，引导学生交流网络新事物给生活带来的便捷。 2.推荐适合孩子学习和娱乐的健康网站。	1.学生交流上网可以干什么。 2.交流网络给生活带来的便捷。	认知育人：通过课前上网时间的小调查交流，感受网络带来的精彩和便捷。
	新世界，有规则	1.引导学生观看情景剧，并讨论交流。 2.引导学生发现生活中其他安全防护小技巧。 3.举例：网络中红红恶作剧伤害同学。 4.引导学生拟定倡议书。 5.引出《全国青少年网络文明公约》。 6.法律法规简单介绍。	1.观看情景剧，并讨论交流网络生活规则，小组上台汇报。 2.说说生活中的安全防护小技巧。 3.小组同拟倡议书，并交流分享。 4.齐读《全国青少年网络文明公约》，并郑重地签上自己的名字。 5.了解《中华人民共和国网络安全法》第十二条规定。	德性育人、健康育人：遵守网络安全的法治意识，在生活中遵守网络规则，做到保护自己，不伤害别人。

① 本课教学设计案例由北碚区梨园小学江玥、樊利老师提供。

续表

环节	教学内容	教师活动	学生活动	设计意图 （育人点及育人效果预期）
	总结收获，畅想未来网络世界	1.播放视频《未来的一天》。 2.引导学生说说本节课的收获。	1.观看视频，畅想未来网络世界。 2.谈谈本节课的收获。	德性育人、健康育人：学习遵守网络规则，共享网络世界的精彩。
课堂反馈	在学习“新世界，有规则”这一话题时，巧妙地用教材中的图片资源，结合儿童的现实生活，设计情景剧，学生与学生充分地对话，拓展学生生活经验，学会进行自主的道德学习，自然而然地得出网络安全规则。同时也学会遵守网络道德，安全、文明上网。初步树立学法、守法的法治意识。			
课堂小结	孩子们，通过今天的学习，我们的收获真不少，我们一定要自觉遵守《网络安全文明公约》，遵守网络道德，安全、文明上网。			
作业布置	1.整理课堂上小组拟定的《网络文明安全倡议书》。 2.思考：我们的公约对网络游戏应该提出怎样的要求呢？			
板书设计	网络新世界　更便捷 保护自己　避免隐私泄露 有规则　远离不良信息 不伤害他人　慎重网上交友			
教学反思	本课时以学生的现实生活作为教学的起点，激发学生学习兴趣。用无网的生活与学生的生活对比，感知我们已经进入了网络新世界，网络已经改变了我们生活方式。 设计情景剧表演引导学生交流，建构网络安全规则。活化教材，巧妙利用教材的图片资源和学生的现实生活经验，进行情景剧表演的设计与课前排练。学生观看情景剧，讨论交流，激发学生参与的兴趣，充分地让学生与学生对话，引导学生进行网络道德规则的自主建构，从而突破本课重难点。			

案例评析：

《网络新世界》是部编版《道德与法治》四年级上册第三单元“信息万花筒”第8课。现代媒体，尤其是网络等现代电子媒介已经成为学生生活的重要组成部分，他们借助电脑、手机等媒体终端可以便捷地登录互联网，传递信息、接受教育、游戏娱乐等。然而，网络也是一把双刃剑，利弊同在，如何趋利避害，让青少年形成健康的网络道德认知、网络道德情感和网络道德意向是本课要解决的问题。

本课教学设计，体现了以下几个特点。

1.对儿童原有生活经验的唤醒和利用

儿童法治意识的培养和道德生活的构建，是把儿童的生活作为教学的起点，也是学习新事物的起点。基于学生原有的学习经验，着眼于对学生已有经验的唤醒，开展课前小调查，唤醒学生从个体角度看互联网的生活现状，广泛地说说网络新事物给身边的人带来的便捷，是对学生原有经验的利用、丰富和提升。

2.让学生与学生进行对话，引导学生自主学习

本课时的教学设计中，教师通过创设情境，让学生进行有关网络安全防护规则的

情景剧表演，注重引导学生进行自主的道德学习，展开网络规则的讨论、交流分享，让学生与学生充分地对话，拓展他们的生活经验，自然而然地得出网络安全规则。

3.从课内延伸到课外，实现品德的综合发展、生活的整体构建

儿童的生活构建不能仅仅局限于课堂教学。在本课教学设计中，让学生分小组拟定本班的《网络文明安全倡议书》，创设自主道德学习的情境，让学生将此道德行为转化为自主自觉意识，并在以后的学习生活中实践，从课内延伸到课外，规范学生的网络行为。从情景剧到讨论分享，再到倡议书的拟定，也体现出教学过程的层次性，实现品德的综合发展、生活的整体构建。

4.将网络媒介素养的道德教育和法治教育相结合，引导儿童过有道德的生活

道德教育的根本作为就是引导生活的建构，它所指向的是更有利于人之生成和发展的好生活。道德教育要帮助学习者学会反思、改变生活，提高他们的生活建构的品德和能力。[①]法治教育要让学生感知生活中的法，培养学生的规则意识和遵纪守法的行为习惯。

在本课时的教学设计中，注重将道德教育与法治教育结合起来，从倡议书的拟定到学习《全国青少年网络文明公约》再到《中华人民共和国网络安全法》的渗透，层层递进，引导学生懂得遵守网络规则，遵守《青少年网络安全文明公约》是为了让我们在网络时代更加安全、文明地生活，最终提升学生的网络道德水平，培育学生的媒介素养。

（四）历史板块全息育人教学设计

《品社课标》中知识目标明确提出“了解一些我国历史常识，知道在历史发展过程中形成的中华民族优秀文化和革命传统，了解影响我国发展的重大历史事件和社会主义建设的伟大成就。初步了解影响世界历史发展的一些重要事件……”小学五、六年级教材中有许多历史知识的教学内容，这类教学内容并不是以让学生掌握历史知识为目的，而是通过对历史的学习和了解激发学生的爱国热情、树立民族自尊心；通过对历史的回顾，让学生铭记历史，勿忘国耻，努力拼搏，不让历史重演，树立奋发图强的爱国志向。

在进行全息育人教学设计时就要通过从对历史认知育人的角度出发，转化、升华为德性育人。既深刻了解特定时期的历史知识、历史事件、历史人物，又能达到激发爱国热情、树立爱国志向的目标。不能就历史讲历史，就知识讲知识，要将历史事件、历史人物融入活动设计中。尽可能地调动学生的参与热情，尽可能地启发学生的主观能动性，通过自己查阅资料、梳理领会、分析研究，还原历史，挖掘历史背后的故事，从而达成育人目标。

① 鲁洁.道德教育的根本作为：引导生活的建构[J].教育研究，2010(06)：3-8+29.

案例4 《不甘屈辱　奋勇抗争》教学设计①

（部编版《道德与法治》五年级下册第三单元第7课　第一课时）

表3-3-11 《不甘屈辱　奋勇抗争》（第一课时）教学设计表

<table>
<tr><td colspan="5">小学《道德与法治》“双主共学全息育人”教学设计</td></tr>
<tr><td>课题</td><td colspan="2">《不甘屈辱 奋勇抗争》</td><td>授课时间</td><td>40分钟</td></tr>
<tr><td>课型</td><td colspan="2">新授</td><td colspan="2">总二课时　第一课时</td></tr>
<tr><td>教材及学情分析</td><td colspan="4">《不甘屈辱 奋勇抗争》是部编版《小学道德与法治》五年级下册第三单元“百年追梦 复兴中华”第7课。本单元共六课，以时间为脉络，以精神为核心，呈现了近代以来中国人民为实现民族复兴走过的历史进程，歌颂了仁人志士的革命精神与爱国精神。《不甘屈辱　奋勇抗争》引导学生知道从鸦片战争到甲午中日战争我国遭受的列强侵略，懂得落后就要挨打的道理；了解中国人民面对外来侵略曾经进行了不屈不挠的斗争，从中体会中华民族顽强的抗争精神。
本课由三个话题组成，分别是“虎门销烟”“圆明园的诉说”“甲午风云”。本课时将完成第一个话题。
中华民族的屈辱史和抗争史对于出生于中国改革开放、经济腾飞年代的小学五年级学生来说是非常陌生的，知之甚少。与抗日战争相比，一是年代较远，二是根据这段历史为适合这个年龄阶段创作的影音、文学作品不多。</td></tr>
<tr><td rowspan="3">育人目标</td><td colspan="4">1.知道英国向中国贩运鸦片，给中国社会带来的危害和发动侵略战争的罪恶目的，了解林则徐虎门销烟的简单情况。（认知育人）</td></tr>
<tr><td colspan="4">2.认识虎门销烟的伟大意义，充分感受林则徐等民族英雄的爱国精神和民族正气，激发学生的爱国主义精神，树立对国家、民族的历史责任感和使命感。（德性育人）</td></tr>
<tr><td colspan="4">3.通过收集资料、讨论交流等活动，培养学生收集、整理、分析历史信息的能力，以及利用图表等资料，表述观点的能力。（德性育人）</td></tr>
<tr><td>学习重难点</td><td colspan="4">1.让学生通过鸦片这一话题，知道西方列强对中国的侵略给中国人民带来的屈辱，知道近代中国挨打的原因。
2.认识虎门销烟的伟大意义，充分感受林则徐等民族英雄的爱国精神和民族正气，激发学生的爱国主义精神，树立对国家、民族的历史责任感和使命感。</td></tr>
<tr><td colspan="5">教学过程学习活动设计</td></tr>
<tr><td>环节</td><td>教学内容</td><td>教师活动</td><td>学生活动</td><td>活动意图
（育人目标及效果）</td></tr>
<tr><td>课题导入</td><td>提示背景，引入课题</td><td>1.出示罂粟花图片，初识“鸦片”。
2.在中国历史上有那么一个年代，鸦片充斥了市场，两百多万人深受其害，“东亚病夫”这一耻辱的称号由此而生。（出示相关历史资料图片）
3.揭题：（出示课题）不甘屈辱　奋勇抗争。</td><td>1.看图片，认识罂粟，初识“鸦片”。
2.看、听历史资料。</td><td>认知育人：通过图片直观地认识罂粟，了解鸦片是毒品，对人的身体有害。
初步了解“虎门销烟”的历史背景。</td></tr>
<tr><td>新课教学</td><td>活动一：毒品害人，侵略野心</td><td>1.虎门销烟的“烟”指的就是鸦片烟。
2.讨论交流：鸦片给当时的中国带来了哪些危害？
3.小结：鸦片这种杀人不见血的毒品，它使无数中国人因染上毒瘾而丧失劳动力、战斗力。英国强盗向中国大肆倾销鸦片是要掠夺我们的钱财，使我国陷入危难之中。
4.出示现代毒品图片：海洛因、冰片、摇头丸等，了解毒品的危害。
5.交流你所知道的毒品危胁生命健康、影响社会稳定的事例。</td><td>1.讨论交流：鸦片给当时的中国带来了哪些危害？
2.交流所知道的毒品危胁生命健康、影响社会稳定的事例。</td><td>认知育人：通过资料的收集，数据的展示，深入了解毒品的危害。
德性育人：在深入了解毒品的危害的基础上，懂得远离毒品。</td></tr>
</table>

① 本课教学设计案例由北碚区人民路小学谢开宇老师提供。

续表

环节	教学内容	教师活动	学生活动	活动意图 （育人目标及效果）
	活动二：虎门销烟，大快人心	1.过渡。 2.出示珠江三角洲地图，标一标虎门所在位置，找一找珠江所经流域。想一想为什么要在“虎门”销烟。 3.读一读故事，了解虎门销烟的过程。 4.简介林则徐，出示：读林则徐的话，体会其禁烟的决心。 5.出示一系列数字，想一想：这些数字说明什么？你知道具体是怎么“销烟”的吗？谁知道得更清楚。 6.观看电影片段“销烟”，观察销烟现场的布置、气氛，林则徐的神情动作，士兵、群众的动作、反应，谈谈体会。 7.小结：在国难当头之际，林则徐坚决反抗外敌，虎门销烟之举销毁的不仅仅是鸦片，更是“东亚病夫”的形象，大长了中国人民的志气，大灭了帝国主义的威风，为中华民族扬威，令国人扬眉吐气，表现了中华民族不屈的气节及强烈的爱国之情。	1.看地图，标虎门的位置，找珠江所经流域，想为什么在“虎门”销烟。 2.读虎门销烟的故事，了解过程。 3.想：一系列的数字说明什么？ 4.讨论怎么“销烟”的。 5.观看电影“虎门销烟”片段，仔细观察现场，林则徐的神情动作，士兵、群众动作、反应，谈体会。	德性育人：了解虎门销烟的过程，体验大快人心，同时产生对林则徐的钦佩之情。 德性育人：从虎门销烟事件体会中华民族不屈的气节及强烈的爱国之情。
	活动三：鸦片战争故事知多少	1.在鸦片战争中，还有许多与侵略者抗争的历史故事和英雄人物，你知道多少呢？ 2.从中你又有什么样的感受呢？	1.学生交流课前收集的与侵略者抗争的历史故事和英雄人物事迹，并谈谈感受。	德性育人：从历史故事和英雄人物中体会中国人民不屈的反抗精神，体会爱国精神，用名言激励自己。
	活动四：话说香港，前世今生	1.阅读《南京条约》，说说为什么是丧权辱国的条约，谈谈感受。 2.小讲坛：历史的昨天和今天，给你留下了哪些思考？联系昨天，感受今天，畅想明天。	1.阅读《南京条约》，说说为什么是丧权辱国的条约，谈谈感受。 2.说说历史的昨天和今天给自己留下的思考。	德性育人：懂得落后就要挨打。从香港顺利回归看祖国的发展，充满信心地为祖国以后发展尽力。
课堂反馈	从课堂上看，学生并没有因为远离那段历史而觉得枯燥乏味，课堂上反馈出学生的参与积极性很高，尤其是对虎门销烟的具体方法，书上一笔带过，图片也不是很清晰。让学生深入探究才更清楚，学生兴趣很浓。			
课堂小结	今天，古老的中华焕发出生机和活力，我们唱着《东方红》，中国人民当家作主；我们唱着《春天的故事》，进入了一个飞速发展、日渐强盛的崭新年代。让我们牢记：只有发展，只有国力的强盛，这段屈辱的历史才不会重演。			
作业布置	1.查阅资料了解香港沦为英国殖民统治的详细经过，了解香港又是怎样回到祖国怀抱的，你从中体会到什么？ 2.找《七子之歌》来听听，七子是哪七子？他们现在如何，何时回到祖怀抱。			
板书设计	不甘屈辱　奋勇抗争 输送鸦片——虎门销烟——鸦片战争——南京条约——香港回归 危害大　　抵鸦片　　勇抗争　　求妥协　　终实现 落后就要挨打			
教学反思	这是历史知识性非常强的教学内容，虽然这段历史远离学生，学生不了解，但课前让学生收集了大量的资料，对这部分内容也没有想象中陌生。因此这节课以历史知识为线，引导学生通过历史知识、历史事件的收集整理、交流、谈感受，获得的就是真实的情感，学生义愤填膺，燃起的是对帝国主义的恨，但我们的教学目的不是挑起仇恨，而是让学生记住历史，懂得落后就会挨打，明白祖国强大才能真正不受欺负，激发学生的爱国热情，激励学生奋发向上。			

案例评析：

《不甘屈辱 奋勇抗争》是部编版《道德与法治》五年级下册第三单元"百年追梦 复兴中华"这个主题的第7课。这个单元呈现的都是近代以来中国人民为实现民族复兴走过的历史进程，以重大历史事件、历史人物为主线，进行国情教育、革命传统教育和爱国主义教育。如何把握这类历史知识极重的教学内容，如何挖掘教材确立育人点，推进全息育人的落实呢？本课时的教学设计，体现了以下几个特点。

1.根据全息育人导引，确立育人点

在小学道德与法治学科全息育人点框架呈现：

认知育人：人文知识——中外历史——了解祖国重大历史和其他国家的有关知识。

德性育人：道德意识——道德情感——具有爱国主义情感、集体主义情感、荣誉感、责任感等。

根据小学道德与法治学科全息育人点框架呈现的一级、二级、三级目标，这样历史知识非常强的教学内容，重在认知育人和德性育人。

2.把握知识育人点，深入了解历史背景与事件

在"毒品害人，侵略野心"这个教学活动中设计让学生自己收集了解鸦片的毒害，调动学生的参与积极性，无论老师如何讲解毒品的危害，都不敌学生自己通过查阅资料、访谈家长、收集影音资源效果好。在学生交流所知道的毒品危害生命健康、影响社会稳定的事例后，教师再出示相关数据，这样就形成一个立体的知识体系，学生对毒品的危害就更加深入，结合当时的国情，就能更深刻理解为什么中国人民坚决抵制鸦片输入，林则徐为何态度坚决。

为了更深刻地了解虎门销烟的重大历史事件和历史意义。活动中设计：出示珠江三角洲地图，让学生标一标虎门所在位置，找一找珠江所经流域。理解虎门位置的特殊性：靠近沿海，是鸦片走私入口的大门。就是要让学生进一步体会到中华人民对抵制鸦片的决心和态度。虎门销烟的电影片段更是为了激发学生的爱国热情，更为直观，更能引起学生的共鸣。

3.用故事讲历史，用人物写历史

生动的故事能让课堂充满活力。历史知识很强的教学内容，许多学生不感兴趣。如果我们就历史讲历史，学生不但不感兴趣，还会觉得枯燥。这类教学内容，老师要收集相当多当时历史背景下的故事和有代表性的人物，把故事生动地讲给学生听，把鲜活的人物形象展现出来，学生的兴趣更浓，印象更深。

这一课时中设计了"鸦片战争故事知多少"这个活动，充分调动学生的学习热情，

激发学生讲鸦片战争中的故事，了解鸦片战争中的英雄人物，让单调的历史知识更丰富、更生动。从香港的故事着手，设计“话说香港前世今生”，通过分享香港沦为殖民地和回归的故事，使课堂也更具吸引力。

该课的教学设计重点不在于让学生掌握历史知识，而是通过了解历史获得情感体验，升华爱国热情，不是让学生只停留在对帝国主义的仇恨上，而是引发学生的深思。历史已然，我们不能忘记，作为一个中国人要铭记这段历史，记住“落后就要挨打”的教训，明白只有努力建设祖国，让祖国强大起来才能让历史不再重演。

（五）地理板块全息育人教学设计

随着年龄的增长，知识的积累，学生的认知能力会不断增强。道德与法治课程在设置时，依据学生的认知规律，随社会生活圈的扩大，以“个人—家庭—学校—家乡—祖国—世界”为线索来进行内容设置。因此，地理是学生真实生活的重要部分，是学生形成与世界联系的重要智力纽带。《品社课标》中要求小学高段学生知道我国的地理位置、领土面积、海陆疆域、行政区划。了解我国不同地区自然环境的差异，知道环境差异对人们的生产生活方式的影响。从地理上的变化、气候差异之大感受祖国地大物博，从而激发学生的爱国热情。全息育人教学设计不仅要求老师掌握相应的地理知识，还要有针对性地设计相应的教学活动，让学生在充分了解地理位置、自然环境、气候特点等基础上，更进一步地了解不同区域的气候、地形、资源等差异，以及这些差异对生产和人们的衣食住行等的影响。引导学生学习生活地理、社会地理，旨在帮助学生过有道德的社会生活。

案例5　《好山好水好风光》教学设计①

（部编版《道德与法治》五年级上册第三单元第6课　第二课时）

表3-3-12　《好山好水好风光》（第二课时）教学设计表

小学《道德与法治》“双主共学全息育人”教学设计			
课题	《好山好水好风光》	授课时间	40分钟
课型	新授	总三课时　第二课时	
教材及学情分析	《好山好水好风光》是部编版《道德与法治》五年级上册第三单元“我们的国土，我们的家园”第6课《我们神圣的国土》中第二个话题。主要介绍了我国的地形特点，了解主要山脉、大江、大河以及多彩的自然风光，欣赏和感受祖国的山水之美。这一话题前面是“辽阔的国土”，后一个话题是“一方水土　一方生活”，了解不同的自然环境和人们的生产生活方式各具特色。本课涉及的地理知识相对较多。 五年级的学生有一定的学习基础，对我国一些常识性的地理知识了解一些，但很不够，毕竟学生年龄小，大部分生活的范围仅限于出生地，对国土的了解有限。但随着年龄的增长和知识的不断丰富，学习有了一定的基础。且有较强的上网查资料的习惯和能力，能够收集处理一些简单的信息。		

① 本课教学设计案例由北碚区梅花山小学官应红老师提供。

续表

<table>
<tr><td rowspan="3">育人目标</td><td colspan="4">1.了解祖国显著的地形及其特征。(认知育人)</td></tr>
<tr><td colspan="4">2.感受、观察祖国的地形,探究不同地形给我们的生产生活带来的好处及影响。(认知育人、审美育人)</td></tr>
<tr><td colspan="4">3.热爱祖国大好河山,增强保护世界自然遗产的意识。(德性育人)</td></tr>
<tr><td rowspan="2">学习重难点</td><td colspan="4">1.探究多样的地理环境给我国的经济和文化发展带来的益处,激发热爱祖国的情感。(认知育人、德性育人)</td></tr>
<tr><td colspan="4">2.感受祖国的山水之美,爱护世界自然遗产。(德性育人)</td></tr>
<tr><td colspan="5">教学过程</td></tr>
<tr><td>环节</td><td>教学内容</td><td>教师活动</td><td>学生活动</td><td>设计意图
(育人点及育人效果预期)</td></tr>
<tr><td>课题导入</td><td>一、畅游祖国,感受美丽</td><td>1.视频播放:彩色中国地图画面。
2.组织学生谈感受。</td><td>1.观看祖国美丽的自然风光。
2.交流、分享自己的观看感受。</td><td>德性育人、审美育人:感受祖国山水之美,激发学生对美丽祖国的热爱之情。</td></tr>
<tr><td rowspan="3">新课教学</td><td>二、感知地貌,了解特点</td><td>1.过渡:欣赏了长江、黄河的美景,那我们来看看长江、黄河的全景图,仔细找找他们的发源地,最后流向哪里。
2.出示中国地形图,仔细观察发现了什么。
3.你能在地形图中找找主要的山脉吗?
4.拓展:正因为我国的地形特点,因此形成了四大高原、四大盆地、三大平原、三大丘陵。在图上圈一圈,找一找。</td><td>1.学生汇报色彩、形状、地形地貌特点,以及不同的地形地貌特点对生产生活的影响。
2.在图上圈一圈,找一找:四大高原、四大盆地、三大平原、三大丘陵。</td><td>认知育人:了解中国西高东低的地理特点,根据地图探究我国有哪些江河、山脉。</td></tr>
<tr><td>三、世界自然遗产知多少</td><td>1课件出示教材第51页,提问什么是世界文化遗产?有什么意义?
2.课件出示教材第50页,看看中国的地图,让学生找找我国有哪些世界自然遗产。
3.找找重庆的世界自然遗产。通过小组竞赛的形式比比谁找得多。</td><td>1.翻看教材,了解世界文化遗产。
2.看教材上的中国地图,找找我国的世界自然遗产。
3.以小组比赛的形式,学生在中国地图中找我国的自然遗产,再找重庆的自然遗产。</td><td>认知育人、德性育人:了解什么是世界自然遗产。我国、重庆的世界自然遗产,从而增强自豪感,激发热爱祖国的情感。</td></tr>
<tr><td>四、践行文明出游公约</td><td>1.交流看到被污染的景点的感受,在你的身边有没有类似的事情发生?
2.组织学生以小组为单位讨论,如何用自己的行动爱护自然,爱护文化遗产,爱护祖国的一草一木,然后设计一份《旅游文明公约》。
2.指导学习制定《旅游文明公约》。</td><td>1.观看被污染的景点,谈谈自己的感受。
2.以小组为单位讨论。
3.设计《旅游文明公约》。</td><td>德性育人、劳动育人:知道要文明旅游,爱护自然,爱护文化遗产,爱护祖国的一草一木。</td></tr>
<tr><td>课堂反馈</td><td colspan="4">这是一节地理知识偏重的课,虽然课堂上涉及许多地理知识,但没有设计成一节专业的地理课,而是通过引导学生观察祖国地形地貌的同时,让学生清楚地了解我国的地形特点,正因为地形的不同,地理位置的不同形成了全国各地各不相同的自然风光,激发学生对祖国的热爱之情。整个教学设计以小组为单位比赛找我国的自然遗产及家乡的自然遗产,增强自豪感。通过参与设计《旅游文明公约》,树立爱护自然,爱护文化遗产,爱护祖国的一草一木的意识。</td></tr>
</table>

续表

课堂小结	这节课我们认识了祖国多样的地形，了解了祖国的大江大河，祖国的自然文化遗产，他们如此之美，让我们一起拒绝不文明行为，用实际行动，为祖国这幅美丽画卷增添新的光彩，让她永远美下去！
作业布置	继续制定《旅游文明公约》，并进行完善修改。 收集家里的不同时期旅游拍的照片，自己模拟导游为家人解说。
板书设计	好山好水好风光 —［风景优美；物产丰富］— 祖国就像一幅画
教学反思	这节课地理知识较多，但并没有以讲专业的地理知识为主，而是采用小组合作学习的方式，让学生在小组内交流，找出我国地形地貌的特点，学生们的学习积极性很高，能主动地参与到学习活动之中，通过地理知识的学习，激发学生热爱祖国、热爱自然之情，促使学生良好品德的发展。学生是学习的主人，主动参与学习活动，收到了事半功倍的效果。打算在以后的教学中继续让学生多提问，多质疑，激励学生多看书，不光看名著，还要看地理方面的书籍，以开阔他们的视野。

案例评析：

《好山好水好风光》是部编版《道德与法治》五年级上册第6课《我们神圣的国土》中第二个话题。这个话题一共有四页内容：一是中国地形图，二是祖国大江南北自然风光，三是中国世界自然遗产分布图，四是如何保护世界遗产。本课时是《我们神圣的国土》第二课时，目标是通过引导学生了解我国领土辽阔，地形多种多样，山河壮美，拥有众多世界自然遗产的地理知识，激发学生热爱祖国的情感。初步建立关注祖国世界自然遗产的意识。

本课时的教学设计凸显出以下三个特点。

1. 紧扣育人目标，突出学科价值

本课时紧扣教学目标，进行教学活动设计。首先，确定育人目标，从育人目标中，可以看出地理板块教学设计的着眼点，在于通过引导学生学习地理相关知识，激发学生对祖国的热爱之情，增强保护世界自然遗产的意识。围绕教学目标，设计了“畅游祖国，感受美丽”“感知地貌，了解特点”“世界自然遗产知多少”“践行文明出游公约”四个教学活动。这四个教学活动，又是以小组为单位，让学生在自主学习的基础上，开展体验、交流、讨论、合作。这样突出学科价值，让教学活动有效开展。

2. 链接学生生活，巧设教学活动

开课导入环节，设计了“畅游祖国，感受美丽”情境体验活动。学生通过欣赏《美丽中国》视频，感受祖国山水之美，激发学生对美丽祖国的热爱之情。在“践行文明出游公约”活动中体验观看被污染的景点图，知道要文明旅游。情境体验教学活动、合作探究活动的设计，能很好地落实审美育人、德性育人的教学目标。“世界自然遗产知多少”这个内容的教学看似枯燥，教师巧妙设计成以小组为单位的竞赛评比法，大大激发了学生参与活动的学习兴趣，有效落实认知育人、德性育人的目标。

3.展现双主共学,促进共同发展

本课时的教学设计充分体现出教师为主导,学生为主体的双主共学模式。教师设计了“感知地貌,了解特点”“世界自然遗产知多少”这两个落实认知育人、德性育人的教学活动。学生通过在图上圈一圈,找一找,说一说,了解世界自然遗产的概念,了解我国的世界自然遗产,家乡重庆的世界自然遗产,从而增强学生的自豪感,激发热爱祖国、热爱家乡的情感。最后设计一份《旅游文明公约》充分体现了学生的自主学习,主体地位。

综上所述,从本课时教学设计中,我们可以看到针对这种地理知识较强的教学内容,必须把握好本学科与地理学科的侧重点。以学生生活为基础,学生通过学习地理知识,懂得多角度欣赏自然之美,为祖国感到骄傲自豪,培养学生良好的道德品质。

第四章

小学道德与法治学科全息育人教学实施

小学道德与法治学科全息育人的教学实施，是基于学科全息育人理论引导下进行的。要精准把握本学科教材特点，兼顾学生和教师双主体的协同发展。更新教师育人观念，在学科教学中充分融合五育，尊重学生个性化、差异化发展，利用多种课堂教学方式渗透学科全息育人理念。在教学过程中，遵循实施原则，合理选用和取舍育人点，创设多种教学情境，关联学生现实生活，兼顾全体学生，挖掘学生潜力，激发创造力，不断增强学生学科核心素养，实现“立德树人”的目标。

第一节　小学道德与法治学科全息育人教学实施的原则

为把“立德树人”的要求落到实处，2014年教育部研制印发《关于全面深化课程改革 落实立德树人根本任务的意见》，随即明确指出了学生应具备的适应终身发展和社会发展需要的必备品格和关键能力。教育要以培养“全面发展的人”为核心。中国学生发展核心素养包括文化基础、自主发展、社会参与三个方面，综合表现为人文底蕴、科学精神、学会学习、健康生活、责任担当、实践创新等六大素养。习总书记在学校思想政治课教师座谈会中强调：办好思想政治理论课，最根本的是要全面贯彻党的教育方针，解决好培养什么人、怎样培养人、为谁培养人这个根本问题。道德与法治课应着眼小学生的全面发展，教师在教学中结合学生的社会生活，充分融合各育人点，将教材和学科的育人功能最大化。要注重与社会实践的联系，引导学生自主参与丰富多样的活动，在认识、体验与践行中促进正确思想观念和良好道德品质的形成与发展。

一、全面性原则

实施素质教育的重要目标之一是“全面”。所谓全面是指：“使学生的各项基本素质，包括德智体美劳以及个性特长等充分、自由、和谐地发展。不仅重视开发和培养智力因素，而且重视开发和培养非智力因素；不仅教会学生学习，而且还要使学生学会生存，学会做人。”①杜威认为：理想的课程是以孩子的经验和兴趣为基础，并为未来生活做准备。而这恰恰与我们重视提升学生的核心素养观念相吻合，学生需要具有能够适应自身发展、社会发展的关键能力，具备责任心、创新意识等必备品格。

基于此，道德与法治学科实施全息育人的内涵定义为：在道德与法治学科教学中，进行认知育人、德性育人、审美育人、健康育人、劳动育人，通过全息育人实现“立德树人”的目标。实施形态的多元化、多样化，就是有目的、有计划、有系统地通过德育路径和策略的多角度、多途径、多样态呈现，对受教育者施加思想、政治和道德等影响，并通过其积极认知、参与、互动、体验与践行，有目的、有针对性地培养其品德所进行的教育教学活动的实施和管理。

思索道德与法治的教学变革，从落实“双基”，到“三维目标”，再到现在的“核心素养”，可以看出以往的品德与生活、品德与社会等重视课堂“宣教式”理论知识的传授，忽视、弱化了学生道德体验和道德实践能力的培养与提升。教学实施往往背离了“以德为魂，立德树人”的原有之意，变得行政化、任务化、形式化。自2018年以来，北碚区教师进修学院提出全息育人，把五育全面渗透到教学中，真正做到“立德树人”，培养全面发展的社会主义建设者和接班人。因此，在学科教学实施过程中渗透全息育人时，要重视全面性原则。

（一）全面关注每一位学生

面向全体学生、促进全面发展，这是学科全息育人的根本方向。要为每一位学生的发展给予有效帮助，努力做到“有教无类”。要正确处理好德与智、知与能、创造性认知因素与创造性个性倾向的关系，坚持全面培养，防止顾此失彼。

在教学中，并非只有好学生才有能力开展学习。教师要为每一位学生提供参与探究的机会，尤其是那些在班级或小组中较少发言的学生，更应给予他们特别的关照和积极的鼓励，使他们有机会、有信心参与到学习中来。在教学时，教师要注意观察学生的行为，防止一部分优秀学生垄断探究活动；要注意引导每一位学生都要对教学活动贡献自己的力量，使之享有参与探究的权利。当然，对某些学习困难的学生和那些有特殊才能的学生，还要考虑利用其他时机（如课外兴趣活动）给予他们适合的探究学习任务。

① 刘立华，武沛荣．语文教学中的全面性原则[J]．现代语文（教学研究版），2006(04)：16–17.

(二)全面关联课堂与生活

建构主义认为,学生的生活经验是学习新知的前提。我国著名教育家陶行知先生曾指出"生活即教育",认为教育源于生活,即教育只有通过生活才能产生作用并成为真正意义上的教育。丰富多彩的生活通常是实施教育活动的经验源泉和知识宝库,教育离不开生活,道德与法治课程更是与社会现实及学生生活密切相关,它透过社会现象和生活教学生如何做人,如何做事。道德与法治学科教学,要来源于生活,高于生活,还原于生活。所以,教师在教学中,要根据课程内容,从学生的生活实际出发,用现实生活中的事或物创设出富有生活气息的场景或氛围,营造一个个问题情境,激发学生的求知欲;让学生在贴近生活和社会实际的情境中去感受、去体验、去思考,从而获得相应的知识和技能,形成积极的情感、正确的态度和价值观;再回到社会生活中,用他们所学的知识和所具有的能力去适应生活,改善生活,为社会创造财富。

具体而言,就是教师围绕小学道德与法治教材教学内容,准确无误地寻找教材知识与现实生活之间的紧密联系。如在教学部编版《道德与法治》五年级下册《我们的公共生活》一课时,教师将学生带到社区实地教学,针对社区公共环境和设施的布局、使用情况、存在的问题等进行调查和走访,现场讨论,提出整改"药方"后,学生对公共生活中应遵从的原则有了发自内心的认同。教师将学生的道德与法治学科学习引向了社会生活,将社会文明的种子种入了学生心田。

另外,教学还需要从生活到教材,再从教材到生活的转换和迁移。学生在课堂中习得道德成长经验、多元社会认知、各种生活能力等之后,要主动付诸社会生活实践,这是从自然人到社会人的成长不能缺少的。在开展部编版《道德与法治》四年级上册"让生活多一些绿色"这个单元教学时,教师需要引导学生积极参与到环保行动中,鼓励学生走进社区宣传环保知识,调查环境状况,设计治理方案等,为社会出一分力,共建绿色家园。

(三)全面落实学科"五育"

在学科教学中,教师应该注重学生核心素养的发展,渗透学科全息育人理念,真正把德智体美劳五育融合在日常教学中。用全息育人的理念指导教学,重视学生全面发展。结合各单元育人知识点导引和全息育人教学设计要求,充分体现教材的育人功能,把贴近学生生活实际、思维水平、道德认知起点的素材加以融通,创造性使用教材,在课堂教学中有的放矢地把育人目标落实在活动化教学中,从德智体美劳各方面进行育人。

尤其要注意的是引领学生学会做人。一方面要从增强学生爱国情感做起,大力弘扬以爱国主义为核心的伟大民族精神，激发学生爱国之情，做到语言文明与举止文明，自我尊重与尊重他人，关心他人与理解他人，学会感恩、学会关心等等；另一方面，引导学生从小树立远大理想和崇高的人生目标，把自己的人生发展需求和国家、民族的发展紧密相连。加强对学生的法治观念、劳动思想以及集体主义思想的教育，培养积极健康的心理品质。

还要注重指导学生怎样学习和怎样思考。新教材的课程理念促使教学从传统的以传授知识为主转向培养学生学会学习和创造为主，这就要求我们尽快更新教育理念，使教学不仅仅让学生“学会”，还要让学生“会学”，即不仅要教会学生从教材中获取信息知识，更重要的是培养学生学会从课本外自主收集信息、分析信息，使用和利用信息，甚至创造信息的能力。①

除此之外，道德与法治课教师必须在教学中教会学生劳动技能、健康知识、生活本领，培养高尚的审美情操等。

面向学科五育，用全面的眼光培养人、塑造人，培养全体学生，全面有次序、有步骤地实施学科全息育人，做到生活与教材、课堂与社会、教师与学生等的全面融合与关联，将会极大地促进学生掌握系统的学科知识，实现全面发展。

二、个性化原则

实施道德与法治学科全息育人，需要教师对学生进行差异化培养，满足学生发展的个性化需求，让每位学生都能成长为独特的个体。而这一切的实现，也离不开具有人格魅力、教学风格独特的个性化教师。只有坚定地融合个性化发展，才能让全息育人得以有效实施。

教师这一职业需要不断更新已有知识，适应新时代儿童发展的需要。教师的学习应该与时俱进、与生俱进。一名有人格魅力的教师应该善于接受新事物，锐意改革，要不断充实和提高自我，更新思想，更新观念，不断创新教学模式、教学方法。只有塑造了教师独特的人格魅力，才能感染、感化学生，形成号召力，才会在有形与无形中给予学生丰富、多彩、多形式、多作用的营养，滋润着学生的成长。②

（一）教师教学个性化

教师实施个性化教学，是全息育人有效落地的保障。只有风格多样，敢于尝试和挑战的教师才能赢得学生喜欢，才能让道德与法治学科教学充满活力，真正贴近学生

① 刘立华，武沛荣．语文教学中的全面性原则[J]．现代语文（教学研究版），2006(04)：16-17.

② 徐文莲．思想品德课教学原则在教学实践中的个性化应用[J]．新课程（教育学术版），2009(09)：24.

生活，为学生的道德成长奠基。

1.独特的人格魅力

要想教学实施个性化，首先离不开有个性、有魅力的教师，教师独特的人格魅力是吸引学生的重要前提。教师具有独特的人格魅力，将不断激发学生的学习兴趣和热情，明确育人目标，指明学习方向，端正学习态度，掌握学习技巧，养成良好的学习习惯。可以帮助学生形成优秀的品格，塑造高尚的人格。教师还要善于结合自己的特色、班级的特点、学生的特征进行个性化的自我完善和发展，不断修炼自己，提高教育教学艺术。“亲其师，信其道”“其身正，不令而行”，促进学生个性化发展。

2.鲜明的教学风格

教学风格是教师在长期的教学实践活动中，逐步形成的鲜明的个性特长，是教师人格和个性特征在教学上的全面反映，教师在教学过程中的一言一行无疑对学生的学风有着潜移默化的影响。每位教师的不同个性，学识、情趣、气质、生活习惯，社会生活阅历以及师生关系，教育目标，活动场所的差异，形成各位教师的教学风格的形态各异、丰富多彩的特点。

(1)注重细节言传身教。在教育教学中，教师的教学风格对学生的学习发展起着言传身教的作用，并集中体现着学生学风的特点，二者相辅相成。由于学生的个性、学习兴趣、审美情趣的差别，也带来了对教师的教学风格的选择性。课堂教学中的每个细小环节，如眼神、表情、手势、语调、演示动作等，所营造的课堂气氛，对学生的学习兴趣的激发，能否凝神听讲、举手抢答都产生着必然的影响。

学生是教师教学风格的形象载体，是了解教师风格优劣程度及适合与否的知音。所以，在实施全息育人的过程中，教师的教学风格将成为教学个性的首要标志。

(2)尊重学生思维创新。教师的教学风格反映教师的思维品质，它将影响学生良好思维品质的形成和发展。一般说来，教师“精细”的教学风格，能促进学生把握事物特征的思维能力的发展，从而造就学生无论做什么事都具有一丝不苟的良好的品质。教师严谨的治学风格，引导着学生的联想能力趋于周密，从而也促进学生独立思考、深思熟虑的思维品质的发展。

教师的教学风格体现教师思维方式和思维创新，将会影响到学生不同的思维发展潜能。教师要培养学生的问题意识，注重思维意识的培养。可以通过在课堂教学中的换位思考、多角度审视、反向思考、综合感知、合理想象与假设和逻辑推理等来进行培养。

(3)关注学生品德发展。教师的教学风格与本人的思想境界相关，教学风格对学生品德的发展产生深刻影响也是很自然的事。教师的“言传”和“身教”，会潜移默化地影响着学生思想品德的发展，教师的教学风格对学生的心灵触动，可以给学生留下终生难忘的印象。

教师要把教书和育人两个方面和谐地统一起来，既向学生传授知识，又使他们不知不觉地提高思想道德水平。因为教师的一举一动都会引起学生注意和模仿，要做好表率，提高育人效果。

(4)促进学生个性成长。教师的个性影响着学生个性的发展，一个精神丰富、道德高尚的教师，才能尊重和发展学生的个性特长，而一个无任何个性特色的教师，他培养的学生可能也不会有任何特色。因此，教师的个性风格对学生个性的发展起着不可忽视的作用。良好的教育教学风格将对学生今后的学习、工作、生活产生重大的影响。

(二)学生学习个性化

教师在实施教学活动的过程中，在潜移默化地渗透五育的同时，也要关注学生的个性化发展，使学生逐步形成自己的个人特点，最终成为德智体美劳全面发展的人。

1.精心发掘学生潜力

教师要帮助学生了解自己在学习中的兴趣，挖掘自己在学习上的优势和潜力，需要教师充分了解全体学生各自不同的特点，对学生的学习、生活状况有预判和掌握，找到学生的最近发展区，只有这样，才能有的放矢地对学生实施个性化培养。教师要充分肯定学生的成绩和能力，给予必要的鼓励和引导，用发展的眼光对待学生。帮助学生了解自我，发展自我，成就自我，不断超越自我。

2.用心提高学习兴趣

发展学生的个性和特色，培养学生浓厚的学习兴趣，有利于提高学生学习道德与法治的积极性和主动性，有利于增强他们进行思考活动的自觉性和创造性，它还可以引导学生努力拓宽自己的知识视野，丰富自己的生活阅历，开发自己的潜在智力。教师作为学生学习实践的指导者，要立足于引导其个性的充分发挥，侧重于培养其对社会生活的感受。教师应努力提高自己各方面的素质，改善自身的知识结构，提高课程整合与开发的教科研能力，以适应现代化教学的迫切需要。用心去了解学生，善于提高学生的学习兴趣，从而促进学生个性化发展。

3.耐心实施分层指导

学生的学习具有个体差异性。教师要耐心发现学生的不同特点，尤其是基于本学科学习的诸如生活经验、道德认知、个性特征、家庭状况等的不同。帮助学生建立学习自信，提高学习兴趣，引导他们与同学交流，与教师对话，与生活接轨，制定个性化的学习目标、方法和策略，注重引导，分层教学，真正实现教学相长。①

三、生本性原则

生本性原则主要指教师在实施教学过程中坚持以学生为本。现代素质教育不仅关注学生的成长和发展，而且要求教师把学生作为具有个体意识、独立思想、丰富情感的人加以对待。以学生为本，就要求教师要以学生的发展为本、以学生的学习为本。可以说，教师要为学生考虑，在相信学生的同时，爱护和尊重学生的独立人格和自由个性，即关注学生的学习，给予其充分的自学时间和空间，鼓励学生自主探究、体验学习。②

同时，新的教学理念倡导师生合作学习，使学生敢于发表不同见解，交流彼此的感受，分享彼此的思考、见解，形成生生之间、师生之间广泛的信息交流。我们的课堂互动要求的是通过学生积极的思维活动，促使实质的、有意义的新内容在互动中发展。在生成性课堂上的现代学生，心灵开放，思维活跃，自然会出现各种不可预测的情况。这就需要教师灵活调控课堂方向，时时把握住学生思维的方向，恰到好处地进行点拨，在互动的课堂中，不断捕捉、判断、重组涌现出来的各种信息，把握促进课堂教学动态生成的切入点，灵活驾驭教学。在发挥学生主体作用的同时，发挥教师的主导作用。注重生本性原则，必须加强教学中的对话互动。

（一）指导生本对话

学生和教材有着一定的距离，这距离是学生的已有知识经验、道德成长情况与育人目标间的距离。要实现全息育人，必须加强学生与文本间的有效对话。教师需要在教学中活用教学方式，指导学生与文本充分交流。通过适时点拨，搭建桥梁，创设情境，有效分解，带领学生在文本与个性感悟间多走几个来回，做到学生从自己的角度出发，读懂文本，理解文本，达成教材文本所隐含的育人目标。

（二）引导生生对话

教师在教学过程中，引导学习同伴适时互动，可以让学生直接或间接获得学习经验，增进同伴了解，共建同窗友谊。在平等、友好的对话交流和互动体验中，相互完善和优化已有认知，形成新的知识，实现学习的自我调整。例如在教学《我们的班规我们订》时，教师引导学生间相互交流班规的作用，结合班级同学情况，讨论本班班规的不

① 徐文莲.思想品德课教学原则在教学实践中的个性化应用［J］.新课程（教育学术版），2009(09)：24.

② 廖明英.品德课教师应关注生成性课程资源［J］.教学与管理，2016(16)：65-66.

足,提出改进建议。学生提出某些同学存在的问题,需要用班规来约束,学生中肯而有礼貌地相互指出了个体和集体目前的不足,全班学生在互动交流中明白了个人与集体密不可分,是休戚相关的命运共同体,实现德性育人。

(三)激活师生对话

师生对话主要是指在教学活动中,教师在充分发挥自身作用的同时,还要充分调动学生的积极性,使教学过程真正处于师生协同活动、相互促进的状态之中。其实质就是要处理好教师与学生间的关系,教与学的关系。

部分学生由于一些客观或者主观原因而比较"害怕"与教师对话,就更不要说让学生积极地参与课堂互动了。所以,针对这一问题,道德与法治教师就要放弃传统的"灌入式的互动",以避免学生都露出一张张你不情我不愿的表情。教师可以以一个事物,或一个育人点作为互动的切入点,再通过这一切入点将课堂互动渗透到教学之中。还能将处于叛逆期的学生的学习兴趣调动起来,将他们说话的欲望激发出来,以此加强师生互动,激活道德与法治课堂。

四、生成性原则

生成性原则是指在学习过程中要利用学习策略对学习的材料重新进行加工,产生某种新的东西。新课程的最高宗旨和核心理念是"一切为了每一个学生的发展"。"发展"是一个动态的生成过程,这个过程中的因素和情境无法预见,也就产生出许多的生成性问题。"动态生成"是新课程理念下课堂教学的主要特征。作为一门与生活有密切联系的课程,如何及时发现、挖掘生活中和课堂上的生成性课程资源,并由此开展灵活的、有针对性的教学,对道德与法治课的教学效果有重要作用,教师具体可从以下几方面着手。①

(一)强化生成意识

生成性课程资源是在课堂教学中,师生互动以及生生互动过程中产生的、超出教师教案设计的新问题、新情况,即在言语、行为、情绪表达中出现的"节外生枝"的情况。教师首先在心理上不应觉得麻烦,可以有意识注意并加以利用。这需要教师具有一定的教育机智,教师可设法挖掘生成性资源的德育意义,将其转化为新的教学点。

① 廖明英.品德课教师应关注生成性课程资源[J].教学与管理,2016(16):65-66.

(二)做好生成预设

道德与法治课堂教学随时都有可能发生“意外”,随时都有可能出现意想不到的生成性资源,尽管如此,充分的预设依然是课堂生成的前提与基础,二者并不矛盾,而是相辅相成的。教师在预设中要考虑各种可能性,并设想相应的解决方案,才能在课堂中更敏锐地捕捉到生成的契机,有效地处理好生成问题。

(三)激发生成出现

1. 现场灵动生成

高效的课堂必然是预设与生成的有机结合。有了课前的预设,在教学中,教师要时时把握学生思维的方向,引导或者适时给予时机让学生生成问题,而教师面对突发涌现出来的各种信息的生成,要能及时捕捉、判断,恰到好处地进行点拨,重组课堂,灵活处理教学。

2. 知识联动生成

新一轮的课程改革特别强调,教学内容、教学方式都要从学生的生活经验出发,引导学生通过自己的经验来建构知识。在教学过程中,教师应把学科知识与学生生活连接起来,激活学生的生活经验,催生课堂生成。

3. 问题驱动生成

问题是思维的起点,是创造的前提,有了问题才有思考,有了思考才有创新性学习的可能。问题是学生学习道德与法治课的动力,能引起学生学习的探究兴趣,还能集中学生学习的注意力。

在课堂教学中,教师应联系学生生活实际,精心设问,巧于提问,尽量让学生能够多思考、多讨论。不迷信权威,不墨守成规,鼓励学生提出质疑,发表见解。只有这样,才能调动学生的积极性,打开思维大门,在无疑处生疑。教师要在学生“愤”“悱”之时及时鼓励和点拨,给学生提供相关的线索,起到水到渠成的启发作用。

(四)活用生成时机

教师要有一定的应变能力,积极引导学生互动,在学生生成问题时,教师可以及时生成课程资源。在实际的教学过程中,学生难免会出现与课堂主题不同,甚至相反的意见,教师要做到冷静思考,可以对学生的观点进一步澄清,看是否是学生中共同持有的意见,灵活运用生成问题,然后相机引导,有利于达到更好的育人效果。[①]

① 廖明英. 品德课教师应关注生成性课程资源[J]. 教学与管理,2016(16):65-66.

五、开放性原则

小学道德与法治课程肩负着落实社会主义核心价值观，培养学生核心素养的重任，是一门以儿童为授课对象的活动性综合课程。本课程内容根据社会生活的发展变化和学生身心发展的需要，有弹性地吸纳鲜活的社会生活事件；教学空间从课内向课外延伸，从课堂向学校、家庭和社区扩展；课程评价关注不同学生的学习起点和学习态度，不以单一指标评价学生的发展，评价不仅关注学习结果，更重视学习过程和日常行为。小学生的学习动力主要来自情感和兴趣，因此在教学资源的选择与运用上，应以珍视童年生活价值，尊重儿童权利为前提，以激发学生情感共鸣和学习兴趣为导向。让学生在开放的教学内容、教学方法、教学场景中加深体验，增长见识，提升思维，拓宽视野，积淀人文底蕴，提高社会参与积极性，真正发展核心素养，培育和践行社会主义核心价值观。

（一）教学思想的开放

在价值观方面，道德与法治课教学的目标不能仅仅局限于对学生的常规教育，还应该立足于全面提高学生的综合素质，实现知、情、意、行的高度统一；在教学观方面，道德与法治课教学不能一味地追求教学形式的逐新与猎奇，还必须把“教师主导、学生主体”的教学原则切实落到实处，积极投身于“自主、合作、探究”教学模式的创建活动中去。①

（二）教学手段的开放

课堂教学呼唤教学手段的改革。现代道德与法治课的教学方式包括视觉手段如投影、幻灯片；听觉手段如录音、广播；视听手段如电影、电视以及电子计算机等。现代教学的实践证明这样一个事实——运用先进的现代教学手段进行多媒体教学，可以提高学生学习道德与法治课的兴趣，加深他们对教学内容的认识与理解，有效发展他们的创新思维能力，提高课堂学习的效率。

（三）教学内容的开放

道德与法治课教学内容的价值倾向应是多方面的，单一的教学内容只能体现某一种价值倾向，只能满足少数学生的学习需求。从这个意义上讲，需要明确课程资源和

---

① 徐文莲．思想品德课教学原则在教学实践中的个性化应用［J］．新课程（教育学术版），2009（09）：24．

校本课程的概念,教师组织课堂教学必须立足于教材而又不能拘泥于教材,应广泛挖掘各种课程资源,最大限度地丰富道德与法治课教学内容,让学生更多地直接接触学习的社会资源材料,在充分认识和了解社会的基础上把握学习道德与法治课的基本方法。

第二节 小学道德与法治学科实施全息育人的方法

立德树人是当前教育教学工作的根本任务,而小学道德与法治学科实施全息育人,能更有效地以课堂为主阵地落实立德树人的根本任务。提升道德与法治课堂教学效益,需要更适宜的教学方法作为支撑,真正达成全息育人的目标。

小学道德与法治学科实施全息育人的教学方法多样,如情境体验法、讨论交流法、探究学习法、实践操练法等,教师可以通过诸如辩论、参观、访问、游戏、角色扮演、模拟、两难问题辨析等活动,根据不同的育人目标、教学内容、教学对象和教学条件,有选择性地实施全息育人的教学方法,让课堂更自主,更灵活,促进学生全面发展。

一、情境体验法

(一)表现特征

情感总是在一定的情境中产生的,这就要求我们教师要充分挖掘教材中的情感因素,有目的地创设某种情境,营造良好的环境氛围,使学生进入角色,让学生获得某些身临其境的机会去体验学习,使学生在情绪上受到感染,情感上产生共鸣,体验"情理交融"的境界。情境体验教学法是教师有目的地引入或创设具有一定情绪色彩的、以形象为主体,生动、具体的全息场景,调动学生所有感官参与的情感体验,从而帮助学生理解教材,并使学生的心理机能得到发展的教学方法。[①]情境体验教学法的核心在于激发学生的情感体验,在形象逼真的德智体美劳全息情境教学中理解知识,掌握必备技能,接受审美教育等,极大地提高课堂教学效果。

---

① 徐全胜.情景体验法在思品课上的应用[J].才智,2008(16):159.

(二)重要作用

1.陶冶情感,净化心灵

孔子曰:“无言以教”“里仁为美”;颜之推进一步指明了它在培养、教育青少年方面的重要意义:“人在少年,精神未定,所与款押,熏渍陶染,言笑举动,无心于学,潜易暗化,自然拟之。”即古人所说的“陶情冶性”。情境体验教学的陶冶功能就像一个过滤器,使人的情感得到净化和升华。它剔除情感中的消极因素,保留积极成分。这种净化后的情感体验具有更有效的调节性、动力性、感染性、强化性、定向性、适应性、信号性等方面的辅助认知功能,促进认知育人目标的达成。

2.提供启迪,锻炼思维

情境体验教学,是在对社会和生活进一步提炼与加工后才影响于学生的。诸如榜样作用、生动形象的语言描绘、课内游戏、角色扮演、诗歌朗诵、绘画、体操、音乐欣赏、旅游观光等,都是寓教学内容于具体形象的情境之中,其中也就必然存在着潜移默化的暗示作用。情境教学中的特定情境,提供了调动人的原有认知结构的某些线索,经过思维的内部整合作用,人就会顿悟或产生新的认知结构。情境所提供的线索起到一种唤醒或启迪智慧的作用。

3.产生共情,丰富感受

“人创造环境,同样环境也创造人。”在情境体验教学中,学生在教师营造的特定的与生活、经验紧密关联的情境里进行换位思考、推演、体验,与榜样人物对话,与熟悉的情境对话,甚至与自己对话,丰富了原有感受,在共情时,产生同理心、同情心,有助于进行正确的道德判断,付诸行为实践,有效促进德性育人目标的实现。

(三)实施建议

道德与法治课注重学生在情境中进行情感体验和道德实践,教师应在教学中,不断创造条件,渗透五育,促进学生的道德践行,丰富学生的情感体验,感悟和理解社会的思想道德价值要求,逐步形成正确的道德观和良好的行为习惯。为了让情境教学有效实施,教师需要多路径创设情境。

1.再现生活,还原情境

陶行知先生倡导的生活教育理念之一就是“社会即学校,生活即教育,教学做合一”。是的,生活是最好的老师。学生关注的事物,也应该是教师关注的。因此,课堂教学时,创设学生熟悉的事物等生活情境,容易引起学生的共鸣。在学习《生活离不开规则》一课中,教师选择学生日常生活中最喜欢的游戏作为导入,让学生在没有讲好规则的前提下完成游戏，感受到生活中，无规则将不能体现公平，也不能很愉快地进行游戏这一道理。然后，教师再引导学生制订规则，在公平有序的前提下开心地完成游戏，完成情感体验和道德品质的塑造，激发学生的学习兴趣和情感体验。同时，达成劳动、法治等育人目标。

2.提出问题，疑中生境

爱因斯坦说过："提出一个问题比解决一个问题更重要。"教师要想让学生自己真正动起来，最好的办法就是提出问题，让学生带着问题去思考、分析，寻求正确答案。问题意识会激发学生强烈的学习愿望，从而高度集中注意力，积极主动地投入学习；问题意识还能激发学生的求异思维和创造思维。学起于思，思源于疑，教师应结合教学内容精心布局，巧妙设疑。适时适度为学生创设问题情境，从情境中引申问题，问题设计生活化。如果教师能够把握好问题探究的各环节，则有利于提高学生对学习的兴趣，促进其思维发展，心智成长。

3.选用故事，促进理解

在小学道德与法治教学过程中，选用妙趣横生的故事创设情境，让学生去理解知识，自始至终有着浓厚的兴趣。所以学生在兴致勃勃地阅读故事的过程中，自然就会扎实习得相关知识。因此，在小学道德与法治教学过程中，教师可以根据教材教学内容，依据学生的认知水平，绘声绘色地讲述一些故事，这些妙趣横生的故事能够将道德与法治知识和现实生活紧密地结合起来。如此一来，学生通过聆听这些故事就会深层次地理解这些道德与法治知识，而这又会极大地提升小学道德与法治课堂的教学效益。①

教师所选择的故事情境必须要与教材教学内容以及学生的实际学情相符，既可以培养学生联系与分析的能力，又可以培养学生的核心素养，实现"五育融合"。

4.巧用音乐，激活情感

道德与法治课教学必须把情感目标放在重要位置，着重培养学生的人文情感、社会情感和政治情感。实现这一目标的一条捷径便是使用已有的多媒体手段，根据教材内容，结合学生的兴趣、爱好和需要，选用一些有震撼力和感染力的歌曲、音乐影视资料进行教学，可以给学生以丰富的美感和心弛神往的遐想，把学生带入预定的情境中，净化他们的心灵，陶冶他们的情操，活跃他们的思维，丰富他们的情感。恰当地使用各种媒体手段，构建符合学生学习规律的情境，既可以启迪学生创造性思维，又能给学生以真、善、美的熏陶，在音乐情境中，娱乐学生身心，陶冶学生情操，实现审美育人。

① 徐全胜.情景体验法在思品课上的应用[J].才智，2008(16)：159.

5.妙引美文,增强感悟

道德与法治课上信手拈来一两句绝妙诗文佳句,可以化抽象为直观,变枯燥为生动,产生引人入胜的效果,更能培养学生的理解能力和热爱自然、融入社会的美好情感。妙引诗文佳句,还可培养人文情怀。

总之,道德与法治课的教学中,教师精心地创设精彩的教学情境,就能使学生通过观察、感悟、晓理、思考等,在情感氛围的体验中将道德规范内化为指导自己行为的准则,促进学生情义的发展和健康人格的形成。教师要根据教学目标,结合教材内容,联系学生生活实际,适时、适度、适切地选择情境创设方式进行教学,使学生在道德与法治课中受到德智体美劳五方面的培养。

二、讨论交流法

(一)表现特征

讨论交流法就是学生根据教师或学生所提出的问题,在集体中相互交流小组的观点或个人的看法,相互启发、相互学习的一种教学方法,达到认知育人等目标。它的形式具有多样性,既有小组讨论,全班交流,又有自由讨论,生生互动,也有师生共同参与,师生互动。它是在教师指导下师生双边活动的一种教学方法。它是以学生自主的学习活动为中心,由被动接受知识转变为主动获得知识,在学习中真正处于主体地位。布鲁纳说过:“知识的获得是一个主动的过程。学习者不应是信息的被动接受者,而应该是知识获得的主动参与者。”[①]

(二)重要作用

讨论是最常用的儿童学习交流活动形式,它不但能提高学生收集信息的能力,还有助于学生拓宽视野,使学生有机会运用多种方法表达自己的感受、想法。在道德与法治课上采用讨论与交流这一形式,能让学生了解不同的思想与观点,从而加深对教学要求的理解,锻炼学生分析问题和解决问题的能力,还可以实现教与学的全面融合,充分体现学科全息育人的理念。

1.激发讨论兴趣

教师围绕教学目标,构建学生感兴趣的话题,学生在问题的导向下,充分调动已有经验,结合自己的生活实际进行讨论。学生在小组或班级内畅所欲言,学习热情得到

① 尹桂芹.小学品德课程教学方法点滴[J].林区教学,2013(09):29-30.

激发和呵护，学生学习的主动性得以发挥。通过谈话、讨论甚至争论获得的知识，是他们自己动脑得到的，从中获得了成功的喜悦，易于充分发挥学习的主动性和积极性。

这样就充分调动了学生学习的主动性、积极性，培养了学生独立思考、独立分析和解决问题的能力和相互合作的意识。在讨论中达成了健康育人、德性育人等目标。

2.避免“教”“学”分离

我国传统教育体制下的师生关系，是一种不平等的人格关系。自古以来，人们把老师与君、亲并列，学生处于臣子的位置上。长时期以来，这种封建的、不平等的师生关系一直影响着我国的学校教育。

而讨论式的课堂教学，能有效地克服“教”与“学”的矛盾。在课堂上，教师与学生、学生与学生之间开展的是纵横的双向交流；在讨论中，学生们围绕讨论的内容，可以畅所欲言，各抒己见，相互讨论，甚至辩论，自由发表自己的观点和意见，包括与教师意见相左，与传统观点不同的新意见，形成了以学生为中心，生动活泼地追求真理、崇尚科学的学习局面。所以教师的“教”与学生的“学”自然就能够有机地结合起来了。

3.转变教学方式

传统的教学方式，往往是用教师整堂课的“讲”，替代了学生的“学”，这种“讲风太盛”的结果：一是教师的思维活动占有了学生的思维过程，学生的思维活动量降到了最低限度，使学生失了“发”的机会。二是学生只知道现成结论，而看不到问题的来龙去脉；学生只记得知识的结论的抽象内容，而不能掌握知识发生过程所反映的思想与方法，这种让教师被动牵着走的思维，最终使学生知识乏化、技能僵化、兴趣淡化、思维劣化。

而讨论式的课堂教学能使学生的思维得到最大限度的启迪。课堂讨论的教学方式，学生的大脑自始至终都处于积极的思维状态，教师的教学自始至终都在围绕着如何去激发学生的求知欲望，引导学生去积极思考。通过这样的活动，“灌输式”教学方法的弊端就能得到根除。①

因此，把学生从教师的满堂灌中解脱出来，留给学生更多余地，让他们自己去酝酿、思考、研讨一个课题或问题，并彼此交流，从而加深对含糊和复杂事物的理解与解答。这样就充分调动了学生学习的主动性、积极性。课堂讨论强调以学生的活动为主，教师是学生建构知识的组织者和促进者，学生在讨论问题和解决问题的过程中自觉地形成了良好的学习习惯，掌握了学习的基本技能和基本方法，为学生的终身学习打下基础。

① 尹桂芹．小学品德课程教学方法点滴[J]．林区教学，2013(09)：29-30.

4.了解学习情况

讨论式的课堂教学是教师了解学生掌握知识程度的极好机会。因为,在课堂讨论中,通过听取学生的发言、交流意见,教师知道学生对已学过的理论知识掌握的程度,了解学生接受能力的高、低、快、慢,以便展开有针对性的教学。同时,通过讨论式的教学,使教师能正确把握好教学的特点。教学的难点通常是教师备课时,根据教学内容和教学经验事先设定的,但事先设定的难点与学生学习中实际存在的难点不一定完全吻合。不同的年级、班级的学生,由于知识结构、社会环境等情况不完全一样,教学的难点只有在理论教学和实际过程中,特别是通过课堂讨论才能确定。在课堂讨论中,只要学生一开口,什么问题搞清楚了,什么问题没有搞懂或似懂非懂,难点自然会凸现出来,这为教师真实、全面了解学生掌握理论知识的程度,改进教学方法,进行有针对性的教学提供了很好的依据。

5.进行深度学习

课前,教师指导学生自己收集资料,阅读、观察、思考,并用自己的语言表达独立见解。学生为了参加讨论,课上要注意听讲,要阅读有关材料并深入思考准备发言内容,还要认真聆听各方意见,判断正确与谬误。在讨论的过程中,学生可以学到一整套自学方法。不断对基础知识加深认识和理解,在广度和深度上把学习引向高度自主。教师教给学生自学的方法,实现“从教到不教”的转化。教育家叶圣陶先生说:“教育为了达到不需要教。”课堂讨论正是让学生学会自学的较佳途径。

6.改变交流方式

讨论可以变教师和学生之间的双向交流为多向交流,充分发挥学生之间的相互作用。道德与法治课的课堂讨论,就是要提倡师生之间、学生之间的交流与合作,提倡合作学习精神。当学生在解决那些个体解决不了的疑难问题时,可以通过集体讨论、互相交流、共同切磋,达到茅塞顿开、心有所悟的目的。同时,通过课堂上的讨论,使学生在充满合作机会的个体与群体交往中,学会沟通,学会互助,学会分享。

此外,讨论式的课堂教学方式对培养学生的口头表达能力、锻炼学生的胆量和勇气等方面,都是有益的。

(三)实施建议

讨论式教学是一种多向交流的启发式教学方法,有利于由应试教育向素质教育转变,应成为道德与法治课的一个重要环节和手段。而要成功地组织道德与法治课堂讨论,必须注意抓好以下几个环节,方可取得较好的效果。①

① 粟珍.政治理论课的讨论式教学论析.[J]广西政法管理干部学院学报,2001(04):89-90.

1.讨论前充分准备

分为教师的准备和学生的准备两个方面。从教师的准备来看。首先,教师要精心设计讨论题,题目不可过多,1—2个即可。从学生的准备来看,要求学生要通过审题,了解讨论题目的中心内容与具体要求,在认真自学和独立钻研的基础上写出发言提纲,对知识的逻辑结构要心中有数,提高发言的质量。

2.讨论中注重交流

课堂讨论过程也可以从“教”与“学”两个方面来分析。从教师这方面来说,在讨论开始时,应进一步说明讨论的目的、要解决的问题、要掌握的重点,以便学生能围绕中心进行发言。

课堂讨论时,教师必须加强指导。课堂讨论的关键是教师参与,课堂讨论不是只有学生参与、教师旁观,而是教师和学生的共同参与。离开了教师指导和调控,课堂讨论将会变得杂乱无序,甚至盲目。课堂教学中,教师的职责已从传授学生知识,告诉学生“真理”,转向更多地激励学生思考,做好顾问和参谋,做一位参与课堂活动的“平等中的首席”。①

从学生这方面来说,学生在讨论中要注意自我调节。一方面,既要勇于坚持真理,用充足的理由与事实根据来说明自己的观点。另一方面,发言要通俗扼要,一针见血,提高课堂讨论的效率,并注意理论联系实际,通过对实际事例的分析,提高对理论知识的理解和应用水平。不同的学习共同体之间要加强交流,在竞争中提升彼此的学习能力。

3.讨论后注重总结

在学生热烈讨论和激烈的辩论之后,教师应对讨论活动进行总结。教师的总结应注意全面性、辩证性、鲜明性和提高性。也就是说,教师应对学生讨论过程的各种思路、观点进行较为全面的点评,并在点评中注意辩证法,肯定主流,指出错误,要旗帜鲜明地宣扬道德,使学生通过教师的总结对道德的认识得到进一步的升华。②

三、探究学习法

探究学习是通过探索性活动,使学生获得探求知识的学习方式,形成科学精神、科学态度。对学生来说,探讨和把握获得探求结论的方式和途径,往往比学习和记忆知

① 粟珍.政治理论课的讨论式教学论析.[J]广西政法管理干部学院学报,2001(04):89-90.

② 粟珍.政治理论课的讨论式教学论析.[J]广西政法管理干部学院学报,2001(04):89-90.

识结论更有价值。道德与法治学科实施全息育人探究学习包括发现问题,设立假说,收集信息、资料、数据,处理数据,验证假说等步骤,整个过程必须为学生留下思维和行动的足够空间,不能将过程和答案直接呈现给学生。探究学习经常需要经历和体验失败,最终结果的有无、正确与否,不是评价活动是否成功的重要依据,而是丰富学生认知,实现认知育人的有效方法。

(一)表现特征

《品生课标》《品社课标》从以人为本促进学生全面发展的理念出发,倡导教学方式的改变。而“探究式教学”注重的就是学生自主建构知识的能力、运用知识分析问题的能力、实践能力和创造能力的培养,以及在探究中体悟情感形成正确的核心价值观。

探究式教学体现的是以人为本的教育思想,发挥学生的自主性,那么,激发学生的探究欲望,是探究式教学的首要任务,探究式教学方法正是基于此来组织教学。这种教学方式强调学生如何利用已有知识经验进行分析、研究、探索、解决问题,强调学生探索新知的经历和获得新知的过程体验。它讲究结论是如何一步一步实现和完成,在这过程中体验到什么,感悟到什么。重在强调学生主动、自觉地学习,强调学生亲自感悟过程,培养学生多向思维。

开放、创新是探究式教学方式的核心。在课堂上教师要给学生提供足够的时间和空间,满足学生强烈的求知欲望。教师通过营造自主开放的教学氛围,引导学生积极主动地去思考、去探究,畅所欲言。学生是探究式教学的主体,教师仅仅是教学活动的组织者、指导者和监控者。在教学过程中,教师要想方设法激发学生的学习兴趣,调动学生的学习主动性,努力使学生主动地参与学习。传统的课堂教学往往只重视教师的教,而忽视学生的学,如果不把学生学习的主动性发挥出来,教师讲得再多也没用。探究式教学模式比其他教学模式更需要学生的主动性,也更能培养学生的学习主动性。

(二)重要作用

探究式学习法是站在儿童立场,尊重儿童认知规律的教学法。它能有效激活儿童的主体参与意识,在探究中培养道德品质、合作能力等。

1.适应课程改革,践行核心价值观

小学道德与法治课程改革是我国基础教育课程改革的重要组成部分,也极力倡导学生独立思考、自主探究、亲身体验、主动参与、合作学习、创新意识等全新教育理念。成功实施小学道德与法治课程改革,其基础在于改变教育理念及其影响下的道德与法治课的教学模式,以促进课程改革的有效实施,把我国素质教育的发展推向一个全新的阶段。小学道德与法治课旨在让学生树立正确的核心价值观,使每一个学生得到全面发展。这是顺应素质教育发展的大趋势。在小学道德与法治课课堂教学中,如果教师只是空洞地讲什么是正确的人生观、价值观,很难使学生内化为自身的道德判断,外化为行为习惯。社会主义核心价值观就成了空中楼阁,难以得到落实。如果实施探究式教学,则可以让学生在探究、讨论的过程中,去亲自体会。通过自主探究、小组合作探究等,在同伴互助和自我建构中,明白做人的道理,知晓人生的意义,明确自己的责任和义务。通过学生这种自主积极讨论与思考,一步步地达到认知效果。使学生真正明白人生的真正价值在于对社会的奉献,也使情感、态度、价值观目标得以较好的实现。由此不难看出小学道德与法治课的探究式教学模式,适应了新课程改革,有利于帮助学生践行社会主义核心价值观。

2.提高思想觉悟,培养主体意识

小学道德与法治课的任务是对小学生进行公民道德教育和法治教育,提高小学生的道德认知水平和自身修养,培养健康心理和健全人格。在传统的教学模式中教师以自己的意志主宰整个课堂,对学生进行"灌输式"教育,学生只是知识的接收者,很少有机会参与教学,只是消极、被动地学习。导致了许多"高分低能",甚至品行不端现象。而在小学道德与法治课中实施探究性教学,通过学生之间的讨论与探究,在对某一理论和现象的剖析中,产生并形成自己的认识,提高其思想觉悟,这一过程对学生来说是尤为重要的。同时,学生就由被动的接收者成为主动的学习者,充分体会到自己是学习的主体,意识到学习是自己的事,是为了提高自身素质和修养。因此,参与学习的积极性就越来越高,学习就进入了一种自觉能动和创造状态。所以,小学道德与法治课中实施探究式教学模式,可以提高学生思想觉悟,提升道德品质,培养学生主体意识。

3.培养问题意识,增强学生能力

启发引导、着力培养一个人的问题意识为古今中外众多学者名家所重视和推崇。宋代学者朱熹说过:"读书无疑者须教有疑,有疑者却要无疑,到这里方是长进。"名人陈献章说:"前辈谓学者有疑,小疑则小进,大疑则大进,疑者,觉悟之机也。一番觉悟,一番长进。"进入二十一世纪,面对知识激增的挑战,学校教育更注重的是把学生培养成为一个具备终身学习能力的人。教师只是为学生提供一种解决学习问题的方式,让学生通过各种各样的活动寻求解决问题的策略。小学道德与法治课不在于灌输给学生多少理论,而在于教会学生如何建构知识,如何运用知识分析和解决现实问题,即所谓授之以鱼不如授之以渔。小学道德与法治课通过运用探究式教学,让学生充分发挥言论自由,在课堂上表达自己的想法、见解。通过学生之间对知识不同理解的强烈碰撞,擦出知识的火花,不断质疑从而产生新的看法。既深化了对理论的认识,同时又提高了自己运用知识的能力，并形成了自己的思想。小学道德与法治课的教学就是要学生敢想、敢疑、敢突破，不断对现有的东西去改变、去更新，慢慢增强学生的能力。

教师应在教学中营造一个开放的课堂气氛，充分发挥学生学习的主动性和创造性，形成在探索中获取知识的教学氛围，使学生感受科学探究的一般过程和乐趣，从而充分调动学生的学习积极性，达到良好的教学效果。

（三）实施建议

在实施全息育人探究式教学中，教师要充分发掘学生潜力，营造开放的氛围，激活他们的求知欲，在同伴互助、教师引导下开展探究学习。

1. 营造探究氛围

教师要从课堂的支配者转变为学习活动的组织者、引导者与合作者。教师要组织学生寻找、收集和利用学习资源，营造开放式的课堂气氛，让学生在课堂上始终处于一种积极的、活泼的、兴奋的状态。引导学生围绕问题的核心进行探索和讨论，建立和谐、民主、平等的师生关系，让学生在平等、尊重、信任和理解的氛围中受到激励和鼓舞，得到指导和建议。

2. 侧重探究内容

课堂探究活动的过程应该有所侧重。课堂内的探究活动，受时间和空间的限制，必然不可能是完整的探究过程，即不可能包含完整的探究要素。课堂探究过程更多的应该思考哪些过程可以让学生在课外去自我探究，哪些过程需要教师指点、启发，只有将该过程放在课堂上进行重点探究，才能更好地提高学生的学习效率。事实上，如果不从教材内容和学生水平出发，一味地追求比较完整的科学探究活动，也会使教学过程呈现出类似传统教学模式那样的呆板、形式化、机械和肤浅等弊病，学生也会逐渐产生一种逆反的学习心理。所以，在课堂探究中，注重内容的选择，才能更好地实现全息育人目标。

3. 关注探究过程

探究式教学强调学生的积极参与，强调师生互动。但学生积极参与不一定是动手做，还强调动脑想。这包括强调学生在观察中的思考，对获得的数据或现象进行分析，在与同伴的对话和交流中相互质疑和评价等。学生的观察多于动手，但是，只要能引导学生在观察中积极思考，并对记录的数据进行深入的分析，这样的课也同样属于探究式的。探究课不是“实验课”，但必须是动脑的课。关于探究的问题，理论上认为最好是学生自己提出的，在课堂上教师要善于统筹学生提出的问题。为了更有利于教师对探究活动的安排，课堂上的探究问题，还可以是教师引导学生提出的，甚至是教师或教材提出的。

4.强调探究方式

由于学生先天条件以及后天的兴趣、爱好等方面的差异，他们在学习中表现出的理解力、感悟力及探究能力等不可能是一样的。因此，新课程下课堂教学不能要求所有学生一个步调走，教师应尽量避免统一性的要求，可以根据分层次、多方位的教育教学理念，着眼于学生知识、素质的实际，进行合理分工和有效合作，让他们在交流合作中完成对问题的探究。通过这种特定的合作和交流形式，使各具特点的学生都可以看到问题的不同侧面和特点，对知识产生新的洞察，并根据自己的认识和理解提出解决问题的途径，而且这样的探究学习活动可以使不同的学生都在原有基础上得到提高。

5.重视探究效果

小学道德与法治与以前开设的品德与生活（社会）课相比较，更加强调学生文明行为习惯、良好道德品质和健康的社会性发展的培养。教师教学时应注意密切联系学生的生活实际和社会实际，增强课程的社会活动效果，使学生获得丰富的感性认识，促进知识学习由感性向理性的飞跃。

教师在引导学生在生活实践中探究时，设计一系列的问题，对培养学生的探究意识，提高课堂的有效性有着积极的作用。通过社会这种"活教材"，促进孩子品德的形成和社会性发展，使学生感悟到很多书本上学不到的东西，增强学生在学习中的探究效果。

四、实践操练法

道德与法治课程学习是知与行相统一的过程，注重学生在体验、探究和问题解决的过程中，形成良好的道德品质，实现社会性发展。课程设计与实施注重联系学生的生活实际，引导学生在实践中发现和提出问题，在亲身参与丰富多样的社会活动和劳动实践中，逐步形成探究意识和创新精神。在教学中往往会用到实践操练法，来强化知识的巩固，内化所学经验。它是建立在儿童自我认知基础上达到全息育人的目标。

（一）表现特征

实践操练法具有可操作性、可迁移性、可重复性、可调整性和可感受性，是教师针对某一个问题或知识点进行专项设计，供儿童在实践尝试中巩固和内化的教学活动。

（二）重要作用

实践操练法对道德与法治学科教学来说，必不可少，真正能体现"知行统一"的理念。对培养学生的动手能力、形成生活和道德经验具有突出的作用。

1.各种经验的习得更直观

道德和生活经验的习得,需要在实际的操作和演练中不断强化。教师在教学中安排学生进行实践性操练,有助于将书本知识运用到现实生活中,在实际的场景中进行对照、实施和改进。道德经验的学习是抽象的,生活知识的掌握也是如此,纸上谈兵是不能形成技能的。合理设计实践活动,让学生动手操作演练,有助于强化和巩固知识。比如,在教学消防相关知识时,教师让学生模拟逃生演练,学生选择最适合的方式自救和逃生,在同伴的互助和提醒下,不断强化消防逃生知识,形成技能。

2.道德情感的培养更落实

在实践操练中,学生间的合作、交流、改进等将自然实现,交际能力将得到有效培养。在不断实践中,学生对已有经验进行自我否定或优化,形成能力,在失败中吸取经验教训,在受挫中不断调试心态。因此,道德情感的培养会更加落实。

3.学习过程的调控更自主

学生学习过程的有效调控是形成自身经验、建构知识体系的关键。只有在实践过程中不断尝试,才能得到符合自身认知起点的有效知识,形成必备品格,形成关键能力。实践操练法能很好地将学和做统一,学生在实践操作中,受到环境、人文等因素的影响,只有主动进行调控,才利于达成既定目标,完成实践任务。学生掌握了学习和操作的主动权,实践的效果第一时间是由本人进行判断和分析,在试错的过程中,不断调试,充分发挥了学习的自主性。

(三)实施建议

实践操练法的实施不是单一的重复和练习,要求教师根据课堂教学的需要,合理设计和运用,要以学生习得经验,丰富认知,形成能力,提高道德修养为目的。需要注意以下几个方面:

1.目标确定恰当,因人而异

每一次实践操练都要有明确的目标,不能为了操练而操练,只做形式和表面文章。比如,在教学《变废为宝有妙招》时,教师给学生提出要求,进行废物改造,做有创意的环保小能手。明确要求后,学生纷纷出谋划策,进行巧妙构思,动手加工,将一个个看似无用的废弃物,变成了可二次利用的物品。在实施实践操练法时,还要根据教学内容和学生实际情况,确定适切的操练目标,或技能上的提高,或道德、心理品质的修炼,要善于根据学生的不同情况,进行适时调整。

2. 关注操练过程，培养品质

实践操练法的实施最重要的是关注过程。教师要重点指导学生操练中的难点和错点，针对性地进行点拨，提高操练时效。对操练过程中呈现的诸如畏难、沮丧等负面情绪，要进行适时的调节和引导。鼓励学生通过同伴互助，难点强化训练等，突破自我，习得经验，形成良好的道德品质。诸如，教学一年级上册第一单元第1课《开开心心上学去》时，教师要对所有学生整理书包进行操练辅导，并分组操练，强化劳动意识，掌握劳动技能。同时，关注操练过程中的个体差异，如发现学习困难者，教师要进一步耐心指导，多次操练，帮助学生形成经验，增进情感，感受老师的关爱，表达谢意。

3. 操练方法指导，精准无误

对一些专业性强，又有必要进行实践操练的内容，教师要进行精心准备不能出现知识性和操作示范上的错误，以免给学生造成负面的影响。比如，教学火灾逃生知识时，教师给学生示范正确的逃生方法：蹲下身子，靠墙而行，挥动鲜艳的物品，湿毛巾捂住口鼻等。指导学生进行分组操练，做到防患于未然，习得逃生经验，掌握逃生技巧。为避免知识性错误，教师可充分挖掘和开发教育资源，请网络媒体或专业人士、行业家长等进行助教指导，使学生习得正确方法，形成有效经验。

第三节 小学道德与法治学科全息育人教学实施的课例评析

教师在实施小学道德与法治学科全息育人课堂教学时，应遵从上述教学实施原则和方式，让课堂教学充满生动性、趣味性、思辨性、发散性、深入性。教师要将学生的生活经验充分激活，实现学生学习的主动性、探究性、参与性、全面性，最终达成学科全息育人的目标。下面，选取以下四个具有代表性的课例片段进行评析。

一、情境体验法课例评析

在全息育人教学实施中，实施情境体验法教学，常常是多措并用，多个育人点同步达成。教师往往会结合教学实际，在把握实施原则的基础上，创设情境、构建讨论话题，引导学生进行两难问题的思辨，从而实现全息育人。下面以《不要上当受骗》为课例，对其实施效果和育人目标的达成进行评析。

(一)实施课例呈现

执教:重庆市北碚区朝阳小学 周辉

年级:三年级

课题:心中的110——不要上当受骗

教学过程:

课前谈话:上当受骗在身边。

数据谈拐骗

师:结合失踪人口数据,谈拐骗的高发。

上当受骗大家谈

师:你听过哪些被拐骗的案例呢?给大家说说。

【生交流】

师:这些人是不幸的,我们防骗意识不强就会像他们一样,被居心不良的人钻了空子。

……

活动一:防骗有警惕

情境一:陌生人接你走

师:最近,吴华同学的班级搞了一次防骗大家谈活动,吴华和小伙伴们纷纷把自己与陌生人之间发生的事件进行分享,提醒同学们不要上当受骗。没想到,吴华居然碰上了一件令他现在想来都很后怕的事……

【师出示图片听录音】

师:骗子是用的什么招数骗吴华的?

师:如果你是吴华,你会怎么做呢?

生:不轻信陌生人的话,要确认身份,更不该跟陌生人走。

师:说得很好,对待陌生人我们应该提高警惕,不能轻信陌生人的话。(板书:有警惕 不轻信)

……

师(过渡):骗子除了冒充熟人、编造紧急事件外,还会有很多的手段来跟我们套近乎,我们又该怎么应对呢?

师:吴华的几位同学也遇到过陌生人来套近乎,一起来看看。

情境二:陌生人给物品

师:有四位同学就遇到了陌生人的搭讪,他们该怎么做呢?你能给他们想个办法吗?

……

师:出示合作规则。(每个四人小组派一位同学抽签,抽到谁,就帮谁;小组内商量面对陌生人该怎么说,怎么做;可以派一位代表说出小组的意见,也可以演一演)

……

师:同学们是怎么应对的?合适吗?

【生表演】

师:这样有警惕,拒诱惑,骗子就不会得逞。

情境三:陌生人来问路

师:以上几组成功防骗,那东东遇到的问题谁来给想办法解决呢?

【生交流。另外组补充】

师:看来大家都有很高的警惕性,不轻信陌生人真棒!那现在防骗升级,敢挑战吗?(老师演陌生人,用钱诱惑,学生应对)

……

情境四:陌生人碰身体

师:成功防骗,同学们真厉害。可骗子又出新骗术,心怀鬼胎,文文遭遇了什么呢?

师:哪一组来说一说该怎么应对。

【生交流】

师:我们的身体,尤其是隐私部位,是绝不能让别人碰的,一定要保护好自己。老师送给大家第四个防骗锦囊。

活动二:遇骗有妙计

师:同学们,看来大家已经识破了骗子常用的方法,也知道了该如何正确应对,但吴华同学面对骗子,没有警惕性,轻信了骗子的话,很不幸,被骗上了车。在车上,吴华又遇到什么了呢?

【师出示图片】

师:已经发现被骗,他又该怎么做才安全和明智呢?我们一起来解救他吧。

【生交流】

【师播放小女孩自救视频】

……

活动三:拒骗有预案

师:防骗,不光需要我们自己提高认识,我们的家人也应该积极行动起来。看看一个外国小朋友露露和家人都是怎么做的吧!

【师生配合读绘本】

……

总结：同学们，今天我们一起利用自己的聪明才智，破解了骗子的一些常见招数，让我们一起拍手跟唱儿歌《不上你的当》。

(二)课例实施评析

本课是部编版《道德与法治》教材三年级上册第三单元第9课《心中的“110”》第二个话题“不要上当受骗”。教材由学生吴华被陌生人骗上车的案例和四幅生活中与陌生人交往的案例两部分组成。旨在引导学生正确对待陌生人，增强防骗意识。典型案例的融入是本课的特点。教材内容安排在三年级上册，是基于学生已经有了一定的生活经验、独立思考和判断能力，好奇心和对社会的感知能力愈发强烈。和生活中又很容易遭遇到拐骗事件的现实情况相契合。在对教材进行解读后，选定了两个全息育人点。教学中力求始终以情境教学为抓手，以人物遭遇为主线，以丰富案例为引导，以真实思辨为基点，使学习真正发生，让学生的道德行为最终落实。

1.落实德性育人点

首先，确定了正确与陌生人交往，知道用合适的方式拒绝陌生人，从而养成良好的道德品质；通过辩证地对待陌生人，多角度感知育人目标。基于学生的学情和生活需要来看，是比较适切的。

其次，找准了实施的策略：

(1)活动为支撑。设计了三个情境体验活动：防骗有警惕、遇骗有妙计、拒骗有预案。分别解决防骗的基本逻辑问题。遇到陌生人应该怎么做，发现被骗怎么做，并引导思考防骗可以怎样未雨绸缪。防骗有警惕，重点采用情境演示、音画辅助的方式，创设与陌生人交往的场景，辩证分析，在讨论、交流中习得防骗新知。

(2)课例为抓手。有效整合资源。将教材重组，以吴华被骗事件为主线，将上车前与上车后的自救进行分割，自然而然地让防骗知识的习得层层深入。有的放矢地把课文呈现的生活课例整合在活动一中，不光增强防骗意识，还潜移默化地引导学生辩证对待陌生人，提高警惕性的同时，有礼貌地拒绝陌生人。活动二，遇骗有妙计中，链接女孩防骗和吴华成功自救故事续编，打开学生思维，传授防骗自救知识。活动三，拒骗有预案，绘本《我不和你走》与预案单整合，实现学以致用。

(3)生成为前提。教师对生成性问题和结论非常重视，在适当的时候进行点拨引领，师生互补。每一个案例出示后，均从学生讨论中，总结提炼对待陌生人的各种方法，实现从案例到经验的有效提升。

(4)生活为凭借。首先,关注起点。课之初,师生互动交流拐骗案例,重在激活已有知识,营造情境,让防骗意识得以加强。其次,关注生活。课之中,结合生活实际评价对待陌生人的方式是否合适,依托学生真实生活经验,实现从他人到本我的经验转化。老师设定生活中的两难情境,尤其对带路与否的讨论,很好地促进学生批判思维的发展。在思想交锋中争鸣,在智慧碰撞中互学,在情境再现中习“德”。实现了辩证对待陌生人,不谈“陌”色变,也不热情过度。关注收获。课之终,用预案的方式提醒学生梳理已有知识,形成经验。

2.落实法治育人点

本课内容设计法治意识的渗透,教师将法治育人目标确立为:增强防骗意识和法治意识,掌握基本的防骗和自救技能,是可行的。

巧用情境体验法,让课堂感受更直观,更贴近学生生活,是较常用的全息育人教学实施策略。

二、讨论交流法课例评析

实施学科全息育人,要重视讨论交流,充分挖掘生活中的特殊事件,并将其作为重要的教育资源和契机,与教材进行有效衔接和整合,实现全息育人的生活化、整合化。下面以《读懂彼此的心》一课的教学为例,进行评析。

(一)实施课例呈现

执教:重庆市北碚区朝阳小学　戴红梅

年级:六年级

课题:读懂彼此的心暨“疫情中的雷锋”主题教育

教学过程:

课题导入

师:同学们,前段时间,我们一边防疫,一边开展主题教育。你有哪些收获呢?

【生交流回答】

师:从今天开始,主题教育暂告一个段落,我们将在防疫中学习书本知识,在疫情生活中提升道德素养。我们先来探究“读懂彼此的心”的话题。

活动一:矛盾大搜索

师:孩子们,我们先来看一个小故事,请看微课《家庭矛盾》。

思考:(1)你是不是也有这样的困扰?是否与家人之间发生过不愉快呢?是什么样的事情呢?(2)为什么原本和谐亲密的关系会变得有些紧张呢?是你变了,还是爸爸妈妈变了呢?

【生谈自己的小发现】

师:通过讨论,我们发现,大家希望自己做决定,有时会把家人的建议当作干涉,甚至明知道他们说的有道理,偏偏想和他们作对。

活动二:实话实说

师:随着年龄的增长,同学们觉得很多事情我们可以为自己做主,可是偏偏我们的想法和家长的意见有分歧,这个时候你会怎么办?是遵从自己的内心还是听从家长的意见?你们有这样的时候吗?你是怎么做的?

【生交流】

活动三:尝试倾听

师:面对成长变化中的我们,家人与我们相处时会有什么烦恼?他们会有什么困惑呢?问问长辈,请他们说说,和小时候相比,我们的哪些行为举止让他们感到困惑呢?一起来听听妈妈们是怎么说的。

【师播放《妈妈的话》视频】

师:同学们,听了妈妈的话,你有什么想法,以后再遇到类似的事情发生你们会怎么做?

【生尝试倾听妈妈的心声】

【生看教材,并交流自己的感受。说说以后遇到类似的事情,自己会怎么办】

……

活动四:找不同

师:除了观点不同以外,在家庭中,孩子与父母角色不同,彼此会在兴趣爱好、处理问题的方式等方面有较大的不同。请描述一下你和家人的不同。

【生交流】

师:角色不同、经历不同,我们与家人在生活态度、观念、兴趣爱好、处理问题的方式等方面都有所不同。这就是我们和家人产生矛盾的主要原因。要解决这些问题,我们就要学会换位思考。

活动五:情境表演——妈妈的回应

情境:周日,你和妈妈说:妈妈,上午我可以去同学家一起学习吗?你妈妈可能的回应是……

师:请大家边看边思考:产生不同回应的原因是什么?

【生交流】

师:关爱方式不同,每一种回应背后都是爱。

活动六:读懂家人的心

师:请同学们回忆自己家的故事,以“你们的爱,我体会到了”为题分享家庭故事,一起读懂家人的心,也让家人更了解自己。

【生分享交流家庭故事】

师:想一想,自己家有哪些类似的爱。与同伴分享:读懂来自家人的爱!可以讲一讲疫情期间,你和父母是怎么相处的?怎样理解家人的批评和教育。

生:家人的爱,就在唠叨里。

……

师:同学们,除了要读懂家人的心以外,我们还应学会读懂别人的心!

拓展与延伸——疫情期间的新“雷锋”

师:雷锋叔叔以向上的人生姿态实践着勤勉学习、乐观有为、向善的价值追求,阐释着“爱国、奉献、无私、正义”!这就是——“雷锋精神”!

师:同学们,如今,在疫情防控关键阶段,广大志愿者挺身而出,他们,用行动诠释着疫情时期的“雷锋精神”。谁来说说你知道谁是疫情中的新“雷锋”。

师:你知道哪些志愿者?他们在做什么?

生:交流汪勇等志愿者的照片和事迹。

……

师:总书记在疫情期间多次强调:要关心关爱一线医务人员及其家属,解除后顾之忧。戴老师和领导们读懂了吴妈妈、小吴的心,我们亲自登门探访,为浚豪同学送去关爱。

师:读懂小吴的心,关爱在行动,争做小雷锋——你是怎么做的?

师:展示王茜同学录制的视频,视频中有暖心的话语,王茜把书法作品送给英雄妈妈;展示曾竞秋同学的温暖祝福。

……

师:在疫情期间,哪些又是雷锋精神呢?

【生交流】

生:小吴同学最需要的是什么?

师:今天,我们懂得了什么?

生:我们应该学会理解,读懂父母、别人的心,争做小雷锋。

(二)课例实施评析

本课是基于“疫情”这一生活中正在发生的事件,结合教材内容进行的整合教学设计。力求达成“读懂别人的心”“善解人意，为他人着想”的德性育人目标。

1.有效链接生活

疫情来袭，无数白衣战士主动请战、奔赴一线，夜以继日、忘我投入，展现了救死扶伤的仁心大爱。而班级学生家长作为一名护士，投入抗疫大军。这是很好的育人素材，教师抓住难得的育人契机，结合疫情期间学生的心理状况，牢记思政课教师的职责，用关爱诠释师者仁心，也用担当彰显教师本色：坚守教育阵地，履行教育责任；坚持上好网课，当好主播；在“战疫中学习，云端上互动”。

2.有效互动交流

通过网络直播教学，帮助学生在微课、讨论、情境活动中感悟、体验，层层深入，从“读懂家人的心”到“读懂雷锋的心”，再到“读懂志愿者的心”，再到“读懂浚豪同学的心”，进而读懂疫情下各条战线爱国、奉献、无私、正义的心，学生也立誓谨遵习爷爷教诲，做知行合一的雷锋式好少年。构建了多个有效的讨论话题，学生与老师、同伴在云端互动，充分交流、讨论，发表自己的见解，提出自己的困惑，学生间相互评析与甄别，在良好的网课氛围中体现了全息育人的生本性原则。

3.问题驱动生成

问题解决式学习是使学生直接面对实际问题，学习、研究并尝试提出某种解释问题或解决问题方案的学习方式。学生针对与人交往中遇到的麻烦和困惑，通过提出问题，讨论有针对性与合理性的解决问题方案。在学习过程中，伦理的、道德的、对社会价值观和人的行为方式的思考与判断贯穿始终，体现了育人的全面性原则。

讨论交流法的运用，让本课充满了层次和递进感，在一次次的组织讨论交流中，学生逐渐明晰了如何读懂别人的心，让德性育人的目标得以落实。

三、探究学习法课例评析

全息育人教学实施离不开探究学习，学生借助教师营造的与文本内容相适应的情境，缩短了学生生活与育人目标之间的路程。绘本在下面一个课例中充当了很好的媒介，教师借助调查探究等方式，有效地实施了全息育人，引领学生道德成长，树立规则意识，提升了交往能力，是非辨别能力，增强了规则意识。下面就《生活处处有规则》进行评析。

（一）实施课例呈现

教师：重庆市北碚区朝阳小学 赵蓓蕾

年级：三年级

课题：生活处处有规则

教学过程：

【师讲述绘本故事《11只猫去旅行》，创设情境】

【师与学生交流制订听故事的规则，感知规则的概念和意义】

【生听绘本故事】

感知规则无处不在

【师开启闯关游戏，引导学生寻找教材插图里的规则并记录】

【师启发学生说出教材图片中具体的规则，引导学生总结属于哪里的规则】

师：同学们，从绘本故事《规则》中我们了解到规则无处不在。

生：寻找教材图片中的具体规则并记录】

【生交流讨论得知家庭、学校、社会生活处处有规则】

……

整理寻找规则的方法

师：生活处处有规则，你有什么方法可以发现它们呢？

【生结合生活情境，具象化操作方法】

问——老师、同学、家人、朋友、相关行业的工作人员。

查——报刊、杂志、网络。

找——公示栏、各种场馆机构等的张贴处于明显位置。

【生结合教材图片与自己的生活实际，讨论得出问一问、查一查、找一找的方法】

【生结合生活情境，讨论问、查、找的具体操作方法】

运用整理的方法寻找生活中的规则

师：在“问、查、找”这三种方法中，选择你最喜欢的一种方法找找生活中的规则。

【师生共同制订完成任务的规则】

……

总结与拓展

师：引导学生思考总结本堂课的学习收获。

师：送星给愿意用今天学到的三种方法去寻找更多规则并把它记录下来的孩子。

师：讲述守规则绘本《11只猫做苦工》。

【生思考后交流】

……

(二)课例实施评析

教师在教学实施过程中,充分把握学情,明白规则学习的重点和难点在于对规则的认同与自觉地遵守与维护。教师遵循全息育人的教学实施原则,重点选取了探究实施策略,育人目标达成度较高。

1.绘本引路,明白规则

教师分享与主题相关的绘本,制订听故事规则,一开课就让学生不知不觉地感受到规则的存在。结合文本插图,学生寻找课本里的规则,与文本充分对话交流,生本互动性得以实现。再次引入绘本《规则》,强化规则的作用。课终,第三次引入绘本资源,带学生走向思维的纵深处,让教学内容前瞻后连,不断深化,学生对规则的认识随之加深。很好地实现了学科认知、德性育人既定目标。

2.有效探究,寻规有方

教师充分尊重学生的主体地位,给予学生最大限度的学习自主权。创设情境,游戏体验,自主选择查、问、找的方法了解生活中的规则及作用。学生在用各种方法探究规则的同时,语言能力、与人交往能力、动手能力得到了有效提升,实现了审美育人、劳动育人和健康育人目标。

从上述实施课例中,我们窥见了全息育人教学实施中探究学习法的可行性和有效性。增强学生在学习新知过程中的参与性,探究欲被激发后,让课堂富有思辨性。加强课堂随测,及时收集和反馈学习情况,适时调整教学策略。提高课堂效率,充分利用小组讨论等方式,让更多的学生参与课堂探究。增强活动教学的趣味性、知识性、综合性、迁移性,让学生将课堂知识能带走,并且会在生活中运用。

四、实践操练法课例评析

实践操练法是道德与法治教学中不可或缺的教学方法。教师在教学中恰当运用此方法,可以让课堂生动,教学灵动,学生活动起来,既能提高知识习得的效率,也加深了对知识的巩固,形成相关能力。现列举六年级下册第二单元第5课《应对自然灾害》一课的教学课例,具体加以评析。

(一)实施课例呈现

执教:佚名

年级:六年级

课题:应对自然灾害

教学过程：

创设情境，揭示课题

……

活动二：灾害中的自救、互救

师：说得很好！很多时候，灾害造成的人员伤亡并不是直接来自于灾害本身，而是由于人们的无知和草率。因此，我们必须学会自救。

多媒体出示：

1. 防意外事故组：当灾害降临时，人们的第一反应就是逃生。假如人们面对危险惊慌失措，四处奔逃，会出现什么后果？应该怎样在人多拥挤的地方，尽快安全地撤离危险区呢（或提出哪些建议）？（小实验：用具包括用一个瓶子表示巷道，里面有几个带细绳的小球代表人。实验目的是怎样才能又快又安全地跑出去）

2. 如何躲避洪水灾害（抗洪组）：如果预报有洪水发生，你和家人应该提前做好哪些准备工作？洪水来临时，往什么地方跑比较安全？如果不幸被洪水围困，来不及撤离时，你能想出什么办法？

3. 如何躲避地震灾害（防震组）：如果地震发生时，你正在高层的楼房里，你该怎么办？如果你正在教室上课，你又该怎么办？如果你正在马路上，这时你该如何办？如果在地震中不幸被倒塌的房屋压住了，在等待救援人员到来时你应该如何做？

4. 防雨、防雷电组：如果下起了暴雨，这时你正在户外活动，你应该怎么办？在下雨的同时有雷电发生，你又该怎么办？

方式：将全班学生分成几个小组，分组讨论操练自救方法。（自选题目，不能重复）

师：刚才，我们分四个小组进行了探究活动，下面来操练一下。

防意外事故组汇报：先利用小测验演示怎样从出口逃生（过程略），然后交流。

……

师：遇到这种情况，应该怎么办呢？

生：我想，遇到此类情况时，一定要沉着冷静，迅速有序地撤离。

师：你说得太好了，你能不能给大家演示一下。（生演示）

生：我还有个建议，就是遇到这种情况时，要赶快报警。

师：接下来我们听一听抗洪组的汇报。

生：……

师：当洪水来临时，往什么地方跑比较安全呢？

生：……

师：下面请防震组来和大家交流。

生：……

师：其他组还有补充吗？

生：……

师：让我们选择一种自救、互救的方式进行操练吧！

【生操练】

活动三：灾害无情人有情

师：人类无法改变大自然的规律，但灾害无情人有情。当灾难降临时，你们看到或听到了哪些感人的场面，说说好吗？

生：……

总结谈话、升华情感

师：通过这节课的学习和操练，你一定有很多的感受，谁来谈一谈你有哪些收获。

生：……

师：最后我们希望灾区的人民发扬团结互助、英勇抗灾的可贵精神，积极地开展自救和互救。让我们共同祝愿灾区的明天会更好！希望同学们防患于未然，做好灾害自救自护的演练……

（二）课例实施评析

课程改革的核心是课程的实施。该教师执教的《应对自然灾害》一课就很好地体现了帮助学生参与社会、学会做人这一新课程理念。本课以发生在汶川的大地震为线索，紧紧围绕灾害中的救助这一重点，突出灾害无情人有情这一主题。

1.目标定位准确，符合认知规律

执教教师以课程标准为依据，根据学生的年龄特点，确定了育人目标，以情感态度价值观为重点，重视培养学生搜集、整理、使用资料的能力，教学过程清晰，逐步激发和提升学生的情感，达到了较好的教学效果。

2.有效实践操练，促进能力形成

本课的教学内容虽然离学生的实际生活较远，但是他们在各种媒体、资料中都能感觉到自然灾害给人类造成的巨大灾难，从而激发学生学会自救和互救的欲望。在活动的设计中，采用灵活多样的教学手段，为学生提供探究、研讨、交流的平台，分组探究、实际操练等，充分体现活动的特点。教师让学生选择自救和互救方式进行操练，巩固所学知识，掌握技能，形成防灾逃生技能，终身受益。通过此活动，可以使学生在体验、倾听中感受自然灾害有不可抗拒的一面，当灾害来临时学会初步的自救和互救方法。同时,在操练中注重技能指导,帮助学生掌握正确的逃生知识,实现认知育人的科学性和准确性。在不断的操练中强化认知,在纠正同伴的行为中巩固新知,内化于心,外显于行,实现从模仿到尝试,从调整到能力形成的学习互动化、自主化。

实践操练法在全息育人教学实施中的运用,让课堂有效地实现知行合一,在落实认知育人和德性育人方面有不可替代的作用。

第五章 小学道德与法治学科全息育人教学评价

为落实《中共中央国务院关于深化教育教学改革全面提高义务教育质量的意见》中坚持“五育并举”，全面发展素质教育；强化课堂主阵地作用，切实提高课堂教学质量的要求，我们必须重视教学评价工作的实施。

2014年，北碚区小学品德与生活（社会）学科对“学生学习态度、能力和方法、作品、行为表现”四个方面的学业评价进行了研究，丰富了评价内容、方式、方法，有效地激发了学生的学习兴趣，促进了学生的有效学习和综合素质的发展。为了更好地发挥学科育人功能，2018年我们又开始了小学道德与法治学科全息育人教学评价的研究。我们以发展性教学评价理念为指导，坚持客观性、多元性、过程性、发展性原则，结合小学道德与法治学科全息育人评价的内容和方法，建立科学有效的教学评价体系，借助学科全息育人评价指标，帮助教师根据评价反馈的情况，及时调整教学方法，全面提高教学质量，确保全息育人目标的达成；促进学生全面、健康发展，成为合格的社会主义建设者和接班人。

第一节 小学道德与法治学科全息育人教学评价功能与原则

一、小学道德与法治学科全息育人教学评价功能

教学评价能对教与学的效果进行价值判断。充分发挥教学评价的导向、诊断、调控、激励作用，有助于提升教学质量，促进学生全面发展。

（一）导向功能

教学评价要体现其导向功能。通过评价，为师生指明教学方向和奋斗目标，并且提供给师生达到目标的程度信息，激励师生在教学过程中不断向教学目标逼近，最终实现教学目标。对学生的评价，要尊重学生的个体差异，让每一个学生都可以有好的

发展。对教师的评价，要以促进教师转变教育思想，在课堂教学中更好地发挥教育创新意识，改进课堂教学为目的。

小学道德与法治学科全息育人教学评价对教和学相关因素的选择以及侧重点与以往的教学评价有所区别。在小学道德与法治学科全息育人教学评价中，以帮助教师树立学科全息育人意识，掌握学科全息育人方法，努力创新教学方法，提升学科育人的实效，实现“五育融合”，促进学生的全面发展为最终目标。在评价过程中，不仅要注重学生学习情况评价，从不同的角度去发现学生的优点、闪光点，运用充满智慧的语言，让学生掌握良好的学习方法，养成良好的学习习惯，形成正确的思维方式，提升各方面的学习能力，使课堂评价成为“方向靶”，促进学生全面发展；还要注重教师教学行为的评价，在以往教学评价的基础上，更加侧重教师课堂教学中是否注重了学科全息育人，是否将五育与教学内容进行了有机融合，是否以促进学生全面发展为课堂教学的根本目标。

（二）诊断功能

教学评价要体现其诊断功能。根据制定的评价标准，判断教与学是否始终在正确的教学轨道上进行，有没有偏离教学目标。教学评价的结果，不仅可以帮助教师及时获得有关教学过程各个方面的详细情况，发现自己工作中的薄弱环节和学生学习过程中存在的问题等；也可以帮助学生发现自己的优势、看到自己的差距，发现错误及其“症结”之所在。

小学道德与法治学科全息育人教学评价，主要是帮助教师诊断课堂教学中，全息育人教学目标确定是否合理，对教材的处理是否有利于学生学习知识、开展活动，是否体现了“五育融合”，教学方法是否基于学生生活实际、有助于学生学习能力的提高等；可以诊断学生在参与学习活动时是否有序、参与度如何，学习成效是否显著等。例如，在对三年级上册第三单元第七课《生命最宝贵》一课进行教学评价时，就从教学目标是否体现了全息育人目标，教师所采取的教学活动与指导是否具有实效性，学生参与学习的效果是否良好等方面进行了诊断。

（三）调控功能

教学评价要体现其调控功能。教学评价的内容和标准可以调控教师对教学目标、教学重点的确定，教学策略和教学方法的选择等；可以调控学生学习的方向、学习的重点以及学习时间的分配等。

在小学道德与法治学科全息育人教学中，通过评价教师的教学行为（在教学活动中是否能根据教学需要创设有价值的情境；是否能设计符合学生认知特点的、有针对性的问题；是否能选择适合学生实际和学科特点的教学方法；是否能采取有效的教学策略，为学生答疑解惑；是否能对学生的学习进行及时准确的评价等）和学生的学习行为（是否积极参与学习活动，能否倾听别人的发言，是否积极思考课堂问题并大胆交流自己的观点，是否勇于动手操作，能否自信大方地展示自己的学习成果，是否可以客观地对自己和他人进行评价等），及时调整教学策略，更好地落实全息育人目标。学生在教师的指导下及时纠正问题，不断完善。例如，在进行四年级下册第二单元第五课《合理消费》教学评价时，教师结合学生的家庭消费观念以及消费现状，根据教学评价结果，及时调整教学提问策略和学生的思想引导方法，帮助学生学会从实际出发，反思自己的消费愿望，学会提出合理的购物要求。

（四）激励功能

教学评价要体现其激励功能。评价对教学过程有监督和控制作用，对教师和学生则是一种促进和强化。经验和研究都表明，较高的评价能给教师、学生以心理上的满足和精神上的鼓舞，可激发他们向更高目标努力的积极性；较低的评价，则催人深思，激起师生奋进的情绪，起到推动和督促作用。

通过开展小学道德与法治学科全息育人教学评价，评价者对教师钻研教材的能力，全息育人目标的准确把握，教学策略的恰当运用等方面给予评价，能促进教师教学研究能力和课堂教学水平的提升。对学生参与学习的态度，思考问题的能力，获得的知识储备等方面给予恰当的评价，能激发学生的学习兴趣，获得的学科知识更加全面，学科思维能力和学习能力更强，德智体美劳各方面得到发展。

二、小学道德与法治学科全息育人教学评价原则

教学评价是教学质量监控的重要环节，制定科学合理的教学评价体系和运行制度，对提升教师教学水平、学生学习效果、教学管理质量等具有重要的意义。在实施教学评价的过程中应遵循以下原则。

（一）客观性原则

教学评价的客观性原则是保证本课程评价结果的真实与公正的最基本条件。在以往的评价中常常会出现因评价者对评价活动的关注程度不同而导致评价结果不一的现象。因此，在进行教学评价时，要尽可能地减少评价中主观因素的影响。从测量的标准、方法，到评价者所持有的态度，关注的评价点，特别是最终的评价结果，都应该

符合客观实际，不能主观臆断或加入个人情感，要坚持以事实为依据、实事求是，避免主观因素的影响，使评价更加真实和公正。

小学道德与法治学科全息育人教学评价的对象为学生和教师。在对学生评价时，依据《品社课标》中“注意认知和操行相统一，综合性和简约性相统一，显性表现和隐性品质相统一”“评价要真实、可信、公正、客观”的要求来进行。因此，在对学生评价时要注意积累真实反映学生发展变化的资料，如学生的作品、作业等。将日常观察和定期考查相结合，将道德认知与道德行为有机结合起来进行综合评价，从而得出客观公正的评价结果。在对教师评价时，要从教师对课程性质的把握、对教材的理解、对本学科全息育人实施策略的选择、对学生的有效指导等多方面进行考察，通过科学的量化观察分析，客观地评价教师的教学效果。

为确保评价结果的客观性，在评价时要注意：第一，将评价标准具体化、客观化，避免出现“好”“较好”“优秀”“良”等字词，从而减少其不确定性或模糊性。第二，加强评价信息的采集，每位评价者对被评价者的学习活动情形仅作客观的信息采集，不作主观的评分或评级，避免评价结果稀疏性带来的以点代面的评价结论。例如，我们对教师的课堂教学行为评价标准细化为：教师的活动能有效实现预设的教学目标；教师对教材的处理有利于学生学习知识、开展活动；教师的教学方法基于学生生活实际，有效地推进学生的学习；教师与学生互动，注重学生思辨能力的培养等。对学生的学习行为评价标准细化为：学生活动有序，参与度高；学生活动形式丰富有效；学生的活动紧密联系生活；学生活动与学习内容相关性强等。围绕这些细化的标准客观地观察课堂，评价师生的教与学的效果。

（二）多元性原则

教学评价的多元性原则是保证本课程评价结果的全面和准确的重要条件。在课堂教学评价中，要从多种角度，运用多种方法对课堂教学的过程和课堂教学的结果进行评价，对评价对象产生激励作用。

1.评价内容的多元性

小学道德与法治学科全息育人教学评价既要关注学生在学习过程中各方面的表现，又要关注教师的教学育人行为。因此，评价内容多元才能更客观全面地保证评价结果的可靠性，才会有良好的激励效果。

学生评价内容多元化。小学道德与法治学科对学生的评价内容丰富，包括学习态度、学习能力和方法以及学习结果等，不仅考察学生的道德“知识”或“概念”等认知层面，同时更为关注学生参与完成学习任务的态度，探究思考合作能力等“表现”行为层面评价，从而帮助学生参与社会、学会做人，成为有爱心、有责任心、有良好行为习惯和个性品质的人。

教师评价内容多元化。对教师的评价要深入到教学活动的各个方面，不仅要对教学的基本环节和过程，教师的基本教学能力要素等进行评价，还要关注教师在实施教学活动中是否关注了学科全息育人，要对教学效果、教学思想和理念等进行评价。

评价内容的多元化。每堂课的教学评价需要根据评价的目的有侧重地进行选择，不需要面面俱到。在选择过程中，既要考虑评价的目的，也要考虑课堂教学评价的一般要求，体现小学道德与法治学科全息育人特点。

2.评价主体的多元性

在进行小学道德与法治学科全息育人课堂教学评价时，要充分发挥每一个评价主体(既有课堂教学之外的人员，也有课堂教学内的被评教师或学生)的评价作用。通过师生自评、生生互评、师师互评等形式，从多角度对课堂教学效果进行评价，使课堂教学评价结果更为全面、客观，从而激发被评价者对学习过程的思考，调动被评价者的积极性。学生要对自己和同伴在学习中的表现及成果进行自评与互评，自我反思，相互借鉴，相互促进。教师要对自身的课堂教学是否实现了全息育人目标，是否有效地促进了学生的认知情感行为等方面的发展进行自评；借助多种渠道及时准确掌握学生的学习状况，对学生的学习态度、能力和方法、学习结果进行点评。研究者和教育管理者要对课堂教学中的各种要素进行观察、点评，帮助教师改进自己的教学方法，提升教学能力，提高课堂教学效果。

3.评价方法的多元性

评价方法的多元性要求课堂教学评价中改变单纯以纸笔测验为主的方式，更多地采取观察、成长记录袋、真实性评价等方法进行多方面的评价，既要重视客观、量化的评价方法，也要重视量化和质性评价相结合的方法，以质性评价统整量化评价。

小学道德与法治学科全息育人评价，倡导开放性的评价，以质性评价为主，量化评价为辅，重视学生的个性化表现和教师对全息育人理念的理解、对全息育人目标的实施等。对学生的评价，可根据教学需要采用观察记录、描述性评语、达成水平评价、作品评价等方法，对教师的评价方法以观察、记录为主。总之，在课堂教学中，不管采用哪种评价方式，都要注重被评价者的感受，以激励为主，敏锐地捕捉闪光点，并及时给予肯定和表扬，促使被评价者关注课堂，有效参与课堂教学，在评价中得到进步，共同提高，全面发展。

(三)过程性原则

教学评价的过程性原则是确保本课程评价顺利实施的有效措施。过程性评价具有完整性、实时性、渗透性、连续性的特点。过程性评价十分看重对学习过程的及时评价,它是与教学同步进行的评价,存在于整个学习过程中。

小学道德与法治学科全息育人过程性评价对象包括学生和教师。对学生的评价,要重视学生在活动过程中的态度、情感、行为表现以及付出努力的程度。如,关注学生在活动中是否能积极探索、思考、想办法解决问题,主动与同学交流讨论等。即使活动的最后结果没有达到预期目标,也应该珍视学生宝贵的学习经验。对教师的评价,要重视教师对全息育人理念的理解,为实现全息育人教学目标所采取的教学活动以及策略是否符合学科特点、学生学情等。

小学道德与法治学科全息育人教学评价要注意过程性评价与终结性评价相结合,因为终结性评价也是过程性评价的一部分。在《品社课标》中也提出要“按照本标准的基本要求,以学年及单元的知识与技能为目标基准,通过纸笔测验、考试等方式进行评价”。

(四)发展性原则

教学评价的发展性原则是使本课程评价结果的导向、激励功能得以实施的重要保障。课堂教学评价本身潜藏着多方面的功能,而其最大价值则在于促进发展。教师和学生都是具有无限发展潜力的活动主体,因此,要用发展的、动态的眼光去看待教师与学生,通过“评价”引导其“发展”。

小学道德与法治学科全息育人教学评价要以学生道德认知、行为发展和教师的全息育人教学水平及教学质量的提升为目的。《品生课标》中指出:教师要通过评价结果客观地评判每个学生不同的发展水平和学习状态,发现每个学生的个性特点、学习特点、发展优势或进步等。以此为基础,在后续活动中提供更有针对性的指导,从而帮助学生不断积累成功体验,健康、自信地成长;评价结果是教师反思与改进教育教学的重要依据,应利用评价结果进一步发现问题,改善教学,切实提高教学质量。

综上所述,小学道德与法治学科全息育人教学评价的宗旨是促进学生的核心素养和教师的专业能力提升。在实施教学评价的过程中,应遵循客观性、多元性、过程性、发展性原则,建立科学、有效的评价制度,充分发挥评价对教与学的反馈与激励作用,帮助学生建立学习自信、提升个人素养,鼓励教师与时俱进、提高教学与教育科研能力,从而落实国家的育人目标。

第二节　小学道德与法治学科全息育人教学评价方法

教学评价方法就是在评价思想理念的指导下，依据教学目标，对教学实践活动过程及结果进行价值评价、判断的过程中，所选择使用的科学、客观的方法或恰当的工具、技术手段。

依据《品生课标》和《品社课标》的评价标准，对教学实践活动过程及教学成果进行价值评价、判断的过程中，应采用客观、多元、具有发展性的方法、工具或技术手段。常用的评价方法有课堂观察法、作品分析法、纸笔测试法、自评与互评等。相对传统的教学评价方法，小学道德与法治学科全息育人的评价方法，从关注教学结果转移到关注教学过程中师生的教与学，关注教师行为、学生行为、育人融点、育人策略、育人效果，重视学生学习过程中的主体作用，他们发生的变化和成长。总之，借助小学道德与法治学科全息育人评价方法，旨在促进教师综合素质提升，全面提升教学质量；促进学生全面、健康发展，保证全息育人目标的实现，努力培养担当民族复兴大任的时代新人，培养德智体美劳全面发展的社会主义建设者和接班人。

以下，我们将从课堂教学评价方法和学生学业评价方法两方面来阐述小学道德与法治学科全息育人教学评价方法。

一、课堂教学评价方法

（一）概念的界定

课堂教学评价作为教学评价的重要组成部分，是以课堂教学为研究对象，对课堂中的“教”与“学”的综合评价。小学道德与法治学科全息育人的课堂教学评价是在教学活动中，融入五育，用恰当的育人策略，促进师生共同进步与发展的形成性评价。在此评价过程中，所采用的方法、工具或技术手段，就是课堂教学评价方法。

（二）基本的方法

基于小学道德与法治学科全息育人理念，我们采用了观察量表对课堂进行观察的评价方法，我们将从以下几个方面阐释课堂观察。

1.课堂观察

课堂观察作为一种教育科学的研究方法,不同于传统的听课、评课。它是指研究者或观察者带着明确的目的,凭借自身感官(如眼、耳等)及有关辅助工具(观察表、录音设备、录像设备等),直接或间接(主要是直接)从课堂情境收集资料,依据资料作相应研究的一种教育科学研究方法,并对课堂进行有效的评价。①它既是一种听课、评课方式,也是一种研究方法。它是教师日常专业生活必不可少的组成部分,是教师专业学习的重要内容。课堂观察的起点和归宿都是指向学生课堂学习的改善,它能促进教师专业发展。课堂观察作为一种合作的专业研究活动,有助于学科专业化的形成。

2.观察量表

它是为观察课堂中反映课程性质、课堂文化、教师的教学、学生的学习等重要的维度而研制出的表格,能集中体现课堂维度观察的实际情况。教学中,许多不断更新的教学理念和教学动向都能在课堂观察量表中找到"蛛丝马迹"。一张完整、良好的量表,成了贯穿课堂的"导航仪"。因而,一张课堂观察量表定课堂,这样说毫不夸张。

由此可见,课堂观察是我们进行课堂教学评价的基本方法,观察量表是我们进行课堂观察的工具。北碚区小学道德与法治学科全息育人课堂评价将借助《北碚区中小学学科全息育人课堂教学评价观察量表》(以下简称《评价量表》)进行课堂观察。这样的课堂观察有其独有的特点、意义、内容、步骤。

(1)课堂观察的特点

①理论性。科学的观察离不开理论的指导。我们所进行的课堂观察是在建构主义理论,立德树人、全息育人理念的指导下,在实施教学评价的过程中,遵循客观性、多元性、过程性、发展性原则,建立起来的科学、有效的评价制度。

②目的性。小学道德与法治学科全息育人课堂教学评价,其课堂观察的目的一定要指向课堂教学中的教与学,关注育人点的融合、育人策略及育人效果。在课堂观察中,研究者(包括观察者与被观察者)通常要根据观察目的来从事观察活动。在课堂观察时,每位观课者选择其中一个或两个观察点(不宜多)有目的地进行课堂观察,让观察更深入而有效。

③客观性。使用量表进行课堂观察,我们要善于记录并收集资料,资料必须真实可靠,进行严格的查证核实,分析资料要客观;要全面收集资料,防止以偏概全;研究过程和结论要客观、科学,结论必须经过证实或实践检验,保证其客观性、科学性。

④持续性。课堂观察研究不是静态的,不是一蹴而就,也不是阶段性的研究,而是一种在常态中进行的"持续"研究。课堂观察的"持续性"表现在多个方面:第一,观察

① 崔允漷,沈毅,等,课堂观察:走向专业的听评课[M].上海:华东师范大学出版社,2008:73-74.

对象的持续。教师个人全息育人理念的转变不是一件容易的事,因此,我们可以某一学校的教师或者某一年龄段的教师作持续的观察和指导,以期待他们的全息育人课堂教学的提升。第二,观察主题的持续。课堂观察的主题具有“可重复性”,设计的观察量表也可以重复使用。但是,这种“重复”绝不代表研究的重复,因为教学现象绝不可能完全重复出现。第三,观察行为的持续。全息育人理念下的课堂观察作为一种研究行为也具有持续性。

⑤合作性。与传统的听课、评课不同的是,课堂观察需要观察者、被观察者、学生之间开展合作来完成整个课堂观察活动。在课前要进行分工,观察者选择某一个方面进行观察,课中对教学情境进行信息收集、分析和处理。课后,进行集体讨论和反思,“众人拾柴火焰高”。成立一个合作体,从而达成1+1大于2的效果,即集众人智慧于一体,这大大提高了课堂观察的专业程度与日常使用。

(2)课堂观察的意义

①优化教师知识结构。丰富的专业知识是成为一名合格教师不可缺少的前提条件。小学道德与法治是一门综合性课程,涵盖的知识广泛。既要求教师具备理论性知识,也需要实践性知识。全息育人理念下的课堂观察作为一种新型的听课、评课,有利于教师理论知识的更新和实践知识的丰富,能够帮助教师在教学实践和教学理论之间进行联结,从而优化知识结构。

②提升教师教学水平。评价是为了更好地进步,在传统的听评课中,有的教师并不情愿听课与评课,即使听评,也是简单应付。而课堂观察不仅仅是为了评价,还为了追求评价的内在价值,是促进发展的一种有目的、有意识的观察活动。小学道德与法治学科全息育人教学评价下的课堂观察,教师们都是有目的、有意识地参与课堂观察。这样有利于道德与法治教师转变教学理念、教学方式,促进教学评价以及教学反思,从而提升教学水平。

③提高教师科研能力。我们的课堂观察是一套规范的行为系统,有着严格的研究流程,能够帮助教师提高教研能力,将教学实践中的丰富经验转化为全息育人教学理论,促进教师全息育人课堂观察研究水平提高及全息育人课堂观察研究常态化。

④促进学生的成长。课堂观察的起点与归宿都是学生课堂学习的改善。无论是教师行为的改进、课程资源的利用,还是课堂文化的创设,都是以学生课堂的有效学习为落脚点。小学道德与法治学科全息育人课堂观察主要关注学生的学习过程,学生是如何学习,会不会学习,以及学得怎样。即视听、思考、交流、操作、展示、评价,在课堂活动中的参与度等。即使所确定的观察点不是学生,其最终还是以学生是否学得有效来检验。

⑤打造优秀教学团队。课堂观察营造了和谐的合作氛围，有利于师生间形成合作：学生是课堂观察的主要对象，改善学生的学习是课堂观察的最终目的，所以，课堂观察团队离不开学生的合作，课堂活动中，师生组建学习共同体，增进教师对学生的了解，同时也创造和谐的师生合作氛围。有利于教师间形成合作：通过课堂观察，教师们分工合作，形成互帮互助的合作关系，构成互利共赢的教研活动，养成良好的教研风气。同时，形成良好的工作氛围，有利于打造优秀的教学团队。

(3)课堂观察的内容

基于对课堂观察及观察量表的理解，北碚区努力探索学科全息育人的课堂观察法，并制定了小学道德与法治《北碚区中小学学科全息育人课堂教学评价观察量表》。

表5-2-1　北碚区中小学学科全息育人课堂教学评价观察量表

<table>
<tr><td>学科</td><td>小学道德与法治</td><td>课题</td><td colspan="3"></td><td>授课人</td><td></td></tr>
<tr><td colspan="8">教学过程</td></tr>
<tr><td>活动</td><td>一级指标</td><td>二级指标</td><td colspan="5">三级指标</td></tr>
<tr><td rowspan="4">活动1</td><td>教师行为</td><td>A. 创情境
B. 提问题
C. 导方法
D. 答疑问
E. 作总结
F. 作评价
G. 其他</td><td>教的效果</td><td colspan="4">A. 教师的活动能有效实现预设的教学目标
B. 教师对教材的处理有利于学生学习知识、开展活动
C. 教师的教学方法基于学生生活实际、有效地推进了学生的学习
D. 教师与学生互动，注重学生思辨能力培养</td></tr>
<tr><td>学生行为</td><td>A. 视听
B. 思考
C. 交流
D. 操作
E. 展示
F. 评价
G. 其他</td><td>学的效果</td><td colspan="4">A. 学生活动有序，参与度高
B. 学生活动形式丰富有效
C. 学生的活动紧密联系生活
D. 学生活动与学习内容相关性强</td></tr>
<tr><td>育人融点</td><td>A. 认知育人
B. 德性育人
C. 审美育人
D. 健康育人
E. 劳动育人</td><td>融合内容</td><td colspan="4">A1环保知识　A2法治知识
B1道德意识　B2道德行为
C1举止之美　C2创造之美
D1健康习惯　D2健康心理
E1劳动观念　E2劳动实践</td></tr>
<tr><td>育人策略</td><td colspan="6">A. 教师讲授　B. 情境创设　C. 展示交流　D. 小组讨论　E. 实践操作　F. 活动体验　G. 其他________</td></tr>
<tr><td rowspan="4">活动2</td><td>教师行为</td><td></td><td colspan="5"></td></tr>
<tr><td>学生行为</td><td></td><td colspan="5"></td></tr>
<tr><td>育人融点</td><td></td><td colspan="5"></td></tr>
<tr><td>育人策略</td><td colspan="6"></td></tr>
</table>

续表

<table>
<tr><td>活动</td><td>一级指标</td><td colspan="2">二级指标</td><td colspan="2">三级指标</td></tr>
<tr><td rowspan="4">活动3</td><td>教师行为</td><td colspan="2"></td><td colspan="2"></td></tr>
<tr><td>学生行为</td><td colspan="2"></td><td colspan="2"></td></tr>
<tr><td>育人融点</td><td colspan="2"></td><td colspan="2"></td></tr>
<tr><td>育人策略</td><td colspan="4"></td></tr>
<tr><td rowspan="4">活动4</td><td>教师行为</td><td colspan="2"></td><td colspan="2"></td></tr>
<tr><td>学生行为</td><td colspan="2"></td><td colspan="2"></td></tr>
<tr><td>育人融点</td><td colspan="2"></td><td colspan="2"></td></tr>
<tr><td>育人策略</td><td colspan="4"></td></tr>
<tr><td colspan="2">育人效果</td><td>A. 育人目标达成度高
B. 学科知识点准确
C. 渗透育人点教学方法恰当
D. 增长点</td><td>总评
等级</td><td colspan="2">A.优　B.良　C.中　D.一般　E.合格</td></tr>
<tr><td>观课感言
及建议</td><td colspan="5"></td></tr>
</table>

量表从“教师行为、学生行为、育人融点、育人策略、育人效果”这五个维度进行评价，并将此作为评价的一级指标。从这五个维度，可以看出北碚区小学道德与法治学科全息育人“全息”的内涵。一是全息育人的课堂是教师与学生共同成长的舞台。教学课堂评价关注了教师的专业成长，还关注了学生的学习成长。体现小学道德与法治学科全息育人教学评价的核心是：以“思政教学工作的发展”为教学评价的方向，以学生道德认知、行为发展和教师的全息育人教学水平及教学质量的提升为重点。二是全息育人培养的学生是德智体美劳全面发展的新时代接班人。

①教师行为：从教师组织开展教学活动及教学效果两方面评价。将开展的教学活动作为二级指标，教学效果作为三级指标。

教学活动指标关注教师在课堂教学中是否创造了情境激发学生兴趣；在课堂教学中营造的学习氛围是否和谐民主，是否给予了学生安全感；提问次数，是否提出了有价值的问题；在引导学生学习的过程中方法是否恰当；是否解决了学生学习中的疑惑；对课堂学习是否作出总结；对学生的学习情况是否进行了激励性的评价等。从而可以看出评价时,要关注教学过程,这也体现了全息育人教学评价的发展性与过程性原则。

教的效果指标包括:教师的活动是否能有效实现预设的教学目标;教师对教材的处理是否有利于学生学习知识、开展活动;教师的教学方法是否基于学生的已有认知,有效地推进学生的学习;教师与学生互动,是否注重学生的学科思维及能力培养。从教师教的效果看,评价时,体现了学生的主体地位,教师的教是为学生的成长服务。

②学生行为:从学生活动及学的效果两方面评价。将学生活动作为二级指标,学的效果作为三级指标。

学生活动指标注重视听、思考、交流、操作、展示、评价或其他几个方面。关注学生在课堂中倾听,观察是否专注;学习过程中能否有自己独立的思考;能否乐于交流自己的想法;能否敢于展示自己的作品;能否对自己或他人进行客观的评价等。评价时,体现了学生善思、乐学的学习过程。

学的效果指标包括:学生活动有序,参与度高;活动形式丰富有效;学生的活动紧密联系生活;学生活动与学习内容相关性强;学生是否较好地完成课堂练习与测试,能总结、归纳、提炼学习内容,获得一定的道德认知;是否勇于探索,大胆实践等。评价关注了不同层次学生是否在情感、态度与价值观上得到一定发展。

③育人融点:从五大育人点和相对应的融合内容两方面评价。将五大育人点作为二级指标,所融合的内容作为三级指标。所融合的内容我们只是列举了两个,其实,在教材中,融合的内容不止两个。如:认知育人,《评价量表》只列举了环保知识、法治知识,但是在教材中还包括了科学知识、健康知识、安全知识等。因此,《评价量表》在评价课堂教学时,我们要适时补充与丰富。当然,小学道德与法治学科全息育人课堂教学中,育人点及融合的内容,我们应据课标、教材、学情而定,不可牵强附会。一堂课中,我们可能只渗透一两个育人点,也有可能五个育人点都有所涉及。

④育人策略:课堂育人策略——教师讲授、生活情境创设、实践操作、活动体验、案例分析、展示交流、小组讨论等。体现了小学道德与法治的四大基本特征是:生活性、活动性、综合性、开放性。

⑤育人效果:育人效果关注育人目标达成与否,目标达成度的高低;学科知识点是否准确;渗透育人点教学方法是否恰当;学生的知识与思维能力是否有所提升等。

(4)课堂观察的步骤

小学道德与法治凭借《评价量表》进行课堂观察。课堂观察离不开教师的专业合作,团队商议《评价量表》在具体教学情境的细化、确定观察点,收集课堂中的资料、课后的反思,所以据课堂观察任务的开展顺序将小学道德与法治学科全息育人的课堂观察分为以下四个步骤。

①组建团队。与传统的听课、评课不同的是,小学道德与法治学科全息育人课堂观察需要观察者与被观察者开展合作来完成整个课堂观察活动。因此,课堂观察前,需要先组建一支团队。我们组建团队的方式大致分为两类:第一类,区级团队。一般是由区级小学道德与法治的核心组成员及学校的骨干教师组成,区级团队主要针对区级教研或区级赛课进行课堂观察。第二类,校级团队。一般由学校的教学副校长牵头,组织骨干教师成立课堂观察合作团队,主要针对学校研究课及校级赛课进行课堂观察。

②课前准备。课堂观察团队组建完成后,便开始进入观察活动的预备阶段。在上课前,首先,观课教师要充分了解教学设计。因此,授课教师要在团队内作教材分析、学情分析、育人点的融合、育人策略及要达到的育人效果等设计说明。观察团队可以对教学设计提出建议并及时改进。然后,观察团队对《评价量表》进行讨论,具体教学情境的细化、确定观察重点,也可对《评价量表》进行适当调整。最后,观课教师进行分工,根据《评价量表》中“教师行为、学生行为、育人融点、育人策略、育人效果”五个方面,来确定各位观课教师的观察点。

③课中观察。课中观察是课堂观察活动阶段的主要内容。观察团队各位成员提前进入教室,根据各自的观察任务,对课堂上发生的一切教学情境进行观察、信息记录,在此阶段收集到的信息资料是下阶段进行课堂效果剖析的证据。观课教师进行课堂观察可分“看、听、记、思、悟”五个部分。“看”是观课老师用眼对课堂上发生的一切情况进行观察,看教师的引导、学生的参与度、师生互动情况等。“听”是用耳朵对教师和学生的语言进行关注,听教师的课堂语言营造平等、民主、和谐的氛围的情况,学生发言情况等。“记”主要是借助《评价量表》记录观察过程中收集到的信息,尤其是一些关键信息、有效信息。“思”指观课教师将观察到的信息,根据观察目的进行分析。“悟”指教师在进行课堂观察的过程中,出于对全息育人课堂观察的理解,对课堂中发生的一切产生的灵感和觉悟。

④课后剖析。课堂观察的最后一个阶段便是课后剖析或者是反馈阶段,具体分为以下三步。

第一步,个人反思。授课教师依据《评价量表》和课堂上的实际教学情况,开展自我辩证式的个人反思,其中既有对课堂不足之处的反思,也有对课堂闪光点的阐述。目的是为了帮助各位教师增强对授课者的进一步了解。

第二步,集体研讨。观课教师根据课堂上搜集到的信息和授课教师的自我反思,提出有效的教学建议和对策。

第三步,撰写观察报告。在撰写课堂观察报告之前,首先是观察团队总结得出观察结果,观察结果要体现出本节课的成功之处、授课教师的特点及授课过程中存在的问题;其次是教师通过对观察结果的分析和讨论,提出亟待解决的问题和一些有建设性的意见;最后是撰写课堂观察报告。观察报告中的证据资料包括课中的记录量表和记录的影像资料等。为了便于授课教师在今后的教学中进一步改进,需要重视对建议部分的详细撰写。一份完整的课堂观察报告,首先需要说明观察的内容及主题;其次要清晰描述整个观察研究过程;最后需要通过对观察结果进行分析,结合证据、得出结论。

二、学生学业评价方法

学业评价:指以教学目标为依据,运用行之有效的方法,系统地搜集信息,对教学所引起的学生在认知、情感态度、行为、能力上的变化进行价值判断的过程。简言之,就是检测或诊断学生是否达到教学目标的要求及达到目标的程度。学业评价是教学评价的重要组成部分,具有反馈、激励、调控教学并促进学生全面发展的功能,也是衡量教学是否有效的重要指标。通过对学生学业评价,能够了解学生对学科知识的掌握情况、学生的学习态度。

小学《道德与法治》是在对小学原有《品德与生活(社会)》课程进行高度整合的基础上生成的新的课程。课程是以儿童的生活为基础,以培养品德良好、乐于探究、热爱生活的儿童为目标的活动型综合课程。作为一门活动型综合课程,必然和儿童的生活分不开。

基于课程性质,结合《品生课标》和《品社课标》的相关规定及《青少年法治教育大纲》,我们对小学道德与法治学科全息育人学生学业评价定义为:评价者对学生在小学道德与法治学科全息育人课堂教学中学习态度、学习能力、学习方法、行为表现、学习作品等方面的综合评价。在评价中应关注过程,重视对儿童活动过程的评价,重视儿童在活动过程中的态度、情感、行为表现以及付出努力的程度。追求多元评价的主体多元,儿童既是评价的对象,也是评价的主体,积极鼓励儿童自评、互评,鼓励家长与其他有关人员的广泛参与;尺度多元,不用一个统一的尺度去评价所有儿童;尊重差异,关注每一个儿童在其原有水平上的富有个性的发展;渠道多元,分析儿童的言语或非言语表达,收集儿童的各种作品,汇集来自教师、同学、家庭等各方面的信息,力求准确、全面地评价儿童。关注过程性评价,发挥评价的即时反馈效用,实现评价与教学活动的有机结合。借助评价手段调控和引导学生的学习。

基于课程性质,北碚区小学道德与法治学科全息育人对学生学业评价遵循客观性、多元性、过程性、发展性评价原则，以让学生在学习过程中有所获，促进学生德智体美劳全面发展。我们常用的方法有以下五种。

(一)观察记录法

观察记录法是教师根据评价指标的要求，在自然状态下，有目的、有计划地观察学生的日常学习、生活中的能力和行为，以及所表现出来的情感和价值倾向，并记录下来作为对学生进行引导和评价依据的一种方法。

1.基本特点

(1)直接性

观察的对象是当前正在发生的事实现象。

(2)目的性

观察是一种有目的、有意识的搜集资料的活动。

(3)真实性

观察是在客观条件下发生的，教师不应带有个人的感情色彩或主观推测。

2.实施观察的基本途径

(1)课堂观察

主要是观察学生在小学道德与法治课堂中的学习状况；观察学生对学习活动的兴趣和参与状态；观察学生与教师、学生与学生之间的交往合作状态；观察学生学习的习惯与学习主动性；观察学生的学科知识掌握程度与学习的能力；观察学生在课堂中五育的增长情况。比如：在教学部编版《道德与法治》五年级下册《我参与 我奉献》“参与公益”这个话题时，在教学活动过程中，我们要特别观察学生对“公益”的认识，以及对参与公益的积极主动性、对参与公益方式的具体了解等，从观察中了解学生在本节课的认知、德性、劳动实践等方面的增长情况。

(2)活动观察

小学道德与法治学科具有生活化与活动化的学科特点，因此，应经常组织学生参与志愿者服务、社会调查、专题访谈、参观访问，以及各种体验等活动。以活动任务为依托，不仅评价有关学科内容的学习效果，更要评价学生在参加社会实践活动中所表现出来的情感、态度、能力和行为。同样以“参与公益”实践活动为例，学校组织学生到母亲河嘉陵江边捡拾白色垃圾。在活动中，教师观察到学生在学习了“参与公益”这一话题，对他们所产生的积极影响。学生捡拾垃圾的过程中不是疯疯打打，而是默默地捡拾，不放过一丁点儿垃圾。在捡拾的过程中同学间互相帮助，你拿口袋，我来夹；夹不起纸屑，我帮你；你受伤，我包扎……

3.观察记录法的运用要求

(1)观察要有目的、有计划、长期地进行,保证观察材料的真实性、可靠性。

(2)要坚持观察的客观性、全面性,采取多种方式和方法对学生的道德认知及学科素养状况进行全方位的观察。观察时必须随时作记录,不能用推测与描述来代替事实。

(二)描述性评价

描述性评价具有很强的客观性,就是通过语言把客观事实描述出来。描述性评价便于学生更客观地了解自己。积极的描述性评价有助于保护学生,有助于激发学生的学习热情。

1.基本特点

(1)即时性

教师对学生的表现,立即用语言客观地描述出来,更多地关注学生学习的过程。

(2)针对性

对学生的表现,教师明确地指出他的优点,或不足之处,学生从教师的评价中获取信息,结合自己的情况,指导自己以后的学习。

(3)个性化

教师要根据学生的个性特征、学习能力、行为表现,作出适宜的语言评价,让每位学生既增强学习的自信心,又明确今后努力的方向。

2.实施描述性评价的基本途径

(1)课堂学习过程评价

课堂教学是师生互动的多边活动。评价,作为师生交流的一种方式贯穿于课堂教学活动的始终。有效的评价对教学活动起着重要的导向和激励作用,使教学过程更趋完善,有效地促进学生的发展。几乎每节课,教师都对学生进行了描述性评价,可分为个体评价与群体评价。教师的评价既是对孩子的激励,同时,也为其他孩子的成长导向。

(2)期末终结评价

终结性评价不是简单的分数结果评析,它是结合过程评价归纳总结得出的一个客观的、全方位的、多元化的,有利于学生发展的综合性评语。特别是学生的认知能力、德性养成、劳动实践能力、审美意识、健康意识等评价。在期末评语中,教师要用亲切的话语,必须有较强的激励性、针对性,让学生的核心素养在激励中提升。如一年级上期的期末评语,教师对一名学生这样评价:“孩子,通过本期的学习,你爱上了学校,在学校生活好快乐。你养成了良好学习习惯,课堂上,坐如钟的身板好精神;高高举起的小手好自信;整洁的书写好美观。同时给你一个小小的建议:课间玩耍时,不要疯跑,也不能和同学疯打,可得注意安全。”教师的评语其实都是围绕一年级上册道德与法治教材的内容来写的,语言符合一年级孩子的特点。

3.描述性评价的运用要求

(1)准确得体,催生活力

评价是一种价值判断的活动,是主体对客体满足需要程度所作出的判断。学生的直接表现就是教师用常用语言对其学习行为、过程、结果等进行判断,进行褒奖、指导。首先评价语言必须准确。准确性是课堂教学评价的灵魂,没有“灵魂”,教师教学评价就没有了生命力。教师的评价既让学生看到自己的优点,同时,也要让他们知道自己的不足,激发他们悦纳自己,改正缺点。

(2)机智应对,化险为夷

在进行评价时,机智幽默、生动优美的语言更是不可或缺的。幽默的语言和风细雨、诙谐轻松,它既不伤害学生的自尊心,又能达到匡正纠谬、明辨是非的目的。这样的评价语言对学生的审美教育起到润物细无声之功效。

(3)捕捉亮点,学会赏识

学生需要教师的激励,激励能激发人的潜能,能使人心智开启、灵感涌动。在激励中,将不断获得成功的体验,走向成功。

(4)尊重差异,期待成长

教师的评价语言要做到因人而异,要针对不同的学生采用不同的评价标准。在评价中,我们一定要尊重差异,为每个学生的发展创造宽松的环境,关注学困生,个别特殊的儿童,保护他们的自尊,期待他们的成长。

(三)纸笔测试

纸笔测试是指以书面形式的测验,主要侧重于评定学生在学科知识方面学习成绩的高低或在认知能力方面发展强弱的一种评价方式。

1.基本特点

(1)科学性

纸笔测试从设计、命题、组织与实施、结果分析的全过程都有科学的考试理论指导。

(2)导向性

人们常说考试具有“指挥棒”的功能,小学道德与法治在纸笔测试时,注重了对课程目标的全面考查。

(3)客观性

纸笔测试能真实地反映学生在学科素养方面的发展水平。

2.实施纸笔测试的基本途径

(1)随堂练习

教师在每堂课的教学之后,可以设计相应的作业,组织学生进行随堂练习,及时了解教与学的效果。

(2)阶段性测试

一般讲,小学道德与法治纸笔测试在一学期的期中与期末进行,以检测阶段性教与学的效果,认真分析试卷所呈现的优点与不足,并及时修正。

3.纸笔测试的运用要求

(1)命题规范化,标准化

试卷必须依据课程标准(目前沿用小学《品生课标》和《品社课标》),依据教材内容,并结合北碚区小学道德与法治学科全息育人理念及要求进行命题。

(2)测试内容体现生活性

纸笔测试内容应当根据学生已有的生活经验,创设生动的试题情境,再现儿童生活,促进学生良好习惯、良好品德的形成。

(3)确保测试的公平、公正

公平、公正体现在以下两点:一是教师应加强学生诚信考试教育,书面测试是真实反映学习过程的学习态度与学习能力,是对自己学习效果的检测。二是教师在批改试卷时,必须依据课标,统一标准进行阅卷,不应带个人感情色彩。

(4)测试成绩以等级呈现

无论是随堂练习,还是阶段性测试均以等级评价,一般分:优秀、良好、合格、待合格或A,B,C,D。考试成绩应单独反馈给学生,并作为考察学生学业成绩的重要依据,不得按考试成绩给学生排名。

(四)作品分析法

作品分析法是指教师有目的地为学生确定一个主题,学生按照预定程序完成作品,通过对作品进行分析,获取研究所需要的信息,从而对学生的发展作出评价的一种科学研究方法。小学道德与法治呈现的作品有绘画、书信、手工作品、课前收集的资料、图片、拍摄的照片、调查访谈资料等。

1.基本特点

(1)间接性

作品分析法是以学生的作品为中介,推断学生的个性发展特征。在实施时,学生通常不知道教师要求他完成作品的真正意图。其注意力集中于作品的完成过程中。这样可以达到降低学生防范心理,获得学生真实情况的良好效果。

(2)主观性

由于作品分析法以作品作为中介进行研究,因此,同一件作品由不同的人进行分析,结果相差可能较大,这种误差是无法避免的。正因为作品分析法具有较大的主观性,所以它对研究者的素养提出了较高的要求。

(3)可比性

同一主题的作品放在一起,比较后便可见出学生完成作品的情感、态度及实践能力的差异。

2.实施作品分析的基本途径

(1)课堂中

有的作品可在课堂中完成,如学生的绘画,制订的班级规则,创作的歌颂老师、父母的诗歌等,老师在课堂上就能对作品进行分析评价。

(2)家校协同

在小学道德与法治学科中,学生的许多作品是在校外,需要家长指导学生完成,如收集家乡变化、家乡特产的图片或文字,做出变废为宝的作品,调查人们遵守公共秩序意识的调查表等。学生完成的作品,家长与老师一起分析并评价,注重孩子完成作品过程中的态度及综合实践能力。

3.作品分析的运用要求

(1)评价要客观公正

教师对学生作品尽可能不带个人的感情色彩,围绕主题,运用一定的标准对作品进行客观、公正的评价。

(2)尊重个体差异

特别是校外完成的作品,因学生的家庭情况、学生素质不同,完成的质量不一,教师要尊重学生的个体差异,对不同层次学生作出激励性与导向性的评价。

(3)注重家校协作

学生校外完成的作品一般有家长的参与,那么,对作品进行分析评价时,教师应与家长交流、沟通,在尊重家长建议的基础上,综合家长意见对作品作出恰当的评价。

(五)自评与互评

学生自评与互评就是教师引导和帮助学生对自己和同伴在学习中的表现与成果进行自我评价和相互评价,鼓励学生自我反思,相互借鉴,相互促进。让学生在评价交流中学习,在评价中认知,在反思中进步。

学生是学习的主体,评价的主体应该回归到学生自身。开展学生自评和互评意义重大。自评是学生认识自我的基本手段,自评的过程就是不断认识自我、激励自我、调整自我的正向发展过程。互评是培养学生协作能力和合作精神的重要途径,在互评的过程中,学生学会尊重和欣赏他人;培养团结协作的团队精神;形成宽容博爱的人格品质;激发承担责任的勇气和担当。

1.基本特点

(1)主体性

学生是学习活动的主体,评价的主体回归到学生自身,通过自评,提高学生的自我认知和自我调整的能力,激励其正向发展。

(2)合作性

自评互评有助于加深学生之间的相互理解、相互尊重,让学生知道评价是如何进行的,要对评价质量承担责任,对自己和他人负责。

(3)互助性

在互评中学会尊重和欣赏他人的基础上,向对方提出改进意见,达到共同成长的目的。

2.实施自评互评的基本途径

(1)课堂学习中的自评互评

学生在课堂活动中,可以借助《评价量表》对自己或同伴,在学习过程中的视听、思考、交流、展示、操作等方面进行评价。评价可以是口头语言的评价,也可以是书面形式的评价。

(2)学生作品的自评互评

学生完成的作品,可进行自评互评,从自评互评中既能看到别人作品的优点,又能找到自己作品的不足。

3.自评互评的运用要求

(1)教师要营造一个平等民主的课堂氛围,让学生敢于评价

只有宽松、平等的课堂氛围,学生才会积极主动地投入到课堂活动中,才会敢于评价自己,评价同伴。

(2)教师要指导学生评价的方法,制定评价的标准,让学生真正学会评价

小学道德与法治学科育人目标是以《品生课标》《品社课标》为依据,结合北碚区的全息育人理念,自评和互评的内容要以多维度、全面的、发展的眼光来评价学生。不用一根尺子衡量所有的孩子,应特别关注每个学生学习的情感,帮助他们建立学习的自信心和成就感。

(3)教师要建立一套激励机制,激发学生评价的兴趣,使学生乐于评价

小学道德与法治学科的教学内容多源于学生生活,学生有着浓厚的兴趣,教师应根据这一优势,因势利导,把学生学习的兴趣转移到评价的乐趣中来,既提高学生的评价能力,又在评价中培养五育。

第三节 小学道德与法治学科全息育人教学评价案例评析

小学道德与法治学科全息育人教学评价的核心是:以"思政教学工作的发展"为教学评价的方向,以学生道德认知、行为发展和教师的全息育人教学水平及教学质量的提升为重点,全息育人的课堂是师生共同成长的课堂。这里,我们将以教师课堂教学评价和学生学业评价为例,对小学道德与法治学科全息育人教学评价进行案例评析。

【案例1】课堂教学评价案例:部编版《道德与法治》二年级上册第三单元第三课《大家排好队》的第一课时课堂教学评价

为更好地推进小学道德与法治学科全息育人教学评价研究,北碚区开展了不同层次的课例研讨活动,呈现了许多有研究价值的课例。教师们借助《评价量表》,通过课堂观察、收集资料、评价分析,更深入领会了全息育人评价理念,促进了教学的专业成长。

下面以北碚区中山路小学周星老师执教的部编版《道德与法治》二年级上册第三单元第三课《大家排好队》第一课时为例,从组建团队、课前准备、课中观察、课后剖析四个步骤进行评析。

第一次课例评析

一、组建团队

这次课例评析是在北碚区将开展"北碚区第一届全息育人杯"青年优质课竞赛活

动的背景下进行的。由北碚区中山路小学的教学副校长姚春容牵头,组织学校3名道德与法治骨干教师,成立了课堂观察合作团队。

二、课前准备

(一)授课老师周星说课

1.解读《品生课标》及教材

欲对课堂进行观察评价,首先应在熟悉课标的基础上,对教材进行比较深入的分析。《大家排好队》是部编版《道德与法治》二年级上册第三单元《我们在公共场所》的内容,周老师执教的是这一课的第一、二个话题。这两个话题分别是"还是排队好"和"哪些地方要排队",旨在引导学生从内心认同排队的重要性和意义,知道自己生活中很多地方、很多时候都需要排队,并明白排队是文明,体现公平,保障我们安全的行为。培养学生在公共场所的规则意识,并为他们的一生奠定公共意识。

2.学情分析

二年级的学生,随着生活范围的扩大,走入社会的机会越来越多,如,乘车,和家长一起逛商场,在游乐园里玩耍,市场上买早点,到医院看病等。这就需要教会孩子在公共场所如何守规则,有秩序,保证安全、文明、和谐地与人相处。孩子大多是学着爸爸妈妈的做法跟着做,处于模仿阶段,这时候教给孩子学会排队,是树立孩子规则意识的很好时机。低年级的孩子适宜在情境体验中,在图片、视频的直观展示中培育德行。

3.明确教学目标

(1)教学目标

①活动体验,感受公共场所还是排队好。(德性育人)

②联系生活,知道哪些地方需要排队,认识公共秩序和人们的生活息息相关。(认知育人)

③理解并认同排队规则,树立自觉遵守公共秩序的意识。(德性育人、认知育人)

(2)教学重点

感受公共场所还是排队好,知道哪些地方需要排队。

(3)教学难点

理解并认同排队规则,树立自觉遵守公共秩序的规则意识。

(二)团队建议

①据二年级学生的学习认知及学习心理特点,课堂教学不仅要体现生活化,更要体现活动化,激发学生的学习兴趣。

②教师的课堂语言要体现儿童化及激励性。

③教师要注重预学。排队,这一现象应该是生活中常见的,教师课前应指导学生收集有关排队的图片或者拍摄相关照片。(但是因为即将上课,这一条建议没法采纳,

只待下一节课修正)

(三)明确观察任务

此次课堂观察共三位老师,分别对“教师行为、学生行为、育人效果”进行观察,由于“育人融点”和“育人策略”在教师行为中就能观察到,所以这两点任务也由观察“教师行为”的老师完成。

三、课中观察

观察者做到提前进入课堂、明确观察任务、选择观察位置、如实做好记录、避免影响教学。

周老师在第一次执教中,引导学生开展了三次教学活动:

第一次,创设情境体验,悟好处。在这一板块中,共引导学生进行了三次情境体验,分别是两次赏宝体验,感受排队的好处;看图,感受排队的好处;看微课,感受排队的好处。

第二次,链接生活,明白排队的场所。教师出示生活中排队场景的图片,让学生说说哪些场所需要排队。

第三次,微课辨行,交流讨论。教师出示微课,引导学生辩论,微课中插队同学的做法对否,讨论应该怎么做。

四、课后剖析

(一)执教者反思

这堂课的活动设计,不拘泥于教材本身,用心地挖掘并拓展教材的育人功能。紧密联系学生的生活,并给学生创设了最贴近他们生活的体验活动,将规则生活化、活动化,让排队的规则意识循序渐进,潜移默化地植入学生内心,促进了学生德性的养成和发展,这堂课基本达成了目标。但这堂课也有许多不足:第一,从组织教学上,自己的经验欠缺。在第二次赏宝活动中,没有讲清楚规则,导致学生闹哄哄、秩序混乱地上来赏宝,目标未达成。第二,注重教师对学生的评价,但忽略生生评价。第三,未能关注到全体学生的学习。特别忽略学困生的学习状态,导致整个课堂就是十几个孩子展示的课堂。

(二)集体研讨

观察者对课堂中记录的数据和笔记进行整理,与授课教师一起就“教师行为、学生行为、育人融点、育人策略、育人效果”进行评价分析。因为教师行为里面包含了“育人融点”和“育人策略”,因此,以下的评价我们从“教师行为、学生行为、育人效果”三个方面进行评价。

1.教师行为评价

观课者从创情境、提问题、导方法 、答疑问、作总结、作评价等观察点来检测课堂活动是否实现了有效或高效地达成全息育人的教学目标。通过课堂观察,对教师行为进行如下评价分析。

(1)成功之处

①具有全息育人理念。虽是新教师,从课堂教学中,可以看出教师有一定的全息育人的理念。

②教学目标明确,教学活动化、生活化。教学活动中,体现了小学道德与法治课程的生活化、活动化的性质。教师在课堂中开展的三次活动,教学有明确的目标:培养学生在公共场所的规则意识,并为他们的一生奠定公共意识。“悟好处”“明场所”“辨导行”三次活动有一定的层次性。三次活动源于学生生活实际,指导学生在生活中实践排队。

③教师善于创设情境。让学生体验有趣的寻宝,调动学生的多种感官体验感受排队带来的好处,较好地培养规则意识。

④教师育人策略恰当。育人策略基于学生生活实际,有效地推进了学生的学习,注重学生思辨能力的培养。

(2)不足之处及建议

①首先,教师全息育人的理念还有待提高。教师在这堂课中注重了认知育人和德性育人,而忽略了审美育人、健康育人、劳动育人。在学生排队寻宝时,微课思辨导行中,教师可以适时渗透审美育人与健康育人。如好好排队,整齐的队形就是一种美,孩子们的行为美,也是孩子们的道德意识美;好好排队,也是保护自己或他人的身体,提升学生的健康意识。其次,展示的课件还需细致之美。教师收集、拍照生活场景的图片不美观,有的图片甚至很模糊。课件上展示的每个活动的名称:一是“情境体验,悟好处”;二是“链接生活,明场所”;三是“微课辨析并导行”。这三个活动的名称不对称,教师应细细斟酌语言的表述。

②课前预学不够。学生对本课内容没有预习。教师为让学生更好地了解生活中排队的好处,在课前应指导学生去调查生活中哪些地方需要排队,可拍成照片,或将收集所得在家长的帮助下,记录成文字视频,这样为学生的课堂学习做了充分准备。

③教师的课堂评价语激励、导向不够。这堂课中,教师共提问20多次,所提问题显得琐碎,对培养学生思维价值不大。课堂中教师对学生的点评语显得有些空洞,如“你说得不错”“你做得挺好”“你的发言真精彩”……这样的点评语对学生缺乏激励与导向作用。

④教师可对学生进行随堂的书面测试。充分发挥教学评价的评价与诊断功能,

能帮助教师找到课堂教学中还应该改进的地方，学生也能了解自己的学习状况，巩固进步，修正不足。

2. 学生行为评价

观课者根据《评价量表》设置了课堂视听、思考、交流、展示、操作、评价等观察点，来检测课堂活动是否实现了有效或高效地达成全息育人的教学目标。通过课堂观察，学生行为评析如下。

(1)成功之处

①教师在课堂教学中是引导学生学习，学生的主体性较强。特别是第一个活动两次赏宝体验，感受排队的好处，他们参与体验的积极性很高。全班共45位，指名发言的学生15位，其中有3位孩子发言4次，5位孩子发言2次，学生集体回答有4次。能自始至终都认真倾听学习的孩子有36位。

②学生的视听思考较为积极，多数学生对课堂学习有兴趣。在学习活动中，多数学生树立了规则意识，学生在情境体验中，在图片、视频的观看中，他们的公共意识有所提高。

(2)不足之处及建议

①少数学生的学习习惯及态度差。小学道德与法治学科全息育人也包含着教学要面向全体学生，促进每个学生健康全面的发展。而少数学生不在学习状态，其中有两位学生课堂上一直玩东西，7位学生的学习注意力不集中，参与学习的主动性差，教师应加强对这部分学生的关注和引导。

②学生的学习方法还需改进。学生课前没有收集生活中排队场景的图片，仅靠教师在课堂上给予，是远远不够的，道德与法治学科的学习是源于生活，学生应主动观察生活，然后又服务于生活。

3. 育人效果评价

教师具有全息育人的意识，用一定的方法在课堂中也恰当地融入一些育人点，达成了一些目标。教师在课堂中每个环节的育人点思考得还不够成熟，落实育人点还不够到位。部分学生的学习参与度不高，规则意识与公共意识还未深入到他们心中。总评等级为C。

第二次课例评析

周老师对课堂教学过程进行了改进，观课者再次对她的课堂进行跟进。

一、课前准备

第二次课例与第一次课例内容相同，是同年级的另一个班，学情相似。观课教师不变，他们的观课任务不变。

二、课中观课

第二次课例观摩:围绕课堂教学目标,展开了如下教学活动。

1.课前谈话

以“十一”国庆黄金周去旅游为话题,(周老师是10月8日上的这堂课)学生兴奋地交流了旅游心得,周老师也与学生交流了她到成都旅游的情况,打卡熊猫基地、青城山、都江堰等景点(为开课的神秘宝物作铺垫)引入环节:老师在旅游中带回神秘礼物,你们想看看吗? 那赶快上来赏宝吧!

2.情境体验,大家排排队

周老师引导学生亲身体验两次“赏宝”活动,从对比中学生能快速得出排队的好处,导入轻松自然。

3.扫描生活:哪里要排队

排队与学生的生活息息相关,联系学生生活,唤醒学生的生活经验。

(1)学生交流课前调查——哪些地方需要排队

通过学生的视角,观察和调查在生活中哪些地方需要排队,调动学生主动观察生活的积极性,指导学生观察生活,利用身边的资源研究生活,才能好好地引领生活。

(2)播放学生在校排队的生活场景

教学资源就源于学生真切的生活场景,贴近学生生活,道德与规则就存在于他们的生活之中,体现了道德与规则教育应该是一个在生活中发展,在发展中生活的辨证过程。

(3)交流拓展,生活中需排队的场所

学生出示图片、视频,交流生活中需排队的场所,教师相机拓展需排队的场所图片,以直观地展示排队的许多生活场景,再次体现了道德与法治的生活化。

4.辨析案例:为啥要排队

通过观看公交车插队,因不排队造成的校园踩踏事件两个视频,学生明晰排队的好处:排队是文明,体现公平,保证安全的行为。视频中的场景让学生也深深震撼与思考,排队还关系到我们的生命安全,保证我们的健康。为啥要排队,其中的重要意义也不言而喻。

5.情境再现,行为思辨

在这一环节中,周老师采用了学生喜闻乐见的动漫形象,引入在日常生活中我们常见的一些排队问题。引发学生的思考和讨论。讨论的话题来源于学生生活。激起学生思维的火花,在学生的思辨中,增强学生排队的意识,同时也指导了学生在实际生活中遇到这些问题时的正确处理方法。周老师还用“北京自觉排队日”的徽章作为奖励,学生了解北京自觉排队日,让排队的规则意识根植于学生的内心。

三、课后剖析

(一)执教者反思

本次教学在第一次课例的基础上有了较大的改进,无论是组织教学还是关注学生,有了很大进步。本节课,将健康育人与审美育人融入课堂,让学生感受到排好队不仅是我们良好道德的体现,还关乎我们的健康,是我们生活的风景,健康育人、审美育人也有机融合。关注学生收集的资料和已有经验,实施相应点拨。布置了课前收集排队的图片或视频,这与学生已有经验进行了链接,学生有了认知的储备,学习更轻松,因此绝大部分学生课堂上表现得更自信了。还用“北京自觉排队日”的徽章作为奖励,并在柔美的乐曲中为每个学生佩戴徽章,这样的课堂氛围宽松而愉悦。当然也有些不足:第一,教学时间的分配不是很恰当,前半节课很紧,后来看时间还有很多,于是后面放慢节奏,后半节课显得太慢。第二,教学经验不足,教师心里只想着如何把教学设计完成,所以没能很好地处理课堂生成。心中装着预设的教案比学生在课堂中的生成更多些。

(二)集体研讨

1.教师行为评价

观课者仍从创情境、提问题、导方法 、答疑问、总结、评价等观察点来检测课堂活动是否实现了有效或高效地达成全息育人的教学目标。通过课堂观察,教师行为评价如下。

(1)成功之处

①课前谈话作铺垫。周老师抓住学生国庆黄金周游玩意犹未尽的心理,同时为活动一作铺垫。因为老师的组织引导到位,活动一的两次赏宝不排队与排队的对比很强烈,学生很自然地感悟到排队的好处。

②育人点巧妙融合。本节课教师将审美育人与健康育人融入教学。

③教学资源的有效整合。第一,生活资源有效整合:通过学生的视角,观察在生活中哪些地方需要排队,调动了学生主动观察生活的积极性,学生的课堂学习有一定储备,因此,学习很轻松。这样既来源于生活又回归于生活,规则意识潜入学生的内心。第二,家校教育的整合:体现在课前搜集资料需要家长配合,学生排队习惯的规则意识需要家长配合培养,让学生的规则意识带动家长乃至全社会的进步。

④多元评价。教师的语言评价具有激励与导向作用。如交流课前收集的资料时,教师问道:“你是怎样收集到这些资料的?”“你收集资料的方法真好!”这样的点评既鼓励了学生,同时,也引导学生学习了收集资料的方法。教师对学生作品进行分析评价。

教师对学生课前收集或拍摄生活中有关排队的图片、视频进行评价。教师还进行随堂测试的书面评价，以检验学习效果。教师不仅关注了学生的学习过程，新课结束后，还发给学生作业单，以检验学习效果，通过学习评价分析，了解自己的学习状况，巩固进步，修正不足，为下节课的学习找到起点。此外，课堂中，教师引导学生自评，互评。

⑤教师善于培养学生的学科思维。特别是活动四，情境再现，行为思辨。周老师采用了学生喜闻乐见的动漫形象，引入在日常生活中我们常见的一些排队问题，并引导学生进行辨析，通过在小组及全班的讨论、交流中，辨析这些行为是否恰当，既是对前面知识的巩固，也是对其日常行为的指导。

⑥力求让每位学生学有所获。教师在课堂中关注每位学生，特别关注学困生，指名回答问题的31位学生中，就有7位学困生，并对他们的学习状况进行激励性的评价。

(2)不足之处及建议

①因为周老师是参加工作不到两年的新教师，在课堂语言的精练上还需锤炼，教师的声音的频率一直处于比较高昂的状态。

②教师处理课堂生成的经验欠缺，当然这需要实践经验的积累，同时也需教育智慧的积累。

2.学生行为评价

在学生的学习行为这一维度观察中，观课者仍设置了课堂视听、思考、交流、展示、操作、评价等观察点来检测课堂活动是否实现了有效或高效地达成全息育人的教学目标。通过课堂观察，学生行为评析具有如下特点。

成功之处：

(1)视听认真，积极思考，学习兴趣浓

在课堂中，学生精神饱满，充满活力，学习兴趣浓厚，他们参与体验的积极性很高。能自始至终都认真倾听、学习的学生有41位，1位学生从上课开始一直玩东西，据课后了解，这是一位行为与心理极特殊的儿童。

(2)交流展示，乐于创造，学习有增长

全班共42位学生，指名发言的学生31位，占全班的70%。其中有3位学生发言2次，其他均为1次，学生集体回答有4次。从学生参与发言人数看，大部分学生都参与到学习的交流展示中。学生在一系列丰富多彩的活动中，认知、德性、劳动、审美、健康等能力都有增长！通过互动交流，视频观看，合作探究，学生的思辨能力得到充分的训练，规则意识、公共意识都有所提高。

(3)习得收集资料的方法与能力

学生在课前收集了排队场景的资料，通过他们的视角，观察在生活中哪些地方需要排队，学生主动观察生活的积极性有所提高。在教师的指导下，他们还了解到收集资料的方法。

3. 育人效果评价

本堂课既践行了全息育人理念，同时，也践行了“课堂是学生的课堂，是自主的课堂”这一理念，育人效果好，等级评价A。

附：

《还是排队好》课堂评价设计

请小朋友判断以下做法对吗？对的请在(　　)打“√”，错的打“×”。

1. 下图是人们在银行取钱，他们的做法对吗？(　　)

图5-3-1　银行取钱

2. 他们这样上公交车。(　　)

图5-3-2　乘坐公交车

3. 他们这样乘坐扶梯。(　　)

图5-3-3　乘坐扶梯

4. 一位六岁的小朋友到蛋糕店买蛋糕，他奶奶认为他是小孩就可以不用排队。

(　　)

5. 中午打饭时，青青叫没有排队的小明站在他前面，青青的做法，对吗？(　　)

图5-3-4　食堂打饭

【案例2】学生学业评价案例：部编版《道德与法治》五年级下册第二单元“公共生活靠大家”学业评价

在遵循小学道德与法治学科全息育人教学评价的客观性、多元性、过程性、发展性原则的基础上，我们采取恰当的学业评价方法，借助评价工具，对学生的学习态度、学习能力、学习方法、行为表现、学习作品等方面进行学业评价。通过评价反映学生的学习成就和进步，帮助学生了解自己的进步，评判自己的成绩，监控自己的发展，从而成为学习的主人。同时，帮助教师发现学生在学习中的问题和困难，促进教师改善自己的教学，最终达到促进学生发展的目的。下面就以部编版《道德与法治》五年级下册第二单元“公共生活靠大家”进行学业评价评析。

一、学业评价依据

(一)教材内容

表5-3-1　部编版《道德与法治》五年级下册第二单元“公共生活靠大家”教材内容

<table>
<tr><th>单元主题</th><th>课题</th><th>话题</th><th>单元说明</th></tr>
<tr><td rowspan="8">公共生活靠大家</td><td rowspan="2">1.我们的公共生活</td><td>(1)认识公共生活</td><td rowspan="8">本单元遵循从认知到行为，从“共享共维护”“共建”到“共参与”的编写思路，引导学生形成对公共生活的整体了解，懂得爱护公共设施、维护公共利益，做到自觉遵守公共秩序，积极参与社会生活。</td></tr>
<tr><td>(2)维护公共利益</td></tr>
<tr><td rowspan="2">2.建立良好的公共秩序</td><td>(1)公共生活需要秩序</td></tr>
<tr><td>(2)共同建设有序生活</td></tr>
<tr><td rowspan="4">3.我参与 我奉献</td><td>(1)友善相待</td></tr>
<tr><td>(2)文明有礼</td></tr>
<tr><td>(3)服务社区</td></tr>
<tr><td>(4)参与公益</td></tr>
</table>

(二)教学目标

围绕“帮助学生参与社会、学会做人”这一学科目标，结合全息育人单元导引和本单元的教学重点，设定以下教学目标。

表5-3-2 部编版《道德与法治》五年级下册第二单元“公共生活靠大家”全息育人单元教学目标

单元主题	单元目标	课题	教学目标
公共生活靠大家	引导学生形成对公共生活的整体了解，懂得爱护公共设施，维护公共利益，做到自觉遵守公共秩序，积极参与社会生活。	1.我们的公共生活	了解身边多样的公共空间，知道每个人都离不开公共生活，懂得只有共同维护公共利益，才能更好地享受公共生活，并且能够在公共生活中注意自己的行为，展示良好的形象，提高公共意识。
		2.建立良好的公共秩序	知道公共生活需要良好的秩序来维护，初步形成规则意识，知道构建有序和谐的公共生活人人有责，积极参与公共生活，学会从不同角度观察社会现象，尝试用合理、合法的方式解决生活问题。
		3.我参与 我奉献	知道公共生活中人与人相处需要平等相待，树立相互尊重、平等相待的观念，明确构建和谐的公共生活需要提升文明意识，了解社区成员的角色与责任，树立服务公共生活的意识，明确参与公益活动的意义，积极参与力所能及的社会公益活动。

二、学业评价内容

学生的品德与社会性发展源于他们对生活的认识、体验和感悟，因此，在教学中要引导学生让他们从自己的实际生活出发，用自己的眼睛观察社会，用自己的心灵感受社会，用自己的方式探究社会，以此来提升自己的生活。结合本单元的教学内容和目标，着重对学生的学习态度与能力进行学业评价。

表5-3-3 部编版《道德与法治》五年级下册第二单元“公共生活靠大家”全息育人学业评价内容

课题	话题	学习内容	学习方式	评价内容	全息育人点
1.我们的公共生活	认识公共生活	对自己生活中的公共生活场所进行调查。	调查	调查能力	认知育人
		对“是否可以躺在公园内的长椅上”进行讨论，发表自己的观点。	讨论	思维、表达能力	认知、德性、审美育人
	维护公共利益	以“身边的公共设施及使用现状”为题进行实地调查。	调查	调查、分析能力	认知育人
		对那些为了自身利益，随意占用或浪费公共资源、毁坏公共设施的行为进行评议。	讨论	思维、表达能力	德性育人
2.建立良好的公共秩序	公共生活需要秩序	收集公共标志，完成公共标志学习单。	调查	调查、整理资料能力	认知育人
		评议“不按秩序排队乘公交、不文明遛狗、不戴口罩进入商场、在公共场所大声拨打电话”等破坏文明和谐公共生活的现象。	讨论	思维、表达能力	德性、审美育人
		开展“公共生活秩序单”的设计活动。	制作	审美、制作能力	认知、审美育人

续表

课题	话题	学习内容	学习方式	评价内容	全息育人点
		开展秩序小实验。	实验	动手、思考、合作能力	德性育人
		创设高速公路上发生交通事故，导致堵车的情境，模拟扮演不同的角色。	模拟扮演	参与意识，思考、表达能力	德性育人
	共同建设有序生活	调查社会生活中遵守或违反公共秩序的情况。	调查	调查、思考能力	认知、德性育人
		对“红绿灯损坏、工厂排污和疫情爆发”等问题进行调查，了解国家、社会和个人为解决问题所作的努力。	调查	调查、分析能力	认知育人
3. 我参与我奉献	友善相待	对“爱心早餐”的情境进行讨论。	讨论	思维、表达能力	德性育人
	文明有礼	对“公共生活文明有礼”的情况进行调查，了解在公共场所，人们的文明素养究竟如何。	调查	调查能力	德性、审美育人
		对身边缺乏公共意识，妨碍他人和社会利益的事件进行调查、讨论。	调查、讨论	调查、分析能力	认知、德性育人
	服务社区	就“《邻里公约》是不是一个‘紧箍咒’”进行讨论。	讨论	思维、表达能力	认知育人
		积极参与社区建设活动，为营造良好的社区环境贡献自己的力量。	体验	参与态度、实践能力	劳动育人
	参与公益	收集身边及社会上积极参与公益活动的事例。	调查	调查、分析能力	德性育人
		围绕“慈善要用‘心’衡量”这一阅读材料，讨论如何理解田家炳爷爷所说的有“心”的慈善，开展“做善事一定（不一定）要有钱”的课堂辩论。	讨论	思维、表达能力	德性育人
		制作“公益事业改变人、改变环境”的事例卡。	制作	审美、制作能力	德性、审美育人
		利用周末或假期时间，选择参加适合的、力所能及的公益活动。	体验	参与态度、实践能力	劳动育人

三、学业评价方法

在本章的第二节“教学评价方法”中介绍了多种学业评价方法，结合本次学生学业评价的内容，我们主要运用观察记录法、描述性评价法。

（一）观察记录法

在学业评价中，教师的观察重点为学生主动参与学习的态度及能力，以及学生参与公共生活时的参与意识与规则意识。观察记录法主要运用在“讨论、科学实验、模拟扮演体验”这几种学习方式，教师或者家长要有目的、有计划地观察学生的学习态度和能力、参与公共活动的情感及态度等。

表5-3-4 部编版《道德与法治》五年级下册第二单元“公共生活靠大家”全息育人学业评价观察记录内容

课题	话题	学习任务	观察重点
我们的公共生活	认识公共生活	情境辩论：是否可以躺在公园内的长椅上？	学生能否积极主动地发言，声音是否响亮，是否能用较简洁准确的语言发表自己的观点。
	维护公共利益	评议：那些为了自身利益，随意占用或浪费公共资源、毁坏公共设施的行为。	学生口头表达的基本能力和参与学习的态度外，是否知道公共设施和资源为人们的公共生活提供了保障。
建立良好的公共秩序	公共生活需要秩序	评议：“不按秩序排队乘公交、不文明遛狗、不戴口罩进入商场、在公共场所大声拨打电话”等不遵守公共生活秩序的现象。	学生的口头表达能力和参与学习的态度，对公共生活中不文明行为的态度和立场，是否知道要遵守公共生活秩序，是否懂得参与公共生活要合法、合理。
		小实验：分组进行实验，看哪个小组能够又快又顺利地取出瓶中所有小球。	学生在实验前、实验中，以及试验后的语言、表情、动作等，评价学生是否理解“公共生活需要秩序”这一社会要求。
	共同建设有序生活	模拟体验“升国旗”“参观博物馆”“参加社区公益活动”。	学生在体验活动时是否能够做到语言文明，行为有礼，遵守公共秩序，心中有他人。
我参与我奉献	友善相待	讨论：“餐馆老板提供的不仅是免费早餐，更是浓浓的爱心。”	学生的表达能力和参与讨论的学习态度，是否能体会到早餐店老板做法背后所包含的情感，是否知道构建和谐美好的社会生活，需要彼此爱护、平等友善、相互帮助。
	文明有礼	调查、讨论：身边缺乏公共意识，妨碍他人和社会利益的事件。	学生能否对身边的不文明行为作出正确判断，是否明白过分强调自己的利益，会妨碍甚至危害他人和社会利益，违反了《中华人民共和国民法典》的规定。
	服务社区	讨论：“《邻里公约》是不是一个‘紧箍咒’。”	学生参与讨论学习的态度，是否具有辩证思维能力。
		在家长的陪同下，积极参与社区建设活动。	学生在服务社区的活动中能否做到主动参与、积极提出合理建议等。
	参与公益	课堂辩论：“做善事一定（不一定）要有钱。”	学生的思维能力和表达能力，在看待事物时是否具有辩证思维能力，能否从不同的角度观察和理解事物，是否具有一定的解决问题的思维能力，能否从辩论中得出具有正能量的结论。
		在家长陪同下，利用周末或假期时间，积极参加力所能及的、有意义的公益活动。	学生在体验活动中能否与团队成员团结协作，能否克服活动中的困难，能否遵守社会规则等。

（二）描述性评价法

在学生的学习过程中，教师需要时刻关注学生的学习过程，根据学生的个性特征、学习能力、行为表现等，用语言客观地描述出来，并作出适宜的评价，明确地指出他好在什么地方，或不足之处。学生从教师的评价中获得成功的学习体验、明确学习的方向等。

在本单元的学习过程中，教师的描述性评价更多地关注学生在学习过程中的学习态度、思维能力、表达能力等方面。在每一个学习任务中，教师要及时地对学生的学习状况进行描述性评价，帮助学生学会从正确的角度思考问题，能就社会中的一些文明现象作出正确的价值判断。本单元的描述性评价分课堂学习过程中的及时性评价和单元学习结束后的终结性评价。

1.课堂学习及时性评价

在学习《我们的公共生活》"维护公共利益"这一话题时，学生对那些为了自身利益，随意占有或浪费公共资源、毁坏公共设施的行为进行评议，教师通过及时性语言评价，引导学生懂得人们在公共生活中享有个人权利，也有责任和义务维护公共利益，要有正确的公共生活意识。

在学习《建立良好的公共秩序》"公共生活需要秩序"这一话题时，学生在开展"社会生活中遵守或违反公共秩序的情况调查"活动的基础上，对"不按秩序排队乘公交、不文明遛狗、不戴口罩进入商场、在公共场所大声拨打电话"等不遵守公共生活秩序的现象进行评议。教师通过及时性语言评价，让学生感受到讲文明守秩序是一个社会文明程度的标志，如果不遵守秩序，小则影响自身形象，大则影响国家声誉。指导学生要养成讲文明、守规则的好习惯，树立规则意识和法治意识。

在学习《我参与 我奉献》"友善相待"这一话题时，学生讨论"餐馆老板提供的不仅是免费早餐，更是浓浓的爱心"，教师通过及时性语言评价，激发学生对弱势群体的关爱之情，指导学生用恰当的方式去关爱和帮助弱势群体。

在教学《我参与 我奉献》"文明有礼"这一话题时，学生讨论身边缺乏公共意识，妨碍他人和社会利益的事件时，教师通过及时性语言评价，引导学生认识到过分强调自己的利益，会妨碍甚至危害他人和社会利益，违反了《中华人民共和国民法典》的规定。

2.单元学习终结性评价

在本单元学习结束时，教师结合课堂的观察结果，对学生在"公共生活靠大家"的学习中的学习态度、学习能力等表现进行一个描述性评价，以帮助学生更加客观全面地评价自己，指导学生形成良好的学习习惯和生活习惯，促进学生的全面发展。例如：×××同学，在本单元的学习活动中，能积极主动地参与课内外活动，课堂上敢于大胆发言；热心参与公共生活，能积极开动脑筋想办法克服困难，能遵守社会规则，具有较好的公共意识。

总体来看，在本案例中，教师采用观察记录法和描述性评价法进行学业评价，主要侧重于学生的学习态度(能否积极主动参与讨论、辩论活动)、学习能力(能否清楚明白地表达自己的观点)、思维能力(能否从不同角度思考问题,具有辩证思维的能力)。对学生的评价要求从“声音洪亮,能用简洁的语言表达自己的观点”,到“能从不同角度看待事物,发表意见”,再到“具有正确的公共生活认识,能积极主动参与社会生活”,体现逐步提高、螺旋上升、全面发展的评价规律。这样的评价体现了评价的过程性和发展性原则,通过评价能更好地促进学生的发展。

四、学业评价工具

量表评价为教师的课堂教学指明了育人方向,育人目标更加具体化。同时,评价指标明确,能有助于学生在学习过程中对照目标、明确方向,积极争达评价优秀。在进行学业评价时,针对学生的调查活动和学习作品,采用多种评价量表,对学生的学科知识、学习态度、能力、方法等进行评价。

例如:

(一)评价学生开展的“身边的公共设施及使用现状”调查活动时,采用教师评价、学生自评的方法评价学生的调查效果

表5-3-5 部编版《道德与法治》五年级下册第二单元“公共生活靠大家”身边的公共设施及使用现状调查活动评价表

评价者	评价内容	评价等级				评价结果
		A	B	C	D	
学生	参与调查活动的兴趣	非常感兴趣	比较感兴趣	一般	不感兴趣	
	运用的调查方法(观察、访谈、调查、上网查询等)	二种以上	二种以上	一种	没有	
教师	撰写的调查报告内容	内容完整、语言表述清楚明白	内容比较完整,语言表述比较清楚	内容较简单,语言表述一般	内容不完整,语言表述差	

本次评价采取的是教师评价与学生自评相结合的方式。学生的自评内容是“参与调查活动的兴趣”,教师评价内容是“撰写的调查报告内容”。通过学生的自评,旨在了解学生对调查活动是否感兴趣,是否愿意参加到这样的社会调查活动,以及是否会运用多种调查方法完成调查任务。通过教师对学生调查报告内容的评价,可以掌握学生的学习能力及态度。教师可利用这样的评价结果,指导学生运用多种调查方法开展调查活动,并学习如何撰写调查报告,从而培养学生的调查能力,激发学生参与调查活动的积极性。

(二)评价学生开展的“红绿灯损坏、工厂排污和疫情爆发”等问题调查活动时,采用教师评和家长评的方法评价学生的调查结果

表5-3-6　部编版《道德与法治》五年级下册第二单元“公共生活靠大家”共同维护公共秩序调查活动评价表

评价对象	评价内容	评价等级				评价结果
		A	B	C	D	
家长	参与调查活动的态度与能力	调查细致，能独立查找和思考解决问题的办法	调查比较细致，能向成人求助，寻找解决问题的办法	调查较粗略，不会主动寻求帮助，未能找到解决问题的办法	对调查活动不感兴趣，调查任务完成差	
教师	调查结果呈现	调查报告内容完整、有切实可行的办法解决问题	调查报告内容比较完整、有一定的解决问题的办法	调查报告内容较简单、解决问题的办法单一	调查报告内容较差、没有解决问题的办法	

本次评价以家长评价和教师评价相结合的方式进行。家长评价的主要内容是学生“参与调查活动的态度及能力”，通过评价帮助家长及教师了解学生对公共生活的关注与学习方法的掌握情况。教师评价的主要内容是“调查结果呈现”，以学生的调查报告的撰写为重点，通过评价了解学生的学习能力水平，以利于教师对学生学习方法的指导，同时引导学生学习从多角度思考解决问题的方法，认识到个人或社会机构都要遵守公共秩序，公共生活需要个人、社会、国家等各方面一起努力。

（三）评价学生开展的“公共生活文明有礼”情况调查活动时，通过学生自评与互评相结合的方式评价学生自身的文明有礼水平

表5-3-7　部编版《道德与法治》五年级下册第二单元“公共生活靠大家”公共生活文明有礼调查活动评价表

评价对象	评价内容	评价等级			评价结果
学生（自评）	爱护公共环境	★	★	★	
	自觉排队	★	★	★	
	不在公共场所大声喧哗	★	★	★	
学生（互评）	校园生活文明礼仪	★	★	★	

此次评价以星级评价方式进行，最高标准“三星”指“每次都能做到”，“二星”指“有时能做到”，“一星”指“偶尔能做到”。在调查了社会生活中的文明和不文明现象之后，对学生的公共生活文明礼仪行为进行学生自评和互评，旨在考查学生遵守社会公共生活文明礼仪的情况。教师通过评价结果，帮助学生认识到不文明行为会破坏美好的生活环境，每个人都应该是文明礼貌的践行者，做到文明有礼需要自觉约束。

（四）单元综合评价

为客观全面地评价学生的公共生活单元学习情况，在单元学习结束时，在过程性

评价的基础上，对学生进行综合性评价，以评价结果促进学生的学习。

表5-3-8 部编版《道德与法治》五年级下册第二单元“公共生活靠大家”单元学业评价表

项目	评价等级				自评	互评	家长评	教师评	综合评
	A	B	C	D					
学科思维	具有辩证思维能力，能运用合理的方法解决问题	具有一定辩证思维能力，能根据教师提供的方法解决问题	思维能力一般，不能独立解决问题	思维能力差，不会解决问题					
参与讨论	积极参与讨论、交流、大胆发言	有参与讨论交流的意识、能举手发言	很少参与讨论交流、极少举手发言	几乎不参与讨论，不发言					
调查与资料整理	乐于参加调查活动、资料收集完整	比较愿意参加调查活动、资料收集较完整	能参加调查活动、资料收集较简略	不愿意参加调查活动、资料收集差					
社会文明	自觉遵守公共生活秩序，讲文明、懂礼貌	能遵守公共生活秩序，讲文明	有时能遵守公共生活秩序，文明礼貌较差	基本不遵守公共生活秩序，不讲文明					
学生自我评定									
同伴评定									
家长评定									
教师评定									

在单元学习总体评价时，充分发挥学生、家长、教师评价主体的作用，通过自评、互评、家长评、教师评的方式，对学生的“态度、思维、能力、文明”几方面运用等级加评语的方式进行综合评价。学生对照评分规则，看自己的表现达到了哪一级，而优秀的标准应该是怎样的，从而有的放矢地进行自我调整。同时，有利于教师在后期的教学活动中对学生进行有针对性的指导，促进学生全面发展。

本案例进行学业评价时，我们遵循了小学道德与法治学科全息育人教学评价的客观性、多元性、过程性、发展性原则，采用嵌入式的评价方法来完成评价任务。教师将教学过程视作学业评价的过程，将学习活动当作评价内容来设计，随时收集学生在学习活动中的学习状况。从设计评价内容、到实施评价、到最后的综合评价，都紧紧围绕教学内容来进行，将评价嵌入教师的教学与学生的学习过程之中，通过不同的评价主体、多方面的评价内容对学生的学业进行较为全方位的评价。同时，对学生的学业评价也遵循了教育的发展规律，对学生的评价标准逐步提高，以帮助学生改正学习态度，提升学习能力，促进全面发展。

综上所述，小学道德与法治学科全息育人学业评价顺应了教育教学发展的要求，将教、学、评进行整合与互动，使评价成为教学过程中的一个重要部分，评价过程即学习过程。它使师生在教学过程中以目标做动力，以生动有趣的任务为载体，吸引学生积极投入学习活动，用及时的反馈为学生的前进指明方向，让学业评价对学生的学习起到有效的促进作用。所以，在小学道德与法治学科全息育人教学中注重学生的学业评价十分重要，我们将在这条道路上继续探索。

第六章

小学道德与法治学科全息育人研修

习近平总书记2019年3月18日主持召开学校思想政治理论课教师座谈会并发表重要讲话,从党和国家事业长远发展的战略高度出发,深刻阐明学校思政课的重要意义,就如何办好新时代思政课作出部署、提出要求,为做好新时代学校思想政治工作、培养担当民族复兴大任的时代新人提供了重要遵循。

小学道德与法治课教师要给学生心灵埋下真善美的种子,引导学生扣好人生的第一粒扣子。小学道德与法治教师素质的高低,直接关系着亿万少年儿童的健康成长,关系着祖国的前途和命运。组织有实效的小学道德与法治学科研修活动是促进教师专业成长的重要途径。本章将从小学道德与法治学科全息育人研修的理念、原则、实施过程、案例评析四个方面阐述,力求给小学道德与法治学科全息育人研修活动的组织者、参与者提供操作性的思考和建议。

第一节　小学道德与法治学科全息育人研修理念

小学道德与法治学科全息育人有效研修基于重庆市北碚区教师进修学院提出的"浇根式改善型"教师培训新理念,坚持教师为本、研训一体的研修理念,建构让教师"沉得下去、研得起来、升得上去"的学科研修模式,让教师积极主动地参与研修活动,教师的专业能力才能持续提升。在小学道德与法治学科全息育人研修活动中,特别强调实施教师专业情意与学科素养的行为"浇根",培养教师铸魂育人的责任感、使命感;依托知识,提升教师的职业道德、人格修养和专业情意,改善教师的专业精神,提升教师个体知识和能力,以达成教师的"行为改善"。

一、教师为本

"教师为本",是把小学道德与法治教师专业情意与专业能力的提升作为研修活动的重要目标,需要活动组织者始终把教师专业发展放在研修活动的重要位置,不断激发教师专业发展满足的内在动机,满足教师自我实现的愿望。坚持以教师专业发展为本，教师发展是目标，学校和学生的发展是教师发展的结果。教育的本质是关注人的发展，组织者和管理者要做到目中有人，教学研究亦是如此。不仅要成就教研活动方式、方法、成效等，更要成就身处于教学研究变革实践过程中的人。发现教师的独特、发现教师的内在潜能，继而激发其自主自觉发展的意识，实现教研育人。①

以“教师为本”是小学道德与法治学科全息育人研修活动的出发点和归宿。“浇根式改善型”教师培训新理念，是基于当前教师培训的新要求提出的。“浇根式”是指在教师培训中，实施教师专业情意与学科素养的行为“浇根”，即浇专业情意之根、人文情怀之根、学科文化之根、教育思想之根；“改善型”是指在教师培训中，全面推进“依托课例、对话课堂、研究课题”的“三课行动”，致力于教师个体知识水平、教学能力的提升，精神、心智的全面提振，以达成教师的“行为改善”。

（一）主体性参与

办好思政课的关键在教师，关键在发挥教师的积极性、主动性、创造性。当务之急是解决这样三个问题：一是政治要强，思品课教师必须做一个有信仰的人，在大是大非面前保持政治清醒，心里时刻装着国家和民族，关注时代、关注社会、关注伟大实践，理直气壮地落实立德树人根本任务，担负起铸魂育人的崇高使命，发挥思政课的主渠道、主力军作用；二是提高思政课的亲和力和针对性。②

小学道德与法治教师要提高自己的综合素质，从各个方面不断提高和完善自己。如何通过教研活动唤醒教师的自觉意识，进而实现教师的自觉发展，这是我们在组织小学道德与法治学科全息育人教研活动中思考的核心问题。帮助小学道德与法治教师解决在实施全息育人中遇到的问题，促进教师的专业发展是小学道德与法治研修活动的目的和意义所在。小学道德与法治学科研修活动的组织与策划首先是尊重教师，以教师为本。小学道德与法治学科全息育人研修活动是以提高课堂教学育德实效，提升教师学科专业能力为目的的活动。在研修活动中，研修课的主讲教师、参与活动的学科教师、学科专家构成了小学道德与法治学科教师学习共同体，成为有效的学习型组织。在研修活动的现场，学习共同体成员对话与交流的头脑风暴、集体研讨，可以让更多的老师受益。

当教师身处集体教研现场，教师学习共同体会以某一课例为主，通过听评课或者主讲教师的视频分析课，让教师以参与其中的形式在现实的课堂教学中，激活教师各

① 沈新红．教师研修的目标是实现人的自觉发展［J］．人民教育2016（Z1）：94–96．

② 陈培瑞．坚持“八统一”原则下中小学思政课建设改进策略——学习习近平总书记在学校思想政治课教师座谈会上的重要讲话［J］．现代教育，2019（04）：25–26．

自的教学经验和知识理解，通过教师之间的对话和交流，实现教学的借鉴与创新。① 研修活动的每一个环节，都在强调教师在研修活动中的主体作用。研修活动的过程是教师学习共同体动态参与研修活动的过程。

小学道德与法治学科全息育人研修活动是道德与法治任课教师专业学习的主阵地，需要教师的主体性参与。在学科全息育人研修活动中，执教研修课、参与学习和讨论，都是以教师为主体的学习活动。研修的过程是教师学习共同体主体动态参与研修活动的过程。研修活动中，教师主体参与的程度和质量，影响着教师专业能力的提升。只有教师积极主动地参与研修活动，发挥主体性作用，成为主动的学习者，才能更好地促进小学道德与法治学科教师专业能力的提升。

（二）反思性实践

反思性实践是把关注学习和行为变化的思想和行动整合起来的一种方式，是促进教师专业发展的强有力的方法。②小学道德与法治研修活动强调教师的主体性参与，不仅要激发学科教师参与活动的积极性，更要强调教师的反思性实践，引导教师享受到成长的快乐，促进教师的专业发展，在研修活动过程中，致力于帮助教师成长为反思性实践者。

小学道德与法治学科全息育人研修活动要凸显改进性，研修活动的反思性实践强调研修活动的针对性，把研修过程变成每位成员反思改进教育教学行为的过程，能促使教师超越平庸的教学经验本身的局限，提高教师的专业能力。

由于学校教育处在复杂的社会环境之中，诸多家长只注重孩子学习成绩、忽视孩子思想品德，只注重孩子眼前升学、忽视终身发展的片面教育价值观，以及社会上弥漫的急功近利、狭隘自私等不良倾向对学生的浸染，加之教育中的应试倾向，误导了学生的学习方式，许多学生以应试思维对待思政课程，死记硬背现成答案，以应对考试。一些思政课教师也以应试思维实施教学，偏重知识和知识点教学，忽视学理分析，偏重应对考试，忽视思政课对学生的价值引领、情感培育和思想润泽，使思政课的实效性严重降低。

在思想认识上，必须深刻把握中小学思政课的实施现状，正视存在的突出矛盾和问题，分析原因，寻求解决问题的路径与策略。比如，思政课的根本任务是铸魂育人，引导学生学习道德、法治、国情等方面的基本知识，习得观察、思考、解决实际问题的思路和方法，学会最基本的价值判断，将真善美内化于心、外化于行。然而，长期以来，中

① 许芳杰，杨婷．教师现场学习力：内涵、构成及提升策略[J]．教育理论与实践，2019(01)：57-60.

② 卢真金．反思性实践是教师专业发展的重要举措[J]．比较教育研究，2001(05)：53-59.

小学的思政课却在这方面被严重弱化，教师以应对考试为导向进行知识灌输和习题解读式教学，学生以应考为目的进行背答案式学习。在这种教学和学习方式下，认知过程被忽略了，明理笃行被淡化了，知与行被分隔了，在一些学生身上出现了考高分、德行差的“两张皮”现象。究其原因，不能单纯归因于“考试指挥棒”，这还与我们对思政课的认识不到位有直接的关系。

道德与法治学科全息育人研修活动以教师专业发展为目标，提高教师专业能力和课堂育德实效。在公开课准备过程中，需要主讲教师和学习共同体花费较长的时间对教学过程进行不断反思，反复研磨，我们称为“磨课”。这个过程促进了教师的深度反思，主讲教师精心准备，听取同行意见后不断修改教学设计，带动学科教研组的同行深度思考道德与法治学科教学的本质，如何满足儿童的社会性发展的需要，基于学生已有的生活经验设计教学活动促进儿童的自主学习，在师生共同参与的活动中达成教学目标，努力提高小学道德与法治学科全息育人教学的育德实效。“磨课”和“研讨”的过程，加深了教师及其团队教师对全息育人理念指导的教学行为和学生学习过程的整体认识。

有改进的实践是指教师有意识地将研讨共识付诸行动的过程，是行为跟进的具体表现，也是研修活动取得实效的关键。“不管研修的过程是多么令人愉快，让人有启发，如果在研修活动中获得的想法，不能付诸行动，没有成功实施的话，或许参与研修活动对教师成长的作用也就只有一半的功效。”①

二、研训一体

“研训一体”，既是小学道德与法治学科全息育人研修顺应基础教育课程改革的需要，又是以研修活动促进教师专业发展的必然要求。

“研”的是小学道德与法治学科教师在立德树人背景下实施学科全息育人在教学中所面临的困惑(解决如何在小学道德与法治学科中实施全息育人的操作策略)；“训”是指学科教学专家或骨干教师在研修活动中对教师专业发展的引领，包括实施学科全息育人的理论与方法。“研训一体”理念指导下的小学道德与法治区域研修活动坚持“研”中有“训”，“训”中有“研”，“以研促训”，“研训合一”，服务于区域、服务于学校、服务于课改、服务于教师，提高区域教师的教育教学能力，提高区域教育教学质量。

(一)区域研修

培育小学道德与法治教师的专业情怀，给教师的教学实践以指导，解决实施全息

① 王洁，顾泠沅．行动教育——教师在职学习的范式革新[M]．上海：华东师范大学出版社，2007：127.

育人教学实践中的问题,是小学道德与法治学科全息育人区域研修活动的价值追求。研修活动专题的策划者和研修任务的布置者,在引领教师深度参与专题研修活动中起着非常重要的作用。

我们强调,最有价值的区域研修是解决区域教师在教学实践中产生的问题,并指导教师从烦琐的工作中抬头看到学科全息育人教学实践的价值与意义所在,鼓励教师以研究的态度看待遇到的问题,并通过阅读专业书籍、教学实践、同伴互助、寻求专业引领等方式促进自身的专业成长。

我们充分利用网络,组建了小学道德与法治核心研究组QQ群和全区道德与法治学科教研QQ群。我们鼓励广大教师把自己在实践中遇到的问题在教研群中交流,全区474位教师入群参与讨论交流。区域道德与法治研修活动由区教研员和学科核心团队根据教师在教学中的困惑组织讨论交流,根据任课教师在全息育人教学实践中的需要,确定研修主题,学科核心团队成员一起策划组织区域研修活动,发挥集体力量联合攻关。

小学道德与法治学科全息育人研修活动,每次教研活动前安排主题阐释、听课后开展分组研讨的话题等,让听课教师熟悉教学内容,有利于其在教研时能快速地理解教材,把握教学目标,领会上课教师的设计意图,也就更容易在观课活动中产生思维火花,能客观科学地剖析课堂教学环节,提出更好的教学建议。通过"听(主题阐释)、看(参与研修活动的教师一起观摩课例)、思(执教者围绕学科全息育人目标自我反思)、议(围绕研修主题相互交流)、训(专家或骨干主题讲座)",实现了"研训一体"。

(二)集团研修

为了更好地促进北碚区教师专业发展,使研修活动更有实效,北碚区实施了集团化研修模式,全区共有六大小学教育集团:朝阳小学教育集团、人民路小学教育集团、中山路小学教育集团、实验小学教育集团等。

在研训一体的研修理念指导下,各大教育集团把常规教研与专题研究相结合,实施了集团牵头,集团内兄弟学校从师资交流校际互动、青蓝工程师徒结对、学术团体对话互动等方面进行交流和开展研修活动。各集团小学道德与法治学科全息育人研修活动采取专题培训、课例研修等形式,努力追求"研训一体"的教育集团全息育人研修活动新模式、新品位。

(三)校本研修

"校本"这一概念蕴含了三个方面的含义:一是基于学校,二是在学校中,三是为学校。“校本研修”兼有“校本培训”“校本教研”两个方面的内涵。校本培训重在培训，校本教研重在教育教学研究。校本研修作为一种以学校为主阵地的培训模式，能够有效整合本校的研训资源，有利于充分调动教师专业化发展的内驱力，有利于促进教师成名、成家。校本研修作为一个教师在实践中学习、研究、反思的平台，可以使研、训、教紧密相连。校本研修作为一个提升教师专业成长的过程，缓解了学校面临教师外出培训带来的时间、经费和人员压力。校本研修是全面提升教师学科素养和专业能力的根本途径，是全面提高办学质量的必由之路。①

区域内各小学在抓好小学道德与法治学科常规性教研的基础上，扎扎实实地开展“教师论坛”“主题教研”和“网上教研”等多种形式的校本研修活动，充分运用学科教研组采用主题式、案例式、跟进式和技术介入式的校本研修方式，以及健全的激励举措，使校本研修获得了强大的生命力。

第二节　小学道德与法治学科全息育人研修原则

全息育人的教师研修主要是指教师根据全息育人理念，以学科教学为中心，围绕教学计划、课程标准、教材、教法等内容展开的科研过程。在教育、教学、教材、教程、教法各方面渗透认知育人、德性育人、审美育人、健康育人和劳动育人，对教师的教学研究或课程教学进行研修，引领教师的专业成长。

一、主题性原则

主题性原则即“一研一主题”，教师研修时要结合学习者的需要、教学内容等相关因素，提炼一个课堂教学主题，然后围绕这一主题，全员准备，各自阐发自己的理解认识，形成争鸣与碰撞。

把全息育人的教学理念转化为实践的教学行为，并成为一条较常态的教学路径。围绕“一研一主题”把处于高位的研训理念或研训方向植入学校，以此帮助教师打开教学研究思路，拓宽教学研究路径，形成教学研究成果。

① 梁建国．有效开展校本研训的思考与实践[J]．教学与管理，2013(13)：37-38.

(一)主题性研修的特征

1.主题性

主题性研修的核心是主题的设计,每次教研都要设定一个主题,然后整个活动围绕这个主题来开展,以便教师在研训过程中一起探索出最佳的解决方案。以重庆市北碚区开展的研修为例,有"围绕信息技术在品德课中的应用""品德课卓越课堂建设汇总的作业评价""卓越课堂研讨活动""小学道德与法治学科全息育人课例研讨活动"等主题。

2.实际性

研修时的主题选择不能脱离本地区的实际情况,不能脱离所任教学生的年级及他们的实际生活,切记一定要因材施教。这样结合实际,才能打造出有针对性的研修特色,以便实现研训效益的优化。这一点要求教师要充分了解学生当前的认知水平、知识背景、思维能力等因素,不能选择过于简单或过于困难的主题。

3.协作性

一项研修的成功与否取决于研训者和参训者双方的协作是否成功,参训的教师通过这次研修是否得到教育方法、教育问题的改善。比如同伴的思维和行为对拓展自己解决问题的思路有没有帮助。所以,主题式研训模式特别强调各研修主体的协作共进。

(二)主题性研修的步骤

1.确定研修主题

研修主题的确定是相当重要的,它一定要根据研修项目的要求、研修对象、研修资源等条件来确定研修主题。研修主题的确定还要紧扣时代的背景、教育改革的方向,而且还可以组织专家对拟定的研修主题进行深入讨论。

2.整合研修资源

主题确定后就要结合各方资源设置研修课程。在课程设置中,要理论联系实际、要学科与跨学科相融合、要专家与一线教师相结合。将本次的研修活动真真实实地落实下去,对教师来讲才是有实际收获的。

3.实施主题研修

根据前面所确定的主题与资源,对设定的主题实施研修。在实施中要注意多种研修方式的相互使用,如交流、研讨、答辩等。更要强化参训者的主体参与,增强研训效果。

4.总结交流提升

每一个研修主题结束后还要进行总结交流，这是由量变到质变的关键。在对研修的评价、总结中研训者和参与者都去发现新的问题，而这些新的问题就可以是下一次研修的主题。

二、互动性原则

被誉为“美国成人教育精神之父”的林德曼指出：在成人教育中，最有价值的资源是学习者的经验，经验是成人学习者最有效的课本。而在互动研修中，老师能学习到精准的教学知识，精湛的教学技巧和高超的教学技术，这种研修方式是非常有价值的。因此教师互动性的研修是寻求教育思想的营养，教育智慧的源头，也是情感与意志的冲击与交流，从而让我们的教师更加有教育的智慧，让我们的教育更加美丽。教训互动，能帮助教师解决问题与困难，实现理念与实践沟通的有效途径，从而更有效地引领学生认知、德性、审美、健康和劳动的全面发展。

通常教师研修研训有以下几种互动方式：

(一)现场互动研修

1.校本研修驱成长

校本教研互动，就是同学校、同学科的教师群体，以全息育人的理念为研究主题，把此理念转化为日常的教学设计的教研目标。常规的校本教研互动是备课、上课、评课、跟课的互动教研，构成相互成长、相互学习的教研模式。

(1)课堂预设——协同谋划

在研修活动中，先由执教者介绍自己的教学设计，说明其设计的理念依据。教师研修共同体再集体研讨，通过交流取长补短，形成共识，优化设计。

(2)执教试讲——注重观察

执教者在试讲时要敏锐地观察学生的学习状况和实际背景，以便灵活地调整预设。听课者要及时记录，并对学生反馈的信息生成的课堂问题进行整理和分析。

(3)互动评课——共同进步

互动研讨时评课，要坚持客观性和指导性。特别是对不足的地方要提出思考和建议，执教者和听课教师要充分交流和探讨，以便各取所长，共同进步。

(4)及时跟进——再创设计

研训中取得的经验要重新审视和思考，从而更深入更准确地转化为教师自我的教学行为。

除了备课、上课、评课、跟课的互动教研外，校本研修还有开展读书沙龙、演讲比赛、教育故事分享等形式。

2.集团合作同激励

近年，各地集团化办学，促进了区域教育优质均衡发展。集团研修也是加强教师队伍建设，促进教师专业发展，培养造就更多的骨干教师、名优教师、卓越教师的关键之道。集团化合作研修能够为教师聚集更多的优质资源，能够为集团内教师的专业成长提供更为丰富的、前瞻的和精准的专业培训。

(1)专业培训

集团的名优教师为集团教师作方针政策、时事形势、师德修养、文化建设、课程建设、德育创新、教学改革、教育科研、学生发展等方面的专题讲座，着力提高全体教师的政治素质、理论素养、师德修养和教育教学能力。集团牵头负责，组织开展多个层面的专题培训活动，如专家讲座与对话交流、专题研讨与现场观摩等方式，为教师的专业发展提供资源。

(2)过程指导

以笔者所在的集团为例，各集团由学校道德与法治教研组长牵头，根据学生听课情况、学习效率的调研及反馈，教师全面深入地对各个年级、各个单元进行梳理，制定出复习资料及考试模拟题。这对教师来讲，不仅自身专业素养得到了锻炼，也利用了集团的力量，达到事半功倍的作用。

3.区域互动共进步

区域研修是在一个行政区域(县、区)内，由电教、教研、师训等部门组织开展的跨学校或跨集团教师发展模式。

(1)专家指导

区域研修中特别是专家讲座、骨干引导和集中研讨的结合，着重突出研修对象的全员性、研修内容的全面性和研修过程的全程性。特别是对教学实践经验不足的教师，运用这种通识性研修唤醒、激活和解放教师观念，通过新旧理念比较，受到精神上的熏陶与感染，从而激发参与课程的热情度与责任感。

(2)课例示范

在区域研修中，通过开展丰富多彩的研修活动，诸如名优教师就备课、上课、听课、评课等方面进行示范。通过同课异构、听课议课、理论学习、课题实验、困惑研讨等方式使区域内更多的同伴互助或相互帮扶，能拓展研修渠道，有效促进资源共享。

(3)团队引领

区域研修有优秀的教师团队,如区级核心组团队的“牵手”,能让更多的老师达到开眼界、上台阶的高度。通过团队的讲课、评课和讲座等互动方式促进教师专业成长,实现高效教学。

(二)网络互动研修

网络互动研修是一种以网络为基础开展教研工作的新方式,它融合在校本、集团、区域研修中,为研修搭建多方渠道。研修时可借助网络,不受时空和人员限制,为广大一线教师提供内容丰富、理念新颖、技术先进、实用便捷的优秀课程资源,创设教师与教师、教师与专业人员及时交流、平等探讨的活动平台和环境,促进课程改革实验的决策者、设计者、研究者与实施者的多元对话。

1. 利用网络资源,提高教学质量

现在教师的备课不仅仅是备教材、备学生,还应该备多媒体与课堂教学结合的课件。好的课件能够给学习者带来极大的享受,能够激发学生的学习热情,能够提高课堂教学效率。作为教师,网上资源非常丰富,可以适时地选择合适的资源作为学习的材料,拓展延伸课堂教学的空间,提高学习效率。

2. 加强网络研修,拓展教学能力

网络研修时教师不仅可以利用远程观看更多的专家、名师教育教学的理念和过程,同时还可以通过开发、交流和共享的方式,建立富有特色的大容量、开放性的学习资源库,用超文本、超媒体的方式组织有关内容。以非线性形式呈现知识,并适时动态地更换内容。构建运用多媒体培养学生创新能力的资源环境。如建立学校博客、学科资源库,实现教育智慧共享。这样,教师能在更大的范围内拓展出教学能力。

三、实践性原则

道德与法治课的实践性是本学科重要的研修原则。它要求教师依据课程教学内容积极拓展,让学生从课本知识的了解延伸到参与社会实践,从中获得思想道德方面更直接的体验,加深对所学理论的理解与把握。同时运用所学理论去认识社会、指导实践、奉献社会、增长才干,实现学生的全面发展。因此,实践性原则一定要贴近时代,贴近实际,贴近生活,贴近学生,才能使学生达到知、情、意、行相统一。

那么如何将课堂内容与实践性更好地融合呢?教师研修研训时一定要注意以下几点。

(一)将实践融入课堂

1.将生活带进课堂

生活是开展学习的基础——生活蕴含着知识与力量,展示着灵动与生命,是形成知识能力和孕育生成情感态度价值观之母,它教给人们生存发展技巧,教会人们如何迈向成功。课本上抽象的理论一旦回归了生活,就会变得生动有趣。因此,生活进入了课堂,孩子良好情感的形成、正确价值观的确立就有了可靠的基础。

2.将活动融入教学

《中国儿童道德发展报告2017》指出,实践活动是儿童最喜欢的德育方式。目前的小学《道德与法治》的教材本身就蕴含着丰富的实践性教学内容,教材里也包括了多样的活动栏目。因此教师可依托教材,精心设计适合学生年龄发展的实践活动,从而满足学生的学习需求,激活学生的生活经验,提升道德与法治课堂实效。

以部编版《道德与法治》二年级下册第10课《清新空气是个宝》为例,为了让学生更好地了解空气的重要性,教师就开展让学生在课堂上憋气的实践活动,通过这样的实践活动让学生更好地体会到空气的重要,然后再引申出空气的污染问题,达到审美育人中社会传美的作用。

在《道德与法治》的教材中,能创设多样情境实践教学的课例非常多。例如,一年级的《网到一个新朋友》,二年级的《健康生活我会玩》《传统游戏我会玩》,四年级的《我们的班规我们订》等等,只要教师充分解读教材,定会发现在课堂上会有许多能满足学生需求的实践活动。这样既能够提高学生的学习兴趣,也能够更好地将全息育人全面落实到教育教学中。

(二)将实践延伸到课后

1.家校联合,共同成长

学生的道德与法治意识不仅仅是在学校培养,还是在家庭、社会多方面综合影响下形成和发展起来的。学校德育应不断向家庭、社会延伸,努力调动家庭、社会的德育力量共同完成德育任务。其中,家庭在学生的德性成长中具有得天独厚的优势,学校应积极联系家校。

家庭是孩子的成长之源,家长是孩子的第一任老师,因此家长更容易以积极的情绪感染孩子。家庭生活中有许多鲜活的德育素材,有助于学生良好道德品质的发展。另一方面,学校可在德育方法上引导家长,加强家长的德育意识,家长可以及时向学校反馈学生的在家表现,双方相互支持,更有利于学生成长。

2.社会资源,合力导行

课程的教学不局限于课堂。法国著名的教育家卢梭就认为人与生俱来就有探究的欲望。试想,如果教育教学只局限于课堂,教学效果肯定是没有深度和广度的。因此教师可将本课程的教学内容与社区的活动、地区的人文底蕴、社会的重大事件等紧密结合,从中捕捉、挖掘鲜活的素材,调动学生在参与课外学习和活动中获得的经验和知识,充实本课程的教学过程,提高教学的实效性。

在开展因地制宜的教学实践中,教师要根据实际条件,就地取材,创造性地发掘和利用学校、家庭、社区、媒体已有的资源,以及购物、旅游、访友等机会,引导学生适时地开展体验、考察、调查、制作、游戏等活动,通过学生熟悉的材料拉近学生与学习对象的距离。

如:执教三年级下册第二单元的第一课《我的家在这里》这一课时,为了体现道德与法治课的实践性原则,教师就可以安排学生课后以小组为单位,每个小组由家长陪同,选择一个自己感兴趣的家乡人文旧址去调查、去实践。于是,孩子们利用周末时间,在爸爸妈妈的陪同下,有的小组去老舍故居、有的去红楼、有的去梁实秋的雅舍故居……在去调查参观的过程中,大家一起学习、一起分享、一起拍照留影。将课堂中的知识提升到更高的层面。

因此,道德与法治实践性教学的育人价值体现在日常课堂教学过程之中,教师可依托教材内容,尝试运用课堂创设多样化的情境实践、课后因地制宜拓展教学实践引导学生以实践向生活学习,从而在体验、探究与问题解决中不断丰富情感,提升意识,进而发展全息育人。①

四、反思性原则

教师研修研训的教学反思,是非常重要的环节,它是指教师对教育教学实践的再认识、再思考,并以此来总结经验教训,能进一步提高教育教学水平。

教学反思一直以来是教师提高个人业务水平的一种有效手段。现在很多教师会从自己的教育实践来反观自己的得失,通过教育案例、教育故事、或教育心得等来提高教学反思的质量。

教师研修研训时的反思要遵循以下基本原则。

(一)反思要注重时效性

教学反思要与教学过程同步进行。在教学过程中教师要及时分析课堂反馈给教

① 周飞.人工智能来了,教育该怎么办[N].文汇报,2017-11-24.

师的教学信息，并对每个现象作分析，进而思考原有的教学问题、教学设计是否要作改进；课后要及时对这堂课的教学结果作客观的评价和鉴别，记录下对本节课的发现和思考，提高自己对教育教学的研究能力；平时学习时要及时积累经验，记录和整理相关的课例研究，如对同一节课其他教师实施的教学方法、教学设计、课后心得、作业设计等，能够及时内化成自己的东西。

（二）反思要具备长期性

反思是一项长期的工作，是教学过程中必不可少的环节。长期的反思才会带来质的转变，才会渐渐变成一种常态，最终才能变成一个习惯。一位优秀的教师是要具备长期反思这个必备条件的。

（三）反思要顾及全面性

反思必须全面、全员、全过程地收集和利用相关信息。

1.反思教学内容

教学目标方面，对现行目标作判断，反思之前设定的目标是否适用；教学过程方面，反思教学是否达到了预期的效果；教学理论方面，反思是否符合教与学的基本规律；教学策略方面，反思自己运用的教学策略是否有效。

2.反思学生体验

教师在教学行动中不能只沉浸于“自以为是”的主观认识之中，而忽视学生的实际情况、情感和体验。教师对自己的选择和行动不仅应当考虑到它们对学生可能产生的影响，而且应当设身处地地站在学生的立场，尝试换位思考，从学生的角度审视先前的选择与行为，理解学生的思想、体验和感受，以便了解自己选择与行动的实际效果，发现实践中存在的问题。如果教师能够抓住教育教学活动中师生之间的情感互动或者思想摩擦的机会，主动“换位”至学生的地位，启动教学反思，对树立以学生发展为本的教学观念，纠正自己在认识与行为上的偏差，是大有裨益的。每个人只有经常自省或反思自己的行为，不断总结经验和教训，才能不断在实践中塑造自我、发展自我和超越自我。

3.反思同行引领

通过与自己喜欢或崇拜的教师课堂教学的比较进行的反思。把自己认为是榜样的教师的教学作为样板，将自己的教学与之比较，从而找到优劣，进行扬弃性借鉴。教学中的榜样可以是本校的骨干教师，也可以是其他学校的教师，甚至还可以是网络上看到的教师教学。反思同行教学时可以比较某个教学案例，比较教师的教学方法，比较教师的课堂评价等等。通过对比借鉴，能有效地提高教师的教学能力。

第三节　小学道德与法治学科全息育人研修实施过程

小学道德与法治学科全息育人活动实施阶段的研修质量和效益,关系着教师素质和能力的提升。本节主要从选择研修主题、设计研修方案、实施研修活动、整理研修资源等方面,谈谈如何实施小学道德与法治的学科全息育人研修活动。

一、选择研修主题

小学道德与法治学科全息育人活动要做到主题明确,参与研修活动的教师有备而来并能畅所欲言,实现相互促进的研修目的。组织有效的小学道德与法治学科全息育人活动,能提高参与研修活动教师的教育理论素养、自我反思能力、教学实践能力和教育科研能力,促进教师的职业发展和学校教学质量的提高。

(一)开展调研

研修重主题,活动重策划。研修主题是学科课例研究的灵魂。小学道德与法治学科全息育人研修主题的选择主要是基于学科教学的现状与教师的需求,也就是教学真问题的研究。因此,不论是区级研修、集团研修还是校本研修,我们都强调:一定要做好调研,了解教师在教学中的困惑,确定好研修主题,激发教师参与活动的激情与动力。

(二)组织讨论

小学道德与法治学科的全息育人研修活动需要探寻如何在教学中落实全息育人理念,实施“五育融合”的实践操作策略。如何让“五育融合”真实日常发生,融合的阶段、步骤、载体和方式有哪些,为此需要对“五育融合”的过程进行“整体设计”。[①]特别是部编版教材中法治教育内容的加入,老师们感到不好把握,不能是生硬的法律条文的灌输,那该如何在教学中让“五育融合”真实发生,培育儿童的法治素养,引导儿童更好地构建生活呢?这些问题都是一些教师面临的挑战,需要在讨论交流中得到相互的启发与支持。

① 李政涛.“五育融合”,提升育人质量[N].中国教师报,2020-01-01(003).

(三)确定主题

研修活动的组织者在确定研修主题时,要分析参与研修活动的教师在教学中的真问题,可以通过协商对话、问卷调查、访谈等统计分析确定研修活动的主题。通过调查和访谈,我们了解到在小学道德与法治学科全息育人理念提出后,教师们对如何在教学中以“五育融合”的思维设计教学活动,在“课堂教学实践中“五育融合”点如何巧妙地渗透与融合”等问题感到困惑。我们确立了“道德与法治教学“五育融合”的有效性 ”的研修主题,于2018年5月在北碚区实验小学开展了一次区级研修活动,西南大学王正青教授带领晏阳初实验班的学生观摩研究课并参与了本次研修活动的互动交流。

二、设计研修方案

小学道德与法治学科全息育人研修活动方案的要素有:方案名称、研修背景、研修目标、研修安排、研修资料等。这个研修方案要充分考虑区域或者教育集团、学校自身的特点,教师的特点,学生的特点等,研修中所安排的活动和时间要合理,要保证活动的有效开展。

在拟制主题研修项目方案时,一是要注意方案的针对性,方案的设计以“落实全息育人目标”为核心指向,方案的所有内容针对“达成目标”而设计;二是要注意方案的新颖性,拟采用的研修形式新颖,注重参与点的设计,人人有任务。

(一)研修活动背景与目标

立德树人是教育的根本任务,而道德与法治课程是德育课程,更需要落实立德树人的任务,小学道德与法治学科全息育人研修活动就是研究和探讨如何在教学实践中落实全息育人目标,提高学科教学质量、提升学科教研水平、促进教师专业发展。

依据关于教师学习者的特征分析的成人学习理论,只有研修活动的目标与参与研修活动的教师目标相一致,才能最大限度地激发教师的学习意识和主动意识。

(二)活动安排与资料整理

策划组织小学道德与法治学科全息育人研修活动是一门学问,需要活动策划组织者加强理论学习和实践操作,不断提升研修活动的策划组织能力,对研修活动做好具体的研修安排。包括:研修前的准备、研修现场的活动流程、研修后资料的整理等。搜集整理研修资料,包括研修方案、阅读书目、教学设计、课堂实录、研讨纪录、课后反思等的搜集整理、分类存档。

三、实施研修活动

研修,《辞源》上说,研,学习、遵循、著作、撰写;修,磨、碾、研究、探讨。[①]小学道德与法治学科全息育人研修是融理论学习、磨课研讨、教学研究、教师培训于一体的教师继续教育活动。研修的路径:主题引领—自主学习—课例研修(课例展示、同伴互助)—专业引领。

(一)主题引领

活动准备:教研活动的组织与策划者在与团队成员协商的基础上,制订了本次研修活动安排,提前共享在学科群中。活动安排要求上课教师和中心发言人做好相应准备。活动的当日,可以安排专人进行主题阐释。

全息育人学科研修活动在观课议课之前召开一次简短的观课说明会,让组织者和做课者(指上研讨课的人)作"观课说明"。组织者的观课说明重在对活动主题作简要解读,说明"为什么让做课者开研讨课",同时让观课者明确"观课时围绕主题观什么、怎么观,评课时评什么、从什么角度评"。

(二)自主学习

小学道德与法治教师的工作性质和肩负的重要任务要求教师应该成为终身学习的先行者。小学道德与法治的学科研修组织要率先建立教师全员学习、终身学习型的组织。美国著名的成人教育理论家诺尔斯认为,成人的学习具有个人的经验性、学习意愿和社会责任相连、自我指导性和应用性学习的特征。这一研究成果揭示了成人学习的基本特征。在此之后,关于成人学习的众多理论研究也说明了成人学习的实用性、经验性、交流性、问题化等基本特征,这些理论为教师培训的组织和教学实施提供了基本的操作依据。[②]

成人学习的自主性强,他们有丰富的生活经验,需要被尊重,个性差异大于儿童,通常缺乏学习的自信。[③]小学道德与法治学科研修活动的组织者可以提供学习资料给参与研修活动的老师,引导教师在参加研修活动之前,可以开展自主阅读。自主学习,能帮助教师掌握学科专业知识、理解全息育人的教学思想,促进教学智慧的激发与生成。每次教研活动前,由两位骨干教师用20分钟时间交流自己读书活动中的所学、所得、所感、所悟,使教师在繁杂的工作之余静下心来学习,引发教师在理论与实践中的

---

① 杨垚.促进教师专业发展的校本途径研究[D].四川师范大学,2011.

② 孙有福.遵循成人学习理论 优化教师培训模式[J].西北成人教育学报,2008(03):5-7.

③ 陈向明.在参与中学习——成人培训方式的更新[J].教育理论与实践,2003(04):61-64.

碰撞与互动,激起学习的冲动与热情。通过骨干教师在学习内容上的交流和思考,有效引导教师读一些书,学会把自己放在所读的内容中进行比较、反思,不但提高了教师的理论水平,也使教师更加善于思考、更加充满智慧。[①]

因此,从小学道德与法治学科全息育人研修活动策划组织的角度来说,组织者预先确定有价值的主题并告知听课者,使参与研修活动的老师能有目的地参与研修活动。

(三)课例研修

1.课例展示

小学道德与法治学科全息育人的研修活动一定要以课例为基础。大家一起根据研修目标观课议课,是研修活动的重要一环。在研修活动现场展示之前,执教教师根据研修主题确定教学内容,不断修改教学方案,并反复试讲磨课。这个过程,可以促进教师和研修团队不断地学习和反思、改进。在正式的研修展示活动中,执教研修课,提供给参与研究者观摩学习、讨论改进。

2.课后反思

教师的专业发展需要自身内在的实践反思。执教者的课后反思重在说明在备课时围绕研修主题,依据什么理念设计了什么样的环节,请观课者评议课堂教学中这些环节的设计是否具有合理性,提出改进建议。

3.同伴互助

研修活动现场,教师听课或评课,能够帮助教师在观摩他人教学与师生互动的情境中加深对学科全息育人方法、效果的理解。观摩研究课之后,研修活动的组织者可以组织参与活动的教师开展分组讨论、现场汇报交流等,通过观点的碰撞,促进教师思考与改进教学行为。

(1)分组讨论

分组讨论是小组全体成员共同参与和合作探究的过程。在此过程中,让每一位教师都贡献自己的智慧,都成为研究者、思考者、实践者。在组织分组讨论中,要注意交流观点的技巧:巧提意见、提问由浅入深、有意义地追问、记录整理再研究。在观课、议课过程中,难免会互相质疑,教师要尊重各方,倾听各方的观点,并有技巧地表达观点,给予意见时切勿言语激进。教研活动的组织者、参研者至少要具备以下技巧:

①巧提意见。在此过程中,参研者要先肯定执教者的做法,再提出意见,在提出意见时,不是用“你一定要……”“你必须要……”而是用征求、探讨的语言,如“是不是

① 沈新红.教师研修的目标是实现人的自觉发展[J].人民教育,2016(Z1):94-96.

……”“能不能……”“你……做得很好，那……是否会更……”通过彼此尊重的交流和质疑，让每位教师都实质性地投入研讨中。

②提问由浅入深。教研组长从容易的问题开始问起，一直到需要更深入思考的问题。如组长一开始可先问大家客观性的问题：“本节课的目标是什么？需要达到什么效果？”“对这节课，你是怎么看的？”然后再问：“讨论到现在，大家觉得问题的成因是什么？”

③有意义追问。如研讨过程中，当A提出不同观点时，参研者如果无法理解他的意见，可以接着询问他：“你说不要……，是什么意思呢？”或问：“你可以解释一下，为什么不这么做？”这种追问模式有助于参研者抓住关键问题。

④记录、整理与再研究。记录参研者的观点，在有争议的方面或赞同的方面做一些记号，再作深入研讨，进行决策，形成共识。当然有些生成可能无法在第一时间被觉察，教师就要养成讨论时记录、事后再整理研究的习惯，为二次研讨和共识形成提供材料。①

(2)汇报交流

为防止讨论时参研者偏离主题或一时无法达成共识，组织者可以提前让一个或两个老师事先做好理论准备，梳理可能形成共识的内容。在面对面研修时，让其围绕主题发言，这些人的发言往往是共识的主要来源。

小组讨论以后，选出代表汇报交流小组观点，提出改进建议。活动的组织者还可以组织现场互动。研修活动的组织者在组织深度讨论交流时，要注意：一是对话主体的广度，参加者都能主动参与对话。二是对话内容的深度，对话内容既聚焦主题，又基于理论依据和现场收集到的实践证据，具有一定的深度。三是对话氛围的悦度，对话在安全、平等的氛围中互动。

(四)专业引领

由于长期埋头于日常教育工作，大部分老师往往无法对一些教学问题进行深入研究，这就需要教育专家、名师的引领，以及从方法上予以指导。小学道德与法治学科全息育人研修活动需要专家的专业引领，针对主题进行专题讲座对教师进行培训，对课例进行点评，形成共识，指导实践，引发思考。

---

① 张碧.教研组主题研修须形成共识[J].教学与管理，2020(08)：24-26.

四、整理研修资源

(一)整理课堂实录,修改教学方案

收集整理主题研修活动的有关材料,是研修活动的必要环节,也是开展后续研究的第一手资料。活动组织者要有选择性地把与研修主题相关的材料收集起来,包括以下资料:执教者的教学设计、教学反思案例、研修总结。

研修活动中,同伴交流讨论中思维的碰撞,专家引领后的豁然开朗,都使执教者和参与教研活动的老师产生了思维的火花,迫不及待地想要到自己的教学中去实践、去体验、去完善。研修活动结束后,组织者要督促执教者及时整理课堂教学实录,根据大家的建议,再次修改教学方案,并及时搜集整理好。

教研活动结束后,活动的组织者及时把本次教研活动的资源推送至学科的QQ群中,所有参与教研的学科教师都可以在教研群中发表感悟,进一步把一次教研的研究资源放大。

(二)整理教师发言,形成研修结论

“教研组主题研修项目是教研组所开展的旨在破解疑难问题并促进教师专业发展的系列专题研修活动的总称,是提高学科教学质量、提升学科教研水平、促进教师专业发展的有效载体。”教研组主题研修项目的成效首先表现在达成关于主题的共识。关于主题的共识分为两种:一是对“主题的理解”达成共识,这种共识会成为指导教学行为的基本理念。二是就“行为改进建议”达成共识,这些共识可在教师后续的教学中进行运用。①

1.破解疑难问题的策略和建议

研修活动中,活动的组织者要引导大家围绕课堂观察进行交流,他们在参与中肯定自我,激活自我实现与提升的积极性和主动性。组织参与讨论交流的教师针对疑难问题的发言交流,提出的教学改进策略和建议,是研修活动的重要财富,需要及时记录与整理。

2.精彩观点的概括总结和提炼

研修活动中,要注意对精彩观点的概括总结和提炼:包括现场研讨中对疑难问题的科学认识,符合教育教学规律的解决问题的策略方法等,得到大家一致认同的“精彩发言”要及时记录与整理。

---

① 杨荣波.三阶九步:教研组主题研修项目的组织策略之探索[J].中小学教师培训,2016(06):26-29.

(三)撰写研修反思,提炼育人策略

促进教师成长是小学道德与法治全息育人研修活动的重要目标,研修活动结束后需要组织者、参与者共同反思课堂教学是否体现了全息育人的理念,是否落实从学科教学转向学科育人,如何通过研修进一步提高教师的专业能力。

研修活动结束后,执教教师和参与研究的教师需要反思,如何改进教学提高育德实效。如:课堂教学是否满足了儿童的道德与社会性发展需要,教学是否融入了儿童的生活经验;教学过程是否促进了儿童的自主学习,是否促进了儿童在认知、德性、审美、健康、劳动等方面的发展,执教者和参与研修活动的教师在反思中积累教学经验。活动的组织者也需要反思:研修活动是否促进了教师专业情意的提升,是否促进了教师对学科全息育人目标的准确把握,教学活动设计是否促进了儿童在认知、德性、审美、健康、劳动等方面的发展,活动的组织是否促进了教师全息育人能力的提高,活动的组织过程是否还可以优化,活动提炼出的育人策略是否便于教师在后续的教学实践中运用等等,活动的组织者在反思中提高研修活动的组织能力。

研修活动结束以后,研修活动的组织者需要引导学科核心研修成员一起概括提炼出小学道德与法治学科的全息育人的策略。育人策略要简要实用,教师一看就懂,要便于教师在后续课堂教学中操作使用。

第四节　小学道德与法治学科全息育人研修案例评析

实践证明,无论是教师培训,还是教学研修,都应该以教师为本,以改善教育教学行为为目标,围绕教师的全息育人教学实践、专业发展重点与困惑,有针对性地开展培训与教研。我区的小学道德与法治学科全息育人研修活动主要有校本课例研修、集团研修活动、区域主题研修三种模式。本节从这三种研修模式中分别选取了一个研修活动的实践案例进行评析。

一、校本课例研修案例分析

【案例1】 将生活案例融入课堂教学①
——以《辽阔的国土》课例研修为例

(一)课例研修背景

当今社会正从“知识核心时代”走向“素养核心时代”,学校需要培养学生适应未来社会和终身发展必备的品格和关键的能力。在此背景下,由智育第一转向五育并举的全息育人的模式下,强调教师要通过教学创造条件引导学生认知、德性、审美、健康、劳动五个维度的全面发展。因此,如何有效地将全息育人渗透在教学实践中,需要教师及教研团队的充分研讨和跟进,要切切实实让学生在课堂上收获一些东西,并给学生留下难忘的记忆,引导其树立正确的人生观和世界观。

道德与法治课具有很强的开放性和实践性,教师在平时的教学活动会受文本范围的制约,教学时间的限制,使教学空间局限于课堂从而很难达到有效的教育渗透。因此,将生活案例融入道德与法治课教育能更好地使教材“活”起来,能更好地让学生“动”起来,这样便大大提高了课堂质量。在西方,卢梭的自然教育和杜威提出的“教育即生活”最有影响。在我国,现代职教鼻祖黄炎培发表著名论文《学校教育采用实用主义之商榷》,首创教育与学生生活、学校与社会实际相联系的实用主义,并具体提出小学各科的教学应与儿童的日常生活紧密联系。而人民教育家陶行知先生则是生活教育理论与实践的集大成者,他倡导开放型的、与生活实际紧密结合的新型教育,具体表现在他创立的“生活教育”理论上。他强调“生活即教育”,在生活里即刻拥有生活的素材、模式,弥漫着生活的气息,彰显着生活的色彩。也可以说,作为培养人的教育,回归生活世界成为必然。诸位教育先贤不约而同地倡导他们“生活教育”思想,给我们带来了很大的启迪。

(二)确定研修主题

根据研修背景及“生活即教育”的思想,以提高道德与法治课教学质量为目的,我们将本学期校本研修的主题定为“将生活案例融入课堂教学”。计划通过教师教学设计、课例研究、教研讨论等活动,从学生融入生活体验、融入学生生活感悟入手,来有效提升教师对全息育人理论的理解及实践能力,落实学生“德智体美劳”“五育并举”的育人目标。小学道德与法治教研组以部编版《道德与法治》五年级上册第6课《我们神圣的国土》的第1课时《辽阔的国土》为例,进行课例研修。

---

① 案例由西南大学附属小学徐丽娟提供。

(三)开展课例研修

执教教师根据教学目标及研修主题,设计教学内容。

1.第一次课例研修:观察教学情况并发现问题

(1)教学流程:一是教师引领学生阅读书上《中国的疆域》图,了解我国濒临的四大海域及陆上邻国、海上邻国;二是学生自主学习和交流《中国省级行政区域》图,找找我国的自治区、直辖市和特别行政区。

(2)观课发现:教学设计中的问题不够具体,有些学生对书上的地理知识不是很了解,所以就容易出现课堂气氛不是很活跃,学生的互动不是很积极的局面,感觉教师为教而教。为了让课堂活起来,只有将学生的生活案例很好地融入教学活动中,学生才会有共鸣。那么加入哪些生活场景和材料,教师要进行讨论。

(3)改进意见:

①提前让学生自己去了解相关的地理、地图知识,对自己不是很了解的地方先进行查漏补缺或者咨询家长,充分做好课前预习工作。

②通过小组合作的形式去学习中国的省级行政区域划分比较死板,可以加入一些学生自己知道的或者生活中自己去过的区域来进行小组合作交流,这样的课堂氛围会活跃一些。

2.第二次课例研修:改进并检验第一次研讨

针对第一次研修中发现的诸多不足,执教教师及参研人员一起对活动设计进行了探讨和改进。

(1)教学流程改进

①学生先提前自主了解我国有哪些陆上邻国、海上邻国,课上再由老师带领大家一起边说边圈出邻国的名称。知道我国是世界上邻国最多的国家,以便引出国土的辽阔。

②学习《中国省级行政区域》图时,小组活动的形式由简单的说变成拿着照片与同学分享自己的旅游经历。

师:我国辽阔的国土划分了这么多区域。俗话说得好:读万卷书不如行万里路。那你们去领略过祖国的大好河山吗? 都去过什么地方啊?(师拿出准备好的中国区域KT版)

师:那我们就先在组内交流。交流时请各组组长负责在汇总单上登记组员去过的地方,汇总后就上来把大家的足迹贴在版图上。明白了吗?

生分小组拿出事先带来的旅游照片进行交流,组长负责在汇总单上勾出组内成员去过的行政区域,最后在KT板上将大家去过的地方贴上标记。(小脚印)

师:我们班那么多人,那么多足迹,都没有把祖国的大好河山走完。说明我们的祖国是多么的辽阔啊!

(2)观课发现:通过改进活动流程,学生从自己带来的照片入手,和同伴分享自己旅游的经历,这样的活动有好奇、有共鸣,将大家的积极性调动了起来,也紧扣了"将生活案例融入课堂"的主题。但是,如何体现出祖国的辽阔,这个层次还不够深入,还有待思考和挖掘更有针对性的活动。

(3)改进意见:

①光是分享自己去过的地方,还不能够将祖国的辽阔展现出来。于是大家在教研中思考,深入挖掘去旅游时遇到的"有趣"的现象,来映射出国土的辽阔。如:去旅游时遇见的时差问题、温差问题、车程或者航程很久来感受出路程遥远及祖国的辽阔。

3.第三次课例研修:改善教学环节,完善生活案例融入教学

针对第二次研讨,我们作了教学的改进,特别是加入了学生生活中旅游时的所见所感,还加上教师自己的亲身事例,让课堂更贴近真实的生活。上课的教师也反复修改了教学设计并上台试讲,力求达到最好的效果。

(1)教学流程改进

以大家生活中耳熟能详的歌曲《大中国》开课,在大家齐唱的过程中引出课题——辽阔的国土。

①在分享自己体验祖国大好河山的旅游经历时,教师展示出自己去新疆时拍的视频,学生们在视频中看见熟悉的老师也惊喜万分,更加激发了他们愿意分享自己经历的积极性,将课堂氛围推向高潮。

②引导大家在分享自己旅游经历时,更加深入地、不同角度地挖掘生活中的案例——有冬天在东北的同学和去海南的同学感受到的温差对比;有坐火车去北京坐得腰酸背痛的感受;有在新疆感受到与北京时间相差的时差……从而感受祖国的辽阔。

师:生活是最好的老师!接下来老师请你们看一个视频(放视频)你们看到了谁?你们有怎样的感受?

【看完后生说感受】

师:这是去年徐老师和家人一起到新疆维吾尔自治区的一处游玩时拍摄的。我们在那儿足足玩了一周的时间,都还没有把新疆的南部走完!

但是令我印象深刻的还不止是它辽阔的景象。(放视频)晚上我回酒店休息的时候,已经十点多了,但当我漱完毕准备睡觉的时候,却惊讶地发现,外面的天都还没黑呢,根本不习惯睡觉。这是怎么回事啊?

【生回答】

师:是啊,因为我们的祖国太辽阔,导致东西两边会相差4个小时的时差呢!所以当每天最东边已经洒满阳光时,最西边还是满天繁星的黑夜! 有趣吗?

不仅在我们辽阔的东西两端会出现有趣的时差现象,同样辽阔的南北两地也有有趣的现象,你们发现了没有?

对了,就是温差! 赶快来分享,有冬天去过海南的同学吗?

【请生拿照片分享】

师:同一个季节,海南穿短袖,差不多都是25度以上了吧,北方下雪,基本上都是零下摄氏度。南北两地竟然出现了至少二十几度的温差呢! 所以在二年级我们还学了一首诗,叫《祖国多么的广大》,还记得吗? 这一次,让我们带着感情,再来读一读!

师:还有谁想用自己的旅游经历,来说一说你对祖国国土辽阔的感受。

(2)观课发现:将更多生活中的案例穿插在教学活动中,有效地调动了学生的积极性,并很好地与课题相贴合,使学生在课堂中感受到了祖国的辽阔。同时整个课堂也不像以往那样教师应教而教,而是形成了师生互动、生生互动的课堂氛围。学生享受到了自我发现与探索的乐趣,教学效率大大提高。

4. 课例研修反思

(1)教学准备要充分

以往的教学是教师做好相应的教学准备,但为了使全息育人更好地落实下来,课前准备不仅包括教师的教的准备还有学生学的准备。教师教的过程除了明确教学目的和要求,熟悉教材内容,了解学生情况,设计教学任务,选择教学手段和方法,精心设计教学过程外,还要分析学情,根据学生的实际情况来创设活动。

学生也要提前做好相应的准备,如做好课前调查、准备好需要的资料和照片、提前熟悉课本内容等。让学生提前去熟知和了解,不仅激发了学生的探究欲望,也为教师教学创造了良好的基础,起到了一箭双雕的效果。

(2)教师不要因教而教

传统的教学方式依靠的是不变的教材,以及教师将知识传授为根本任务。这类注入式模式既束缚了教师的思维方式,也使一部分学生的个性以及创新能力受到抹杀。而全息反馈育人模式就是改变这种教学方式,全面培养学生的学习习惯和兴趣。在整个课堂教学中构建一个以学生为主体,教师为主导,师生互动,生生互动的课堂活动,引导学生自主学习。营造一种生动活泼、轻松愉快、教学互动的课堂氛围。

(3)教师要善"导"而不是善"教"

教学设计的重点在于"导",引导学生掌握学习本堂内容的方法,让学生学会自己阅读、自己分析;引导学生学会自己思考问难,学会提出问题,让学生在生疑、答疑中把问题引向深入,从而提高学习效率。

教师要善于引导学生互动交流，展示学案中学习问题的思维过程和解题方法，促使学生积极思维，让学生通过交流展示共享学习成果。特别是小组合作，每位学生都要积极参与活动。教师要观察学生交流展示中讨论的问题答案，倾听学生的发言，进一步把握学情，考虑调整互动探究的问题、精讲点拨的要点等。在对学生的交流展示进行评价时，教师要鼓励学生主动参与，积极参与，要营造民主的氛围，提倡学生创新，着力点定位在学生不断的进步和发展上。

总之，在全息育人教学模式的引领下，教师在教学过程中所采取的师生互动、生生互动、交流展示等环节要注重培养学生的独立性和自主性，促进学生在教师指导下主动地、富有个性地学习。教师要创设能引导学生主动参与的教育环境，激发学生的学习积极性，培养学生掌握和运用知识的态度和能力，使每个学生都能得到充分的发展。

附：教学设计

表6-4-1 《辽阔的国土》教学设计表

《辽阔的国土》教学设计

<table>
<tr><td>课题</td><td colspan="2">《辽阔的国土》</td><td>授课时间</td><td></td></tr>
<tr><td>课型</td><td colspan="2"></td><td colspan="2">总3课时　第1课时</td></tr>
<tr><td>教材及学情分析</td><td colspan="4">《我们神圣的国土》是部编版《道德与法治》五年级上册第三单元第6课，共有三个话题，本节课学习的是第一个话题“辽阔的国土”，主要是引导学生知道我国国土面积、疆域及行政区划，旨在引导学生感受祖国的幅员辽阔，加深学生热爱祖国的情感，产生强烈的民族自豪感。
祖国是学生生活领域的一个重要组成部分，对五年级学生来说，我国的国土距离学生既近又远，毕竟学生年龄小，大部分生活的范围仅限于出生地，对于国土的了解有限。因此，要通过有效的教学，帮助和引导学生了解我国国土的辽阔，从而产生强烈的民族自豪感。</td></tr>
<tr><td rowspan="3">育人目标</td><td colspan="4">1.知道中国国土面积、疆域及行政区划，感受祖国的幅员辽阔。（认知育人、德性育人）</td></tr>
<tr><td colspan="4">2.提高读图、识图能力和主动探究知识的能力。（认知育人）</td></tr>
<tr><td colspan="4">3.加深学生热爱祖国的情感，产生强烈的民族自豪感。（德性育人）</td></tr>
<tr><td rowspan="2">学习重难点</td><td colspan="4">教学重点：了解我国的国土面积、疆域及行政区划的相关知识，感受祖国的幅员辽阔。</td></tr>
<tr><td colspan="4">教学难点：理解台湾自古以来是我国领土不可分割的一部分。</td></tr>
<tr><td colspan="5">教学过程</td></tr>
<tr><td>环节</td><td>教学内容</td><td>教师活动</td><td>学生活动</td><td>教学评价
（育人目标及效果预设）</td></tr>
<tr><td>课题导入</td><td>歌曲导入</td><td>1.课前，我们来听一首好听的歌，会唱的同学可以一起跟着唱！
2.你从这首歌里，听到了什么，感受到了什么？
3.歌里有一句耳熟能详的歌词，那就是：我们的大中国啊，好大的一个家。这个家，到底有多大呢？今天这节课我们就一起来学习新课，来齐读课题——辽阔的国土。</td><td>1.跟着歌曲唱歌。
2.学生自由表达自己的想法，老师从学生的回答中引导。</td><td>认知育人：能够激发学生的学习兴趣，引出本节课要学习的内容，为接下来的学习作铺垫。</td></tr>
</table>

续表

环节	教学内容	教师活动	学生活动	教学评价 （育人目标及效果预设）
	活动一：我们的祖国在哪里	我们的大中国，好大的一个家。那我们的家在哪里呢？有人编了一首谜语，谁来帮大家读一读： 蓝色星球浮太空， 一只雄鸡在其中。 南北两分它在北， 东西两分它居东。 头指世界最大洋， 尾靠全球最大洲。 猜猜，蓝色星球指的是什么？ 雄鸡又指的是什么？ 3.最后一句，又是什么意思呢？请翻开书第44页，结合“中国在世界的位置”这幅图，说说你的理解。	1.学生思考谜语的意思并自由表达。 2.知道中国在世界的位置。	认知育人：从谜语中激发学生的学习兴趣，让学生从宏观上知道中国在世界的位置。
新课教学	活动二：我们的祖国很辽阔	（一）比一比 1.我们祖国的位置位于亚洲的东部，太平洋的西岸，她是亚洲面积最大的国家，到底有多大，谁知道面积是多少？ 【请生交流】 2.在世界地图上看一看我们的祖国。如果我们的面积与旁边的欧洲相比，你有怎样的发现？ （二）找一找 1.这960万平方千米还仅仅只是我国的陆地面积！我国还有470万平方千米的海洋国土，是世界上为数不多的海洋大国！ 2.其中包括了7000多个岛屿，当中就有我国最大的岛——台湾岛。 3.那我国从北向南濒临的海域有哪些？谁来说一说。 4.请生说。（渤海、黄海、东海、南海） 5.是的，四海相连的海域再加上外海，共有470万平方千米，再加上我国的960万平方千米的陆地面积，那么我们祖国的总面积是多少？ 6.辽阔的海陆兼备的国土也决定了我国的陆上国界线和大陆海岸线非常长。	（一）比一比 从地图中比较出国土面积的大。 （二）找一找 1.从书上查看我国濒临的海域。 2.通过观察知道台湾岛。 3.寻找中国的陆上邻国和海上邻国分别是哪些。	认知育人：学生通过认真学习文本内容，知道国土的面积之大。了解我国濒临的海域、陆上领国和海上邻国。 德性育人：学生学习祖国辽阔的同时，生出一种自豪感。

续表

环节	教学内容	教师活动	学生活动	教学评价 (育人目标及效果预设)
		7.那你们想不想知道在我们的陆上国界线旁,有哪些国家与我们相邻呢?请你们看第45页,让我们一起来找一找,找到一个圈一个,我们按逆时针的顺序说,好吗? 8.一共多少个邻国?(14……) 我们的祖国竟然和14个国家相邻,这种情况在其他国家是非常少见的。比如蒙古仅仅只有2个邻国,朝鲜只有3个,而我们国家有14个。 9.不仅如此,我们还与6个国家隔海相望呢。谁来说说是哪些国家?(预设:文莱这个国家很容易忽略掉,因为它的面积太小了!文莱的整个国土面积还没有我国上海市的面积大呢!) 10.十四邻国陆上环,隔海六国遥相看。我们辽阔的国土还使我们成为世界上邻国最多的国家! (三)算一算 1.如果我们想要沿着祖国的边界线走上一圈,会花掉多少时间呢?下面我们就来一起算一算。 2.此时此刻,你有怎样的感受? (四)记一记 1.幅员辽阔的国土为我们的生存和发展提供了巨大的空间,我们世世代代的中华儿女在这片土地上生息、繁衍。所以歌里面才会唱:我们的大中国啊,好大的一个家! 2.那你们想想,在我们这个班级里,老师为了方便管理,就分为了很多的小组。那么,这么辽阔的国土想要管理起来,有什么好办法呀?(划分行政单位) 3.是的,为了便于管理,我国划分为34个省级行政单位。是怎样划分的呢?下面,以小组为单位,结合46页的内容自主学习,并一起思考一下问题,看哪个小组学得又快又好!开始吧。 师:是的,我国宪法第三十一条规定:	(三)算一算 1.学生计算:假如我们一天走8小时,平均每小时走4千米,一天走多少千米?(32千米) 按这个速度计算,走完这一圈,我们至少要用多少天?(至少要用1188天)。 【生谈感受】 (四)记一记 1.了解书上34个行政单位。 2.完成题单。 我国划分的34个省级行政单位包括了(　)个省。 我国有(　)个自治区,它们分别是:(　)(　)(　)(　)(　)。 什么是自治区? 我国有(　)个直辖市,它们分别是:(　)(　)(　)(　)。 什么是直辖市? 我国现有的特别行政区是(　)和(　),实行的是(　)。	

续表

环节	教学内容	教师活动	学生活动	教学评价 （育人目标及效果预设）
	活动三：辽阔的祖国我来说	（五）说一说 国家在必要时得设立特别行政区。在特别行政区内实行的制度按照具体情况由全国人民代表大会以法律规定。（在特别行政区实行的各项制度，必须由我国最高权力机关全国人民代表大会规定！） 1.我国辽阔的国土划分了这么多区域。俗话说得好：读万卷书不如行万里路。你们去领略过祖国的大好河山吗？都去过什么地方啊？（师拿出KT版） 2.那我们就先在组内交流交流。交流时请各组组长负责登记组员去过的地方，汇总后就上来把大家的足迹贴在版图上。明白了吗？ 3.那么多足迹，看来大家都很喜欢旅游嘛！谁来用自己的旅游经历，描述你感受到的祖国的辽阔？ 【请一生回答】 4.看来生活是最好的老师！你们很会去观察、去学习！奖励你们看一个视频。（放视频） 你们看到了谁？你们有怎样的感受？这是去年徐老师和家人一起到新疆维吾尔自治区的一处游玩时拍摄的。我们在那儿足足玩了一周的时间，都还没有把新疆的南部走完！ 但是令我印象深刻的还不只是它辽阔的景象。（放视频）晚上我回酒店休息的时候。已经十点多了，但当我漱完毕准备睡觉的时候，却惊讶地发现，外面的天都还没黑呢，根本不习惯睡觉。这是怎么回事啊？ 是啊，因为我们的祖国太辽阔，导致东西两边会相差4个小时的时差呢！所以当每天最东边已经洒满阳光时，最西边还是满天繁星的黑夜！有趣吗？	1.学生自由表达，老师相机引导。 2.自由表达。 预设 （1）上次我和爸爸妈妈一起去新疆旅游，我们选的最快的交通工具——飞机。当时我想应该坐不了多久，结果一飞就飞了四个小时，我都坐得腰酸背痛了！ （2）有一次我们坐火车去北京玩，我还记得我们不仅在火车上待了一整天，还在火车上住了一个晚上，然后又过了半天才到。当时我就觉得，太远了！ 3.看看视频了解。 请生交流自己从视频中感受到了什么。 4.生分享在平时生活中感受到的温差的例子。 5.一起朗诵《祖国多么的广大》。 6.拿上课前准备的照片，分享给后面的老师。	德性育人：通过分享足迹的过程，加深学生热爱祖国的情感，产生强烈的民族自豪感。 劳动育人：学生通过分享旅游的经历，激发看万卷书不如行万里路的情感。

续表

环节	教学内容	教师活动	学生活动	教学评价（育人目标及效果预设）
		5.不仅在我们辽阔的东西两端会出现有趣的时差现象，同样辽阔的南北两地也有有趣的现象，你们发现了没有？ 对了，就是温差！赶快来分享，有冬天去过海南的同学吗？ 6.同一个季节，海南穿短袖，差不多都是25度以上了吧，北方下雪，基本上都是零下摄氏度。南北两地竟然出现了至少20几度的温差呢！所以在二年级我们还学了一首诗，叫《祖国多么的广大》，还记得吗？这一次，让我们带着感情，再来读一读！ 7.还有谁想用自己的旅游经历，来说一说你感受到的祖国的辽阔。 这么多孩子都想说？那好，那就大家伴随着歌声，把你的经历分享给在座的下面的老师们吧！(放音乐)		
	结束教学	1.请安静地回到座位上来。这节课下课后我们还可以把这些照片装订在展板上，放在我们班的后面。课间还可以继续和同学分享。 2.孩子们，你们瞧，我们班上这么多人，这么多的足迹，都没有走遍我们祖国的大好河山。今后，老师希望你们继续用自己的双脚去丈量和探索我们辽阔的国土。	齐读课题。	审美育人：将照片装订在展板上培养学生的审美意识。
板书设计	**辽阔的国土** 陆地面积 面积大 海域面积 邻国多 区域多			

二、集团研修活动的案例与评析

【案例2】 重庆市北碚区人民路小学教育集团《道德与法治》线上教研活动[①]

(一)背景与目标

2020年春节，新冠肺炎突如其来，春季开学延期，教育部提出了依靠网络通信技术

① 案例由重庆市北碚区人民路小学谢开宇提供。

开展线上教学,对教师来说是一项新的挑战。

为了指导教师开展好网络教学,重庆市北碚区人民路小学开展了道德与法治网络教研研修活动。

（二）案例与说明

1.研修主题:如何上好《道德与法治》网课。

2.研修时间:2020年3月5日。

3.研修方式:人民路小学QQ群网络研修。

4.参加人员:人民路小学《道德与法治》任课教师。

5.活动主持:人民路小学科研主任、《道德与法治》教研组长谢开宇。

6.指导专家:重庆市北碚区教师进修学院刘莉。

7.研修活动安排:

（1）活动主题阐释:谢开宇。

首先,强调疫情之下上好道德与法治课的重要性和特殊性;提出共享资源及个性化复备的要求;介绍学校收集整理的课件、视频、音频、图片等资源;推荐《道德与法治》微课、视频下载和课程学习的平台等丰富资源。

（2）网课展示:人民路小学周小琴执教六年级《学会尊重》。

（3）交流讨论:教师分享不同的网课方式。

（4）专家引领:重庆市北碚区教师进修学院刘莉。

（三）总结与评析

1.充分用好网络资源,务实开展网课教学

北碚区教师进修学院道德与法治教研员刘老师全程参与教研活动,认为人民路小学教育集团高度重视本学科“停课不停学”工作,网课和网络教研都做到了有组织、有秩序、有计划、有安排;肯定了集团牵头学校人民路小学为上好网课拓展途径、收集资源、推荐平台、建立资源库所做出的努力。

参与教研的教师分享了各自不同的网课方式,及上网课的各个软件功能运用的经验。有的用QQ对话框输文字、发图片、发语音、传视频;有的用QQ视频言传身教,亲自演示;有的用QQ语音电话不见其人,可闻其声,师生互动;还有的用群课堂、腾讯课堂、腾讯会议,同时分享屏幕、播放PPT、共享视频,老师们可谓八仙过海,各显神通!他们在会上就《道德与法治》内容的选择、方式的呈现、生活的联系、技术的攻克进行了交流。特别对生命的敬畏、劳动实践的参与、道德品质的培养、思想的引导、英雄模范的树立展开讨论,大家都很有收获。

刘老师进入了人民路小学六年级二班网上授课群,听了周小琴老师的道德与法治网课《学会尊重》。她高度评价集团牵头学校人民路小学的网课准备充分,能联系生活,灵活运用,形式多样,让学生真正动起来,让课程内容丰富起来。

2.集团牵头学校可充分利用网络技术引领集团网课教学

刘老师建议人民路小学作为教育集团牵头学校要发挥集体的力量,利用好多个网络平台,同年级继续加强联系,互帮互助,在建立课程资源时注意归类整理,分年级建立,要不断地丰富。

三、区域主题研修的案例与评析

【案例3】 小学道德与法治学科全息育人点的确立与课堂实施研究课例研修①

(一)背景与目标

聚焦核心素养、落实立德树人、优化学习时空、推进课堂革命。北碚区教师进修学院,创造性地提出了"学科全息育人"的行动主张,将"五育并举"有效落实于学科的教学实践,以此体现育人要素课堂实现的"全息性"和学生发展的"全面性"。将社会主义核心价值观和立德树人的总要求与教师教学和学生学习贯通、融汇,实现了"备、教、学、评"的有机统一。

小学道德与法治学科重点研究了本学科"全息育人"的内涵、目标和方法。旨在优化教学方法,凸显"全息育人"课堂特色;促进教师发展,增强"全息育人"意识;培养学生良好品格,促进其全面发展。通过"全息育人"课堂改革,最终落实立德树人根本任务。

为了充分展示阶段性研究成果,搭建市内外各学科教师教学交流的平台,采用重庆市北碚区教师与西安经开区教师"同课异构"分别执教部编版《道德与法治》四年级上册《变废为宝有妙招——减少垃圾 变废为宝》,与会同行观课、论课、评课,深入探讨学科"全息育人"。

(二)案例与说明

研修主题:小学道德与法治学科全息育人点的确立与课堂实施研究

主办单位:重庆市北碚区教师进修学院

研修时间:2019年12月20日下午

研修地点:重庆市北碚区状元小学6号楼6203

① 案例由重庆市北碚区教师进修学院刘莉提供。

1.研修课例:四年级上册《变废为宝有妙招——减少垃圾 变废为宝》

2.活动主持:倪莉 重庆市北碚区朝阳小学副校长、重庆市骨干教师

3.活动点评专家:

中国小语学会理事、语文特级教师、陕西省小学语文名师工作室主持人李涛

重庆市教科院学科教研员 陈燕浩

4.活动具体安排与说明:

表6-4-2 活动安排表

环节	内容	主讲/主持
主题阐释观课引导	阐释研修主题,指导观课工具的使用; 学生入场,课前暖身	北碚区梅花山小学 官应红
同课异构	部编版《道德与法治》四年级上册《变废为宝有妙招——减少垃圾 变废为宝》	北碚区人民路小学 凌雯
		西安经开区第一小学 刘菲
休息及研讨会场准备		
教师论课	执教者或所在团队论述课题的育人价值、教学设计及实施的理论依据	北碚区人民路小学 谢开宇 西安经开区第一小学 刘菲
现场研讨	参会教师根据观察量表,分为教师行为观察组和学生行为观察组,结合育人点的确定、育人点的实现方法(方式)选择,进行互动研讨	北碚区教师进修学院 刘莉
集中交流	小组推荐教师代表发言(每组5分钟)	
专业引领	指导专家点评发言	西安经开区第一小学副校长 李涛
	学科专家指导及总结发言	重庆市教科院学科教研员 陈燕浩

说明:

(1)参加会议的老师们13:50进入会场;

(2)第一节上课学生14:20进入教室;

(3)各环节主持人控制好时间,参会老师及发言者自觉遵守时间,确保课例研修质量。

(二)总结与评析

1.活动安排内容丰富,有力推进学科全息育人

本次活动内容丰富,按照主题阐释观课引导、同课异构、教师论课、现场研讨、集中交流、专业引领的活动安排有序推进,有力推动了北碚区小学道德与法治学科的全息育人研究。

北碚区梅花山小学教导主任官应红作了主题阐释。北碚区人民路小学教科室主任谢开宇老师和西安经开区的刘菲老师分别执教了四年级上册《变废为宝有妙招——

减少垃圾 变废为宝》,两位教师还结合教学设计与实施情况,进行了论课。论述课题的育人价值、教学设计及实施的理论依据。参会教师根据观察量表,分为教师行为观察组和学生行为观察组,结合育人点的确定、育人点的实现方法(方式)选择,进行互动研讨。

中国小语学会理事、语文特级教师、陕西省小学语文名师工作室主持人李涛和重庆市教科院道德与法治学科教研员陈燕浩对课例研修作点评和专家引领。

2. 用好工具观课评课,围绕育人点的确立与实施

用好观课工具分组课堂观察,辅助研究学科"全息育人"。活动开始,官应红老师阐释研修主题后指导观课工具的使用。观课议课围绕"小学道德与法治学科全息育人点的确立、实现方法(方式)选择",进行分组研讨,并由小组代表作大会交流。"教师课堂指导及效果观察组"的代表北碚区状元小学祝忻老师在交流汇报中指出:两位老师以生为本,联系生活创设情境,注重实践操作,思辨能力培养,落实育人目标。"学生课堂表现及发展观察组"的代表北碚区实验小学曾辉老师在交流汇报中指出:两节课学生认真视听,合作探究,积极展示和交流,道德认知得以增强,垃圾分类内化于心,乐践于行,得到了多元发展。与会教师根据观课工具观课、议课、评课,课堂评价实现了课堂生活与现实生活、课堂学习形式与教材编写、学生学习成效与学科知识的"全息"。

3. 同课异构精彩论课,聚焦课堂全息育人

本次课例研修营造了开放的教研氛围,重庆北碚——西安经开区小学道德与法治教师同课异构共同研究学科"全息育人"。两节课例把重庆教师的灵秀,西安文化的厚重得以很好的体现。重庆教研团队的精细、创新、深入研究,展示了很强的整体实力,得到了李涛老师的高度认可。

陈燕浩老师对用"同课异构"的课例研讨方式研究全息育人充分肯定,她提出:课堂是体现学科知识向学科育人转化的地方,抓落实很重要,力图让每节课都包含全息育人的目标,回归儿童生活,种下了"全息育人"的种子,实现了学校和社会协同育人。

如何才能实现全息育人理论落地,是小学道德与法治学科教师在教学实践中必须面对的一项挑战。如何引导教师从学科教学转向学科育人,如何引导教师以学科全息育人的理念设计教学活动,是小学道德与法治学科研修活动组织者面临的一道难题。在小学道德与法治教学与教研中,我们将不断探索与实践。

参考政策性文件

1.党的十八大报告精神摘要

2.党的十九大报告精神摘要

3.《国家中长期教育改革和发展规划纲要(2010—2020年)》

4.《教育部关于全面深化课程改革　落实立德树人根本任务的意见》

5.《中国教育现代化2035》

6.《青少年法治教育大纲》

7.《中共中央国务院关于深化教育教学改革全面提高义务教育质量的意见》

参考文献

[1]中华人民共和国教育部.义务教育品德与生活课程标准(2011年版)[M].北京:北京师范大学出版社,2012

[2]中华人民共和国教育部.义务教育道德与法治课程标准(2022年版)[M].北京:北京师范大学出版社,2022

[3]人民教育出版社课程教材研究所小学德育课程教材研究开发中心.义务教育教科书教师教学用书道德与法治三年级上册[M].北京:人民教育出版社,2018.

[4]王洁,顾泠沅.行动教育——教师在职学习的范式革新[M].上海:华东师范大学出版社,2007.

[5]崔允漷,沈毅等,课堂观察:走向专业的听评课[M].上海:华东师范大学出版社,2008:73-74

[6]张延夏.初中道德与法治学科核心素养的构成、内涵及注意之点[J].考试周刊,2018(08).

[7]朱丽娜.人的全面发展理论对思想政治教育教学方式创新探究[J].法制博览,2020(19).

[8]毛红芳.从素质教育到核心素养:全面发展教育的中国实践与理论发展[J].国家教育行政学院学,2018(03).

[9]姜敏.大学教育去功利化路径研究:"以人为本"全面发展素质教育[J].北京社会科学,2014(01).

[10]谢小萌,孙伟.试论实现人的全面发展的新途径——素质教育、创新教育与创业教育的结合[J].现代教育科学, 2009 (01).

[11]汤子烁,卢德生.人的全面发展理论的70年探索与素质教育[J].阿坝师范学院学报,2020(02).

[12]孙彩平.上好小学道德与法治课的三个前提性问题[J].中国德育,2020(10).

[13]郭然.核心素养视角下《道德与法治》活动型学科课程的实施建议[J].思想政治课研究,2019(01).

[14]任慧慧.小学道德与法治教学中培养学生核心素养的途径探析[J].才智,2020(18).

[15]郭元祥,胡修银.论教育的生活意义和生活教育意义[J].西北师大学报(社会科学版),2000(06).

[16]李华.把握学科特点 提高《品德与社会》的教学实效[J].课程教育研究,2014(33).

[17]朱明光.关于活动型思想政治课程的思考[J].思想政治课教学,2016(04).

[18]郑凤仪.部编版小学《道德与法治》教材的结构特色探究[J].江苏教育研究,2018(17).

[19]鲁剑锋.基于深度学习的道德与法治活动设计[J].教学月刊小学版(综合),2019(06).

[20]俞琳.提升小学道德与法治课堂教学有效性的策略[J].中国教师,2019(03).

[21]王玖枝.发挥德育教师主体性实施生活化德育[J].内蒙古师范大学学报(教育科学版),2005(11).

[22]刘健.践行生本理念,构建魅力道德与法治课堂[J].内蒙古教育,2020(12).

[23]雷丽珍.中小学德智体美劳全面培养体系的实现路径[J].人民教育,2020(Z1).

[24]雍晓燕."一育"见"五育""五育"合"一育"——对话四川师范大学博士生导师吴定初教授[J].四川教育,2020(Z1).

[25]彭波.浅谈"教学目的"的确定[J].中学物理教学参考,1999(03).

[26]张育花.小学道德与法治课教学目标设计的三大要领[J].中国德育,2020(12).

[27]王文.融合多种学科资源 夯实"三进"教育效果——初中道德与法治课堂运用多元教学资源的方法探索[J].试题与研究,2020(06).

[28]宋健泳.小学低段数学课程内容整合的实施背景与总体框架[J].小学数学教育,2018(05).

[29]赵鹏.冗繁削尽留清瘦 精设问题巧引领——例谈政治课堂中问题设计的思想性原则[J].课程教育研究,2017(34).

[30]戴柯,施亮泉.逻辑性——课堂教学的关键[J].教育教学论坛,2012(35).

[31]李丽君.《品德与社会》课堂教学设计思路探讨[J].产业与科技论坛,2012(01).

[32]魏昱.单元整体教学设计实践研究[J].科学咨询(教育科研),2020(03).

[33]刘徽."大概念"视角下的单元整体教学构型——兼论素养导向的课堂变革

[J].教育研究,2020(06).

[34]孙天兴.谈美育在中小学道德与法治课中的渗透[J].名师在线,2019(24).

[35]阮丙彦.回溯生活,探寻道德与法治课程资源[J].教书育人,2019(20).

[36]冯晓洁.道德与法治课教学资源选择的三条原则[J].江苏教育,2019(27).

[37]王琳珊.小学英语单元整体教学设计案例分析[J].中小学教学研究,2019(01).

[38]鲁洁.道德教育的根本作为:引导生活的建构[J].教育研究,2010(06).

[39]刘立华,武沛荣.语文教学中的全面性原则[J].现代语文(教学研究版),2006(04).

[40]徐文莲.思想品德课教学原则在教学实践中的个性化应用[J].新课程(教育学术版),2009(09).

[41]廖明英.品德课教师应关注生成性课程资源[J].教学与管理,2016(16).

[42]徐全胜.情景体验法在思品课上的应用[J].才智,2008(16).

[43]尹桂芹.小学品德课程教学方法点滴[J].林区教学,2013(09).

[44]粟珍.政治理论课的讨论式教学论析.[J]广西政法管理干部学院学报,2001(04).

[45]李会转.课堂教学评价体系建构的"五性"原则论[J].吉林省教育学院学报(上旬),2014,30(12):65-66.DOI:10.16083/j.cnki.1671-1580.2014.12.028.

[46]蔡敏.论教育评价的主体多元化[J].教育研究与实验,2003(01):21-25.

[47]朱丽.从"选拔为先"到"素养为重":中国教学评价改革40年[J].全球教育展望,2018(08):37-47.

[48]张菊荣.课堂观察的基本理念和初步实践[J].中国教育学刊,2007(09):59-62.

[49]沈新红.教师研修的目标是实现人的自觉发展[J].人民教育,2016(Z1).

[50]陈培瑞.坚持"八统一"原则下中小学思政课建设改进策略——学习习近平总书记在学校思想政治课教师座谈会上的重要讲话[J].现代教育,2019(04).

[51]许芳杰,杨婷.教师现场学习力:内涵、构成及提升策略[J].教育理论与实践,2019(01).

[52]卢真金.反思性实践是教师专业发展的重要举措[J].比较教育研究,2001(05).

[53]梁建国.有效开展校本研训的思考与实践[J].教学与管理,2013(13).

[54]孙有福.遵循成人学习理论 优化教师培训模式[J].西北成人教育学报,2008(03).

[55]陈向明.在参与中学习——成人培训方式的更新[J].教育理论与实践,2003(04).

[56]张碧.教研组主题研修须形成共识[J].教学与管理,2020(08).

[57]杨荣波.三阶九步:教研组主题研修项目的组织策略之探索[J].中小学教师培训,2016(06).

[58]尚晓.论网络资源在初中道德与法治课中的应用[D].聊城大学,2019.

[59]杨垚.促进教师专业发展的校本途径研究[D].四川师范大学,2011.

[60]郭然.核心素养视域下《道德与法治》活动型学科课程实施研究[D].江苏:扬州大学,2018.

[61]周飞.人工智能来了,教育该怎么办[N].文汇报,2017-11-24.

[62]李政涛.趋势研判·专家观点[N].中国教师报,2020-01-01(3).

[63]李政涛."五育融合",提升育人质量[N].中国教师报,2020-01-01(003).

[64]翟博.新时代教育工作的根本方针.中国教育报[N].2019-9-16(1).

[65]夏慧琼.育人价值理念下的小学数学探究式教学[C].教育理论研究(第四辑):重庆市鼎耘文化传播有限公司,2018.

[66]刘益娟.加强道德与法治课堂,落实发展学生核心素养培养[C].教育理论研究(第四辑):重庆市鼎耘文化传播有限公司,2018.

[67]胡全.核心素养理念下小学道德与法治情境教学探索[C].广东教育学会教育现代化专业委员会.2020年教育教学与研究论坛论文汇编.广东教育学会教育现代化专业委员会:广东晨越教育发展有限公司,2020.

[68]曹继红.浅谈《道德与法治》学科学生核心素养的培养[A].2019年"基于核心素养的课堂教学改革研讨会",2019.

后记

立德树人，“为学生扣好人生的第一粒扣子”是道德与法治教师的责任和使命。在重庆市北碚区教师进修学院全息育人理念的指引下，小学道德与法治学科全息育人研究组开展了小学道德与法治学科全息育人理论研究和实践探索。

在研究过程中，学科研究人员结合课程标准和小学1—6年级道德与法治教材内容，依照认知育人、德性育人、审美育人、健康育人、劳动育人的全息育人框架，认真梳理各册教材每个单元和每一课的全息育人点。在多所实验学校开展课例研修、优质课竞赛、“三课”竞赛、全息育人大单元教学研讨等活动，全区道德与法治教师参与该项目的学习和研究，形成了小学道德与法治课堂教学和教研活动的典型案例，供教师们借鉴和参考。

本书由刘莉、周惊宇主编，学科研究组成员分工协作完成。各章编写人员如下：第一章编写人员周惊宇、赖佳余；第二章编写人员祝忻、曾辉；第三章编写人员谢开宇、江永梅；第四章编写人员周辉、谭春红；第五章编写人员官应红、罗付纯；第六章编写人员樊利、徐丽娟。

本书的编写得到重庆市北碚区教师进修学院领导的大力支持，受到了很多专家的专业引领。西南大学林克松教授指导研究人员撰写文献综述；西南大学范涌锋教授、重庆市教育科学研究院陈燕浩老师对本书的撰写提出了宝贵的修改建议。北碚区小学道德与法治学科的部分任课教师承担了该研究项目的教学课例展示和研究任务，为本书提供了一批优秀的典型案例。本书的出版还得到了西南大学出版社的大力支持，在此一并表示感谢！

文中所有案例由：重庆市北碚区小学道德与法治学科核心组；北碚区教师进修学院刘莉；北碚区蔡家小学王聃丹；北碚区实验小学曾辉；北碚区状元小学祝忻；北碚区梅花山小学官应红；北碚区龙凤桥小学董婷婷、甘英；北碚区人民路小学谢开宇、凌雯；北碚区梨园小学江玥、樊利；西南大学附属小学徐丽娟老师提供。